中国心理学会社区心理学专业委员会
人文社会科学重点研究基地
心理学与社会发展研究中心
主办

社区心理学研究

（第十八卷）

毕重增◎主编

COMMUNITY PSYCHOLOGY RESEARCH

Vol. 18

集人文社科之思　刊专业学术之声

集 刊 名：社区心理学研究
主办单位：西南大学心理学与社会发展研究中心
中国心理学会社区心理学专业委员会

Community Psychology Research, Vol.18

社区心理学研究（第十八卷）

集刊序列号：PIJ-2016-176

集刊主页：www.jikan.com.cn/ 社区心理学研究

集刊投约稿平台：www.iedol.cn

主办单位简介

西南大学心理学与社会发展研究中心

重庆市人文社会科学重点研究基地西南大学心理学与社会发展研究中心系2002年在原西南师范大学心理学研究所基础上吸纳有关社会学、教育学、美学及计算机科学领域的专家，经再调整、充实后重新组建的科研团体。由西南大学资深教授、全国先进工作者、全国教书育人楷模、中国心理学会终身成就奖获得者黄希庭先生担任中心学术委员会主任、名誉主任，陈红教授担任中心主任。中心现有专、兼职研究人员26名，其中教授16人，副教授7人，博士生导师11人，中心已经建立起一支知识结构合理，老中青结合、以中青年专家为主体的高学历学术队伍。中心通过承担国家级和省部级的研究项目，组织大课题攻关，产出高水平科研成果，从而使心理学更好地为实现中华民族伟大复兴的中国梦服务。

中国心理学会社区心理学专业委员会

中国心理学会社区心理学专业委员会是由从事社区心理学基础与应用研究的专业人员组成的公益性、学术性社团组织。社区心理学专业委员会由黄希庭先生倡议成立，宗旨是组织国内学术活动，开展国际交流，组织本学科和跨学科合作项目的攻关研究，组织与促进社区心理学的教学与人才培养工作，制定社区心理服务的规范，促进研究成果的推广，承担社区心理科研与服务人才的培训与管理，组织和倡导社区心理健康服务等，为社区发展与和谐提供心理学基础和保障，为繁荣社区心理学、促进我国社区事业科学健康发展做出贡献。专委会现由来自全国40所高校和科研机构的49名委员组成，挂靠单位为西南大学。

《社区心理学研究》出版十周年纪念专辑（代序）

黄希庭　毕重增

从2015年出版第一卷开始，集刊《社区心理学研究》与社区心理学分支学科的建设共同发展，已经有十年的时间。在这十年时间里，社区心理学坚持走中国化道路，在教材建设、人才培养、学术组织建立、研究体系探索等方面做出了系统的努力，初步建立了学科体系：出版了教材《社区心理学导论》，西南大学招收社区心理学方向博士研究生且其顺利毕业，全国性学会组织中国心理学会社区心理学专业委员会以及对应的省市级分会成立，每年有较多包含社区心理主题的国家社会科学基金项目和教育部人文社会科学研究基金项目立项。其中最具标志性的是国家社会科学基金重大项目“新时代中国社区心理学的理论建构与实践路径研究”立项。《社区心理学研究》在这十年里发表了学术论文两百多篇，记录了社区心理学研究与行动的探索和进展，包括理论建构、实证研究、方法探讨等。

值此办集刊十年之际，我们推出此纪念专辑，收录的15篇文章简要介绍如下。

探讨社区心理学理论的文章有五篇，两篇侧重理论探讨，两篇发展测量工具，还有一篇深度分析。其中，陈梦妍和黄希庭分析了正义感的界定和发生机制，主张坚持守正创新和实事求是原则发展新理论来理解中国人的正义感。索日根和董洪杰的论文则在梳理社区观念的价值取向、层次取向和要素取向的源流谱系基础上，结合美好生活的社区图景提出了美好社区的社区观念，该观念具有鲜明的实践底蕴与价值指向。韦春丽等编制了易地扶贫搬迁社区复原力量表，其包括适应力、凝聚力和创造力三个维度，并考察了其与社区感、邻里凝聚力、群体认同的关系。段汇存等则基于深度访谈探析社区氛围的内涵，编制了包含正义氛围、和谐氛围和仁爱氛围三个维度的城市社区氛围量表。这两个量表为相关研究的开展提供了信效度良好的工具。杨艾等立足于当事人视角，从语言概念分析切入，阐释女性农民工遭受婚姻暴力现象中的“涵旨”与“事件”的关系，分析了女性农民工遭受婚姻暴力的风险因素、可能性与可能的结局，并指出了女性农民工摆脱婚姻暴力的自我提升路径和如何建立完善社会保障。

有三篇文章探讨社区心理服务模式。其中，马建青等基于案例研究法，提出以政府为主导、社区为主体、社会心理服务机构为辅助的服务模式是提升社区心理服务水平的有效路径。尹可丽和杨若婷则关注乡村基层群众的社区参与，实证分析社区感、集体效能感、个体特征等因素对群众社区参与的影响，认为日常情境社区参与为风险情境社区参与提供了组织行为基础和情感基础，是乡村基层群众自治的关键要素。于海涛等的论文关注公共服务动机，从修身视角出发，探究中庸思维以及自我意识和道德同一性的作用机制。这些研究从整体模式、具体行为及动机层面丰富了社区心理服务模式的研究。

社区心理服务主题的文章有四篇，两篇针对孤独症儿童的干预，一篇关注老年人运动干预，一篇关注慈善捐赠的发展。陈虞滇等的文章探讨了社区环境中孤独症儿童干预的方式，分析了社区干预的特殊优势，提炼出以家长为中介和以相互模仿为策略的社区干预思路，强调了家庭复原力和相互模仿训练的重要性，并介绍了适用于社区的具体干预方法。丁涛和邓铸的文章则关注学龄前孤独症儿童融合教育，以个案行动研究提供了一种可推广的四阶段支持计划，其可明显改善孤独症儿童在家居生活自理、语言沟通、班级常规活动、课程学习、人际互动等方面的表现。刘钰等的研究探讨注意对老年人运动能力的影响，揭示了老年人选择性注意与运动能力各子成分间存在因果关系，为从运动视角切入老年人社区心理健康服务提供了基础性证据。张静和王俊秀的论文基于中国社会心态调查数据，探讨社会心态对慈善捐赠意愿和行为的影响，发现社会心态中对慈善捐赠意愿最重要的是国家认同，对慈善捐赠行为影响最大的是利他主义。这为制定相关的慈善激励机制提供了依据。

民族社区心理栏目收录了两篇文章。张积家等以实验法考察了语言转用对蒙古族大学生族群认同的影响，发现语言转用不影响族群态度，对本族群归属感影响较小，但可拉近与转用语言族群之间的距离，增强对转用语言族群的信息加工。研究结果对铸牢中华民族共同体意识和推广使用国家通用语言文字具有重要启示。李静和叶家璨的论文关注民族地区易地搬迁社区的社会心理服务，提出完善易地搬迁社区的柔性人文导向、构建互嵌互融的心理环境和激发移民的内生动力。此路径对于推进民族地区易地搬迁社区的治理实践具有参考价值。

域外研究文章有一篇。贾林祥的文章梳理了西方影响青少年赋权的主要因素（认知塑造与技能培训、赋权方式、参与程度以及环境支持等）、行动研究方案（解决青少年问题和促进青少年社会参与），并主张厘清青少年赋权的内涵、开发符合国情的赋权方案和测量工具。

本卷的 15 篇文章，来自社区心理学研究的主要研究单位，在研究方向、研究范式、研究方法等方面基本代表了当前中国社区心理学的研究状况。当然，还有若干优秀的备选文章因篇幅原因无法纳入，我们将在后续卷期中陆续推出。

期待未来十年，中国社区心理学研究和实践走向成熟，为经济社会发展做出更大贡献。《社区心理学研究》将继续为该学科健康发展提供良好的学术交流平台。

CONTENTS 目录

社区心理学理论

社区心理服务模式

社区心理服务

民族社区心理

域外研究

CONTENTS 目录

Community Psychology Theory

Mode of Community Mental Health Service

社区心理学理论

当代中国人正义感的心理学探析*

陈梦妍　黄希庭**

（西南大学心理学部，西南大学心理学与社会发展研究中心）

摘　要　公平正义是中华民族伟大复兴的精神动力，是中国人民一贯的追求和呼唤，也是社会广泛关注的一个重大课题。心理学关于正义感的已有研究从不同角度、不同研究取向对正义感的界定和发生机制做过一些探索，但是仍存在一些不足之处。因此，未来研究应该以一种更适合解释当代中国人正义感的概念和理论来描述这一心理与行为现象，对当代中国人正义感的研究要坚持守正创新和实事求是的原则，以求对中国人正义感进行更深入的分析。

关键词　当代中国人　正义感　实事求是　心理学

一　当代中国人正义感研究的意义

公平正义是中华民族伟大复兴的精神动力。公平正义是指社会的资源分配和社会公共事务的处理应当公平、公正、公开，人人平等地享受权益和机会。追求公平正义是为了实现中华民族的全面发展，促进社会的稳定和繁荣，并最终实现民族的伟大复兴。在中国人民的长期奋斗中，追求公平正义的思想和理念始终是中华民族的精神纽带和精神动力。当前，中国正处于全面建设社会主义现代化国家的关键时期，中华民族伟大复兴的目

* 本文受到国家社会科学基金重大项目“新时代中国社区心理学的理论建构与实践路径研究”（项目编号：22&ZD184）的资助。

** 通讯作者：黄希庭，西南大学资深教授，E-mail：xthuang@ swu. edu. cn。

标更加清晰、具体。在这个过程中，我们必须始终牢记追求公平正义的重要性，为全体人民谋求更大的利益，为美好生活创造更加公平、公正、公开的社会环境，为推进世界人民的幸福事业做出更多贡献。

公平正义是中国人民一贯的追求和呼唤。早在两千多年前，孔子就说“君子义以为上”“君子义以为质”（陈晓芬，徐儒宗，2015）；孟子认为“义”就是“羞恶之心”，或者“人皆有所不为，达之于其所为”（方勇，2015）；南宋时期岳飞精忠报国，赤胆忠魂抗金军；文天祥成仁取义，留取丹心照汗青；明清之际，林则徐虎门销烟，苟利国家生死以；秋瑾死生救国，人生到此方英杰。这些仁人志士把实现“义”当作人生的最高境界，致力于用实际行动追求和维护心中之“义”。当今时代，中国人民依然坚定地致力于推动公平正义的实现，努力构建一个更加公平、公正、共享的社会，为中华民族伟大复兴铺平道路；不断努力解决发展不平衡、不充分以及社会公平正义的问题，通过一系列政策和措施，推动全面建设法治国家，完善社会保障体系，促进教育、医疗、就业等方面的公平，以实现共同富裕和社会和谐。正是在中国人民不懈的追求和支持下，公平正义的观念与实践才得到不断加强和发展。

公平正义是社会广泛关注和呼吁的重大问题。历史上，包拯为老百姓主持正义的故事在民间广为流传，千百年之后仍被人们津津乐道，他也由此成为公平正义的化身。在当今社会，随着我国经济的高速发展以及社会的平稳运行，人民群众在精神文明方面的思想觉悟也在不断提升，公平正义作为最基本的诉求，日益成为人民普遍关注的需求。例如，广大干部群众对公款浪费行为反映强烈，为此中央出台“八项规定”，要求各级党政军机关、事业单位，各人民团体、国有企业，各级领导干部率先垂范，严格执行公务接待制度，严格落实各项节约措施，坚决杜绝公款浪费现象。这一举措获得了社会大众的广泛支持，让社会大众更加直观地体会到公平正义，有效地提升了社会大众的幸福感、安全感和获得感。

总之，研究当代中国人的正义感就是对中华民族复兴的精神动力、人民群众的不懈追求以及社会广泛关注的重大问题的回应，具有十分重要的意义。

二 心理学关于正义感的已有研究

（一）正义感的界定

从词语含义来看，正义由“正”和“义”两字组成。为做到清晰释义，先来看“正”“义”两字的字义。“正”字的本义是不偏斜，后续逐渐演变出来的字义有：合于法则的；合于道理的；恰好；好的、强的或主要的一方等。繁体的“義”字即从我从羊，组合而成，其义为操戈呐喊，维护善与祥和。“义”作为传统美德的德目，是由春秋战国时期的孔子、孟子等人，在继承和发展商周时期尊贤、正义、公平、无私、禁民为非等思想的基础上，概括提升出来侧重于处理君臣关系的道德规范和价值标准，目的在于实践其最高道德标准“仁”。因此，儒家往往“仁义”连用。概括来看，义的含义是为了维护善与祥和，每个人都应严格要求自己，尽力做到尊兄、敬长、敬上、敬贤、友善、公平，反对侵凌、兼并、残民的暴力或战争，必要时操戈而战，不畏侵凌、暴敛、权贵（黄希庭，2021）。《现代汉语词典》（第7版）对“正义”的解释是：公正的、有利于人民的道理，如伸张正义、主持正义；公正的、有利于人民的，如正义感、正义的事业、正义的战争等。在更具体的意义上，正义包含知、情、行成分，即以公正的价值标准去维护公平，维护仁、善、祥和，当公平、仁、善、祥和受到破坏或威胁时，不惜操戈而战，甚至牺牲生命。正义是人类社会普遍认可的价值，衡量是否正义的客观标准是这种观点、行为、思想是否促进社会进步，是否符合社会发展规律，是否满足社会中绝大多数人最大利益的需要（黄希庭，2021）。

从知、情、意、行的角度来看，正义感是指人们在面对不公时较低的认知阈限、强烈的情感反应（如生气、义愤、内疚）以及重建正义的深思与动力，是直面不公、重建正义的激发力量和动机准备（吴胜涛等，2021；Baumert & Schmitt，2016）。根据不公情境下不同当事人的视角将正义感划分为受害者正义感、观察者正义感、得益者正义感和犯过者正义感。受害者正义感是指个体在不正义事件中，处于不利地位时对不正义事件的反应。这种类型的正义感倾向于关注自己以防受到伤害，因而具有防御和利己的属性。受害者正义感高的个体在有权力进行金钱分配时，会更倾向于采用不公平的策略；受害者正义感与多个和自我相关的负面特质呈显著正相关，如马基雅维利主义、偏执、报复、嫉妒、怀疑等；受害者正义感与大五人格中的神经质呈显著正相关，与宜人性和谦逊呈显著负相关（Schmitt et al.，2010）；受害者正义感与情绪问题尤其是抑郁呈显著相关，高受害者正义感是抑郁发生和维持的可能风险因素（王晓明等，2021）。观察者正义感是仅目睹了不公正事件而并没有卷入其中的人的敏感性；得益者正义感是指被动地从不公正事件中获得利益的人的敏感性；犯过者正义感是指主动促成不公正事件并从中获得利益的人的敏感性（谢雪贤等，2012）。观察者正义感、得益者正义感和犯过者正义感基于他人视角，表现出对他人遭遇不公的关心，具有亲社会属性（Schmitt et al.，2010）。相较于拥有较低水平的正义感的个体，拥有较高水平的正义感的个体会更频繁地感知到不正义，不断思考它，并且伴随强烈的愤怒、羞愧等情绪。

从结果来看，人们生来就相信“好有好报、恶有恶报，世界稳定有序”。只有这样，人们才能有信心去面对周围的社会与物理环境，否则人们无法树立长远目标，甚至不能遵从日常行为规范（Lerner，1980）。Dalbert（1999）认为，正义观可以分为指向他人或世道整体的一般世道正义观和指向自我或个人遭遇的个人世道正义观。一般世道正义观是相信他人遭遇或整个世道当然合理的观念，例如，“总的来说，人们得到的都是他们应该得到的，我相信从长远来看遭遇不公的人将会得到补偿”，它与受害者指责等反社会态度联系更密切；个人世道正义观是一种相信自己受到合理对待的观念，例如，“我相信我得到的通常都是我应该得到的，在我的生活中不公正的事情只是个别现象，而不是常规”，它与个体的压力水平等心理健康指标联系更密切。作为人类道德基础的重要维度，相信“世界稳定有序”“好有好报、恶有恶报”的正义动机在人们的日常生活中发挥着私人契约和社会规范的作用。它使人们相信世界是稳定有序的，从而愿意树立长远的人生目标，正义动机在人们应对创伤事件的过程中可作为一种应对机制发挥积极作用，甚至其本身就作为一种应对生活挑战的个人资源。吴胜涛等（2009）探讨了灾区民众的正义观和幸福感及其与非灾区民众的差异性，发现与非灾区民众相比，处在灾区的民众持有更高的正义观与更平和的情感状态，并且其情感幸福对正义观有微弱的正向预测作用（主要是积极情感），八个月后随着正义观与幸福感的回落，这种关联变得不显著。然而也有研究者发现正义动机是一把“双刃剑”，尤其是在不公情境下，正义动机因其对“应得”的固守会诱发受害者贬损等反社会态度（他们都是应得的），也会强化对坏人、坏事的惩罚和威慑；同时又因为与“报”的价值传统不谋而合，正义观也会作为世俗世界的付出回报观与意义建构系统，在心理健康与生活适应上发挥重要的功能（吴胜涛等，2016；许燕，杨宜音，2022）。

从道德情操来看，《心理学大辞典》中将“正义感”界定为以平等为前提，以公正的态度对待人、处理人与人之间关系的高尚的道德情操。具体表现为，有较高的政治热情，勇于为正义事业献身；光明磊落，正直无私；不畏强暴，好善憎恶；为正义事业的胜利感到自豪（林崇德等，2003）。道德感是人们根据一定的道德标准来评价社会现象时产生的情感。例如，人们对忘我奉献精神的钦佩，对遭遇不幸者的同情，对自己过失行为的羞愧，对家庭的爱，等等，都属于道德感。作为一种道德情感，正义感的初级表现形式就是在他人遭到不公正对待时为他人鸣不平，并不怀偏见地站出来制止不正义行为的感情冲动，其是衡量一个人是否具有公心的尺度之一，日常生活中的“路见不平，拔刀相助”就是正义感的结果（陈根法，1998）。正义感使人具有高度的政治热情，对有利于人民的正义事业见义勇为，乐于献身；对不利于人民的非正义的暴行勇于斗争，挺身而出，维护正义的尊严。正义感是人类高尚情操的一种情绪，往往带有慷慨激昂的特点，行动中往往充满一往无前、义无反顾的气魄（费穗宇，张潘仕，1988）。正义感是人对符合道德原则的事坚决支持，对不符合道德原则的事坚决反对的情感体验，它使一个人在是非善恶之间爱憎分明，在需要做出重大抉择的某些关键时刻，表现出坚定的原则性态度。正义感与对是非善恶的道德观念有紧密联系，因此，不同的时代，不同的阶层，正义感的具体内容是有区别的。一般来说，正义感带有反对偏私、主张公正、反对欺诈、主张正直等积极的倾向（梁忠义，车文博，1989）。总的来看，对正义感界定的探索可以从各种不同角度来进行。

（二）正义感的发生机制

1. 从动机角度看正义感的发生机制

从动机的角度看，正义感有助于促进亲社会行为，抑制反社会行为，提升个体的心理健康和社会适应水平，以及影响个体对正义相关信息的认知过程。例如，冯杰等（2021）发现相比持有低内隐公正世界信念的个体，持有高内隐公正世界信念的个体第三方惩罚更多。胡伟等（2021）考察了新冠疫情发生背景下民众公正世界信念、敌意归因偏向、伦理型情绪和有意传谣行为之间的关系，发现民众的公正世界信念越低，表现出越多的有意传谣行为，目的是通过传播不实信息报复或惩罚权威机构。孟庆飞等（2015）发现受艾滋病影响的儿童越是相信世界是公正的，就越不会把自身的不利处境视为不公正的，反而会认为这是自我独立、自我锻炼的机会，相信通过自己的努力终会得到公平的对待。郭英和张梦柔（2016）对于服刑人员公正世界信念与社会适应的关系研究，发现服刑人员的公正世界信念（尤其是一般公正世界信念）对其社会适应具有重要的预测作用，这在一定程度上表明通过树立公正世界信念可以帮助服刑人员再社会化。Hafer（2000a）还发现出于对公正原则的认同，拥有高公正世界信念的人更愿意为了长期目标投入时间、物质和精力，并相信自己的付出终将会得到应有的回报。基于 Stroop 任务范式，当个体的公正世界信念受到威胁时，个体的注意力会自动转向公正相关刺激，并且这一反应在公正世界信念更高的人身上更明显（Hafer，2000b）。高公正敏感性的人经常会感知到不公正的存在，不断思考，表现出更为明显的情绪反应。Baumert 等（2011）指出经常性地感知和反刍不公正事件让高公正敏感性的个体发展出高度的识别和区分不公正概念的能力，从而影响他们对公正相关信息的注意、解释和记忆。相比低公正敏感性的人，高公正敏感性的个体目睹不公正事件时会更强烈地激活不公正概念，注意不公正相关线索，更倾向于将模糊情境解释为不公正情境。发展出的高度识别和区分不公正概念的能力也会促使个体对不公正信息有更为准确的记忆。

2. 从进化角度看正义感的发生机制

从进化的角度看，根据交互利他主义模式，只要两个个体彼此交替发生作用，而且没有谁能够预见最后一次交锋是什么时候，那么经过许多次之后，合作的个体相比非合作的个体更能得到保存与复制（陈江进，2011）。此外，也可能存在一种间接交互——名声，这对于人们达成合作行为同样重要。某人做出自我牺牲的行为，虽然无法得到直接回报，但这为他留下了好的名声，当以后与其他人相遇时，慕名而来的人会更有可能采取合作策略，而非背叛，长远来看，好的名声会为自己带来更大的收益。所以具备义愤情感的人具有更高的适存度，从而得到最大限度的复制（Alexander，1987）。还有研究者提出群体选择的理论，按照此理论，一个进化的种群由两个以上的群体组成。在有些情况下，群体之间的繁殖率差别大于个体间的，就有群体选择发生。因此，尽管利他行为对于个体选择是非适应的，但是在群体与群体的竞争过程中，那些内部更容易发生合作的群体比那些内部更容易发生背叛的群体具有更高的适存度。只要群体选择过程足够强大，利他主义是可以进化的（董国安，2011）。Brosnan（2023）考察了追求正义的倾向从何而来，其分为两个过程：首先，在合作的背景下，个体会产生一种厌恶，即接受少于合作伙伴的东西，弱势群体通过寻找更公平的合作伙伴，即使牺牲一些绝对收益，也能通过改善相对结果而受益，这种厌恶会在许多或所有合作生物中普遍存在；随后，一些物种可能已经进化出一种倾向，避免以牺牲伙伴为代价来获取利益，这种短期成本与建立和维持合作关系的长期利益相结合，并可能提供声誉利益，从而拥有更多的伙伴。

3. 从心理资源角度看正义感的发生机制

从心理资源的角度看，拥有越强大的个人资源的个体越能更好地应对生活中遇到的各种问题。公正世界信念作为一种个人资源，对于心理健康产生的效应是广泛而普遍的（周春燕，郭永玉，2013）。根据补偿控制理论，当人们对自身生活缺乏控制感时，会倾向于在心理上赋予其所处生活世界以秩序和结构，或者通过相信其他秩序的存在来获得心理上的补偿控制感（Kay et al.，2009）。在心理补偿的框架下，正义感是一种重要的思维策略和重建控制感的价值路径。在日常生活中，正义补偿的思维倾向可以有效地对弱势群体当前的劣势地位给予心理补偿（Gaucher et al.，2010）；在灾难等极端条件下，人们能从劣势情境中发现阳光的一面（Anderson et al.，2010）。道家哲学所倡导的阴阳转换，如“天之道，损有余而补不足”“柔弱者生之徒”“祸兮福之所倚”，也类似于这种补偿。更进一步，这种转化最终可以帮助人们享受现在、融于自然，从而超越自身的局限和当前的不幸（Zhang & Veenhoven，2008）。已有研究也表明，正义感为慢性疼痛患者（如肿瘤幸存者、关节炎和纤维肌痛患者）提供了心理层面的控制感和意义感。病痛经历并不单纯是一种物理或者生理体验，还是一种有意义的社会认知（吴胜涛等，2018；Park，2010）。蒋奖等（2013）发现“蚁族”的生活满意度偏低，但积极情感较高，并且具有较高水平的公正世界信念；公正世界信念能显著预测“蚁族”的幸福感。

4. 从神经科学角度看正义感的发生机制

从神经科学角度看，Yan 和 Tian（2017）从局部自发脑活动角度出发，研究了正义感个体差异的神经基础，发现正义感的不同方面具有不同的大脑基础，其中受害者正义感与中央旁小叶的局部自发脑活动程度呈正相关。中央旁小叶参与运动控制和感觉（Spasojević et al.，2013），并且个体编码疼痛相关信息时中央旁小叶激活增加，由此可知中央旁小叶是与疼痛相关的脑区。王晓明等（2021）采用静息态功能连接的分析方法，探讨了双侧背侧脑岛静息态功能连接和受害者正义感的关系，结果发现，右侧背侧脑岛与右侧中央前回及中央后回的静息态功能连接与受害者正义感呈显著负相关，与提示疼痛信息整合功能相关的脑岛和与疼痛知觉功能相关的感觉皮层的功能整合在受害者正义感的神经基础中起重要作用。还有研究采用任务态功能磁共振技术，发现当人面对不公平分配方案时，前脑岛、前扣带、背外侧前额叶等脑区的激活增加，并且右侧前脑岛的活动和面对不公平分配方案的拒绝率呈显著相关，表明前脑岛与面对不公平时的信息处理尤其相关（Sanfey et al.，2003）。De Quervain 等（2004）利用正电子发射断层扫描（PET）技术发现人类可能天生就有利他惩罚的意愿，这种亲社会行为实际上是类似于烟瘾、酒瘾、毒瘾的成瘾性行为。利他惩罚依赖一种自激励机制，当人们做出这种行为时，中脑的腹侧被盖区、背纹体和腹侧纹状体会被激活，而这些区域正是人在获得金钱奖赏时被激活的脑区，也就是所谓的中脑边缘奖赏系统。Knoch 等（2006；2008）通过经颅磁刺激技术，对以往已被证实与公平偏好相关的脑区（背外侧前额叶皮层区域，DLPFC）进行刺激，从而改变了这一脑区的神经活动。他们发现，被试在被抑制该脑区神经活动后在最后通牒博弈中，会更愿意接受提议者所提出的不公平的分配方案。这一发现直接证实由该脑区引起的公平偏好决定了人们在最后通牒博弈中会做出拒绝不公平分配方案的亲社会行为。Ruff 等（2013）探讨了在自愿或惩罚条件下人们对社会规范（互惠公平）的遵守是否与大脑右背外侧前额叶皮层区域（rDLPFC）的神经活动之间存在因果关系。结果发现，两种情境下遵守社会规范（互惠公平）的行为涉及的是完全不同的大脑神经回路，并且还发现，刺激 rDLPFC 之后，被试对公平感这一社会规范的感受和对可能受到的惩罚的认识没有受到影响，由此可知虽然人们了解社会规范的内容，但是行为上是否遵守取决于受到 rDLPFC 影响的自我控制过程。

通过文献梳理发现，可以从不同的角度来界定正义感，对正义感的发生机制也可以从不同方面来探讨，因此我们认为有用系统分析的方法对当代中国人正义感进行深入研究的必要。

三　未来研究应坚持的原则与方法论

今后我们如何开展对当代中国人正义感的研究呢？我们觉得应当坚持守正创新、坚持实事求是，这是最为重要的。

（一）坚持守正创新

习近平总书记在党的二十大报告中指出，“必须坚持守正创新”，还说道：“我们从事的是前无古人的伟大事业，守正才能不迷失方向、不犯颠覆性错误，创新才能把握时代、引领时代。”那么如何创新呢？要“敢于说前人没有说过的新话，敢于干前人没有干过的事情，以新的理论指导新的实践”。（习近平，2023）以往对正义感的研究，有很多学者从不同方面探讨了正义感的内涵和发生机制，但是这些研究都没有跳出传统心理学的研究思路，没有从文化的根基上考虑过正义感的问题，特别是中华文化和中华文明对正义感的深刻意义。中华文化中一直就有“义以为上”的信念。“义以为上”就是一个人的一生应该把道义放在第一位，生死利害的取舍，是非善恶的判别，都要以道义为准绳。先秦时期，孟子就说过：“鱼，我所欲也；熊掌，亦我所欲也。二者不可得兼，舍鱼而取熊掌者也。生，亦我所欲也；义，亦我所欲也。二者不可得兼，舍生而取义者也。”（《孟子·告子上》）对此，他解释说：“生亦我所欲，所欲有甚于生者，故不为苟得也；死亦我所恶，所恶有甚于死者，故患有所不辟也。”（《孟子·告子上》）此外，“义以为上”还表现在为人要讲气节。孔子说：“三军可夺帅也，匹夫不可夺志也。”（《论语·子罕》）孟子说：“富贵不能淫，贫贱不能移，威武不能屈，此之谓大丈夫。”中国人的义不仅表现在为民族、为社会、为国家鞠躬尽瘁死而后已，如岳飞精忠报国、林则徐虎门销烟，还表现在保持个人的独立品格，在任何情况下“不降其志，不辱其身”（黄希庭，2004）。

从儒家的观点来看，义就是正义或符合道德规范的责任行为，在个人与他人、与群体等形成的各种关系中，个人必须积极承担自己对于对方的责任，以自觉践行向对方承担责任的美德。儒家认为在个人与其他对象结成的关系中，人不是以权利之心与其他对象结成关系，而是以责任之心与其结成关系。个人与他人的关系，不是以自我为中心，而是以自我为出发点，以对方为重，个人的利益要服从责任的要求。个人是各种关系网的个人，个人与各种对象结成各种关系，因此个人的责任是多种多样的（陈来，2015）。按照儒家的观点，君子自当以天下为重。孔子竭尽全力“克己复礼”，改革世界，虽都没有成功，但他不气馁，继续不断努力，“道之将行也与？命也；道之将废也与，命也”（《论语·宪问》）。这种竭尽全力去做自己认为应做的事而不计成败的忘我责任心是一个人成为君子的重要必要条件。

有学者从跨文化的角度分析了中西方人的正义感，从集体主义和个体主义的角度，发现西方人基于独立的自我参照效应，普遍认为自己生活的世界是好有好报、恶有恶报的，而整体上的世界或者其他人生活的世界充满不幸或苦难；中国人表达正义感从互依或他人参照视角出发，认为社会整体是一个好有好报、恶有恶报的和谐社会（吴胜涛等，2016）。结合调节定向理论来看，在集体主义文化下，人们的利他选择更多的是防御定向，不给别人添麻烦，保持已有的好名声，预防自私选择损害个人形象；而在个体主义文化下，利他选择更多的是促进定向，为他人考虑的选择，可以使其获得积极的认可或自我奖励（田一等，2021）。东方文化中的人是以整体性的方式看待问题，看重事物之间的联系和关系，因此判断一个人是否诚信不是只看他处理某件事情的结果，更重要的是看他在处理事情的过程中是否有责任感，是否坚持诚实和信用，以及能否赢得信任等（吴继霞，黄希庭，2012）。

同时，从现当代中华文化的角度来看，西方是资本主义国家，生产资料私有制的社会制度形式上确立了人人平等、人人自由的原则，但实际上不同阶级的人享有的权利和机会是不同的，其根本上维护的是资本主义统治阶级的权利，工人阶级和劳动人民不可能享有这些权利（骆郁廷，付玉璋，2023）。资本主义的发展方向，贯彻资本逻辑，追求剩余价值和实现资本增值，其关注的对象是“产品”而非“劳动”、是“资本”而非“人”，以物化劳动的压迫、剩余价值的剥削等方式达到对现实世界的统治，人们被迫服从于资本逻辑而成为资本增值的工具（邹新，韦勋，2023）。在社会结构和制度上，我国是社会主义国家，追求实现好、维护好、发展好最广大人民的根本利益，以人民为中心，实现共同富裕，社会主义的本质要求和价值追求就是维护最广大人民的根本利益。

（二）坚持实事求是

实事求是一词，最早是毛泽东在《改造我们的学习》中做出阐释的，“实事”就是客观存在的一切事物，“求”就是我们去研究，“是”就是客观事物的内部联系，即规律性。坚持实事求是的观点对正义感进行探究，即从中国的实际出发，来探讨当代中国人正义感的心理与行为表现，不盲目套用外国心理学的概念、理论和方法，努力建构造福于中国人的正义感理论。如何实事求是地开展正义感的研究呢？首先，坚持以人为本，尊重人，尊重中国人的情感、价值观念、思维模式、行事风格，不把中国人当作无特殊性的对象，或者直接套用外国人的心理学理论，把中国人当成外国人来研究。因此，当代中国人正义感的研究，应该既有中华文化的背景和底蕴，又能深入我国当代的社会实际，同时也要批判性地吸收外国心理学的合理理论，冲破西方心理学对我国心理学的束缚，找准当代社会中国人所面临的、亟须研究的问题，以问题为导向，加快中国化的正义感理论体系和话语体系建设。其次，要从心理和行为的复杂性出发，开展多研究取向、多研究方法的探索。人的心理与行为非常复杂，受历史文化、社会、政治、经济、成长环境等多种因素的制约和影响，要认识如此复杂和多样的现象，就必须从多种角度、采用多种方法对正义感心理与行为进行分析研究。在正义感的研究中以科学研究为取向，采用量化的研究方法来理解和解释社会中的正义感现象，以揭示背后深刻的心理机制，这是有必要的；但是，当代中国人的正义感离不开人生意义、道德理想、审美情操等涉及价值世界的议题，对它们的探究可能需要借助人文学科、社会学科等方法，深入社会现实，了解中国的社会文化历史，努力表达当代中国人对于正义的追求。

此外，在对当代中国人的正义感进行分析时，应该采用系统分析的观点。正义感是一种复杂的、开放的情感系统，可以从结构性、层次性、动态性和环境适应性等方面进行分析，例如，当代中国人正义感是由什么成分构成的？受哪些因素的影响，是如何形成的？怎样进行培育？这些问题都需要重视和研究。以正义感的影响因素为例，采用系统分析观点，要考虑正义感的形成既受到个体自身因素（生理因素和心理因素）的影响，也受到外部环境因素（社会文化、学校教育和家庭教育）的影响，并且这些因素之间还存在交互作用。从学校教育来看，师生互动和学校环境对学生的正义感有所影响，进而会影响一系列的教育结果（Resh & Sabbagh，2017）。Warren（2015）指出 3 岁孩子的正义感与成人不同，他们更多专注于帮助受害者，而不是惩罚肇事者。这种正义感是家庭环境和认知发展相互作用的结果，家庭环境允许和鼓励正义感的发展，而认知方面的生理准备度能够让儿童感受他人的情绪状态并且引发自身类似的反应，这让他们能够从另一个角度看世界，感受和体验人类不同情绪的变化。

就具体方法而言，我们认为对于中国人正义感可以采用量的研究和质的研究相结合的方法加以分析。已有正义感的心理学研究主要是采用量的研究方法，如实验法、问卷法和脑科学方法。通过质的研究，研究者可以走出书斋，以开放的、生动的、鲜活的姿态去发现现实生活中的正义感问题，实事求是地提出问题、解决问题，针对具体问题进行具体分析。采用质的研究和量的研究相结合的方法，我们可以探索当代中国人正义感的内涵、成分、影响因素等，这些有助于我们全面地、深刻地了解当代中国人的正义感。

总之，通过文献综述，我们深深地感觉到做好当代中国人正义感研究的重要性和迫切性。我们决心坚持守正创新，坚持实事求是，用质的研究和量的研究相结合的方法来深入探讨当代中国人正义感的特点。

作者贡献和利益冲突声明：陈梦妍负责文章撰写、修改和投稿；黄希庭负责构思、指导和文章审阅。本文所有作者均无利益冲突。

参考文献

陈根法 .（1998）. *心灵的秩序——道德哲学理论与实践*. 上海：复旦大学出版社 .

陈江进 .（2011）. 正义感及其进化论解释——从罗尔斯的正义感思想谈起 . *伦理学研究*，（6），1—6. doi：10. 15995/j. cnki. llxyj. 2011. 06. 002

陈来 .（2015）. *中华文明的核心价值：国学流变与传统价值观*. 北京：生活 · 读书 · 新知三联书店 .

陈晓芬，徐儒宗 .（2015）. *论语·大学·中庸（第 2 版）*. 北京：中华书局 .

董国安 .（2011）. *进化论的结构——生命演化研究的方法论基础*. 北京：人民出版社 .

方勇 .（2015）. *孟子（第 2 版）*. 北京：中华书局 .

费穗宇，张潘仕 .（1988）. *社会心理学词典*. 石家庄：河北人民出版社 .

冯杰，员秀，贺雯，丁炜 .（2021）. 内隐公正世界信念对第三方惩罚的影响 . *中国临床心理学杂志，29*（6），1151—1154. doi：10. 16128/j. cnki. 1005-3611. 2021. 06. 006

郭英，张梦柔 .（2016）. 服刑人员社会支持与社会适应的关系：公正世界信念的中介作用 . *中国特殊教育*，（10），71—77. doi：10. 3969/j. issn. 1007-3728. 2016. 10. 011

胡伟，王琼，王楠，许存 .（2021）. 新冠疫情中公正世界信念和民众有意传谣行为的关系：序列中介效应分析 . *中国临床心理学杂志，29*（6），1271—1275. doi：10. 16128/j. cnki. 1005—3611. 2021. 06. 030

黄希庭 .（2004）. 再谈人格研究的中国化 . *西南师范大学学报（人文社会科学版），30*（6），5—9.

黄希庭 .（2021）. *社区心理学导论*. 北京：人民教育出版社 .

蒋奖，王荣，张雯 .（2013）. "蚁族" 群体的公正世界信念与幸福感研究 . *心理发展与教育*，（2），208—213. doi：10. 16187/j. cnki. issn1001-4918. 2013. 02. 013

梁忠义，车文博 .（1989）. *实用教育辞典*. 长春：吉林教育出版社 .

林崇德，杨治良，黄希庭 .（2003）. *心理学大辞典*. 上海：上海教育出版社 .

骆郁廷，付玉璋 .（2023）. 人民至上与资本至上——中西核心价值的本质对立及其经济根源 . *中国高校社会科学*，（1），62—71.

孟庆飞，钟云辉，田艳辉 .（2015）. 受艾滋病影响儿童的主观幸福感与公正世界信念、希望的关系 . *中国心理卫生杂志，29*（1），28—33. doi：10. 3969/j. issn. 1000 - 6729. 2015. 01. 006

田一，王莉，许燕，焦丽颖 .（2021）. 中国人社会善念的心理结构 . *心理学报，53*（9），1003—1017. doi：10. 3724/SP. J. 1041. 2021. 01003

王晓明，何毓文，金悦宁，高连禄，刘钰婧，周媛 .（2021）. 受害者正义感与背侧脑岛静息态功能连接的关联研究 . *中国社会心理学评论，22*，50—63+266.

吴继霞，黄希庭 .（2012）. 诚信结构初探 . *心理学报，44*（3），354—368.

吴胜涛，姜颖，王毓洲，张雅婷 .（2018）. 生命的补偿控制：肿瘤幸存者的正义观与主观幸福感 . *中国社会心理学评论，16*，76—89+245.

吴胜涛，潘小佳，王平，加百利·诺德曼，李会杰 .（2016）. 正义动机研究的测量偏差问题：关于中国人世道正义观（公正世界信念）的元分析 . *中国社会心理学评论，12*，162—178.

吴胜涛，王力，周明洁，王文忠，张建新 .（2009）. 灾区民众的公正观与幸福感及其与非灾区的比较 . *心理科学进展，17*（3），579—587.

吴胜涛，张燕，于洪泽，樊俊伶，李馨婷 .（2021）. 受害者正义感与人际宽恕：社会价值取向的作用 . *中国社会心理学评论，22*，37—49+265.

习近平 .（2023）. *习近平著作选读（第一卷）*. 北京：人民出版社 .

谢雪贤，刘毅，吴伟炯 .（2012）. 公正敏感性的研究现状与展望 . *心理科学进展，20*（2），301—308.

许燕，杨宜音 .（2022）. *社会心理研究（下册）*. 上海：华东师范大学 .

周春燕，郭永玉 .（2013）. 公正世界信念——重建公正的双刃剑 . *心理科学进展，21*（1），144—154.

邹新，韦勋 .（2023）. 中国式现代化的超越逻辑及其世界意义 . *重庆理工大学学报（社会科学），37*（12），26—34.

Alexander, R. D. (1987). *The biology of moral systems*. New York, NY: Aldine de Gruyter.

Anderson, J. E., Kay, A. C., & Fitzsimons, G. M. (2010). In search of the silver lining: The justice motive fosters perceptions of benefits in the later lives of tragedy victims. *Psychological Science*, *21* (11), 1599-1604.

Baumert, A., Gollwitzer, M., Staubach, M., & Schmitt, M. (2011). Justice sensitivity and the processing of justice-related information. *European Journal of Personality*, *25* (5), 386-397.

Baumert, A., & Schmitt, M. (2016). Justice sensitivity. In *Handbook of social justice theory and research*. New York, NY: Springer.

Brosnan, S. F. (2023). A comparative perspective on the human sense of justice. *Evolution and Human Behavior*, *44* (3), 242-249.

Dalbert, C. (1999). The world is more just for me than generally: About the personal belief in a Just World Scale's validity. *Social Justice Research*, *12* (2), 79-98.

De Quervain, D. J. F., Fischbacher, U., Treyer, V., Schellhammer, M., Schnyder, U.,

Buck, A., & Fehr, E. (2004). The neural basis of altruistic punishment. *Science*, *305* (5688), 1254-1258.

Gaucher, D., Hafer, C. L., Kay, A. C., & Davidenko, N. (2010). Compensatory rationalizations and the resolution of everyday undeserved outcomes. *Personality and Social Psychology Bulletin*, *36* (1), 109-118.

Hafer, C. L. (2000a). Investment in long-term goals and commitment to just means drive the need to believe in a just world. *Personality Social Psychology Bulletin*, *26* (9), 1059-1073.

Hafer, C. L. (2000b). Do innocent victims threaten the belief in a just world? Evidence from a modified stroop task. *Journal of Personality & Social Psychology*, *79* (2), 165-173.

Kay, A. C., Whitson, J. A., Gaucher, D., & Galinsky, A. D. (2009). Compensatory control: Achieving order through the mind, our institutions, and the heavens. *Current Directions in Psychological Science*, *18* (5), 264-268. doi: 10.1111/j.1467-8721.2009.01649.x

Knoch, D., Gianotti, L. R., Pascual-Leone, A., Treyer, V., Regard, M., Hohmann, M., & Brugger, P. (2006). Disruption of right prefrontal cortex by low-frequency repetitive transcranial magnetic stimulation induces risk-taking behavior. *Journal of Neuroscience*, *26* (24), 6469-6472.

Knoch, D., Nitsche, M. A., Fischbacher, U., Eisenegger, C., Pascual-Leone, A., & Fehr, E. (2008). Studying the neurobiology of social interaction with transcranial direct current stimulation—The example of punishing unfairness. *Cerebral Cortex*, *18* (9), 1987-1990.

Lerner, M. J. (1980). *The belief in a just world: A fundamental delusion*. Boston, MA: Springer.

Park, C. L. (2010). Making sense of the meaning literature: An integrative review of meaning making and its effects on adjustment to stressful life events. *Psychological Bulletin*, *136* (2), 257-301. doi: 10.1037/a0018301

Sanfey, A. G., Rilling, J. K., Aronson, J. A., Nystrom, L. E., & Cohen, J. D. (2003). The neural basis of economic decision-making in the ultimatum game. *Science*, *300* (5626), 1755-1758.

Schmitt, M., Baumert, A., Gollwitzer, M., & Jürgen Maes. (2010). The justice sensitivity inventory: Factorial validity, location in the personality facet space, demographic pattern, and normative data. *Social Justice Research*, *23* (2-3), 211-238. doi: 10.1007/s11211-010-0115-2

Spasojević, G., Malobabic, S., Pilipović-Spasojević, O., Djukić-Macut, N., & Maliković , A. (2013). Morphology and digitally aided morphometry of the human paracentral lobule. *Folia Morphologica*, *72* (1), 10-16.

Resh, N., & Sabbagh, C. (2017). Sense of justice in school and civic behavior. *Social Psychology of Education*, *20* (2), 387-409.

Ruff, C. C., Ugazio, G., & Fehr, E. (2013). Changing social norm compliance with noninvasive brain stimulation. *Science*, *342* (6157), 482-484.

Warren, C. (2015). Even 3-year-olds have a sense of justice. *Science*. doi: 10.1126/science.aac6860

Yan, W., & Tian, X. (2017). Regional homogeneity of intrinsic brain activity correlates with justice sensitivity. *Personality and Individual Differences*, *117*, 111-116.

Zhang, G., & Veenhoven, R. (2008). Ancient Chinese philosophical advice: Can it help us find happiness today? . *Journal of Happiness Studies*, *9*, 425-443.

The Psychological Analysis of Sense of Justice of Contemporary Chinese People

Chen Mengyan, Huang Xiting

(Faculty of Psychology, Research Center for Psychology and Social Development, Southwest University, Chongqing, 400715, China)

Abstract: Fairness and justice serve as the spiritual driving force for the great rejuvenation of the Chinese nation and are the consistent pursuit and call of the Chinese people. It is also a significant issue of widespread concern in society. In this article, we firstly review the existing literature on "sense of justice", and find that the research on sense of justice can be divided into two main orientations: The exploration of definition of sense of justice from different perspectives and the exploration of its development mechanism from the perspectives of motivation, evolution, psychological resources and neuroscience. However, the previous research has its drawbacks. That is, few studies analyzed the sense of justice in a systemic way though these studies explored different aspects of sense of justice. Therefore, future research on sense of justice should be carried out in a systemic manner. In our view, future research should unhold fundamental principles and break new ground to explore sense of justice of contemporary Chinese people. This is because the past research on sense of justice neglected the impact of the Chinese culture on sense of justice of contemporary Chinese people. In addition, the future study should adopt the perspective of seeking truth from facts and understand sense of justice from a systemic view. To be specific, future research should explore sense of justice of Chinese people based on our own history, culture and realities, not copying foreign theories on sense of justice blindly. And also, sense of justice of contemporary Chinese people is a complex emotional system and should be analyzed systemically from various aspects, including its structures, hierarchy, dynamics and environmental adaptability. In terms of research methods, qualitative and quantitative methods can be combined to explore sense of justice of contemporary Chinese people. By doing this, we can have a deep understanding of sense of justice of contemporary Chinese people.

Keywords: Contemporary Chinese People; Sense of Justice; the Perspective of Seeking Truth from Facts; Psychology

美好社区：社区观念谱系演进中的话语创新*

索日根　董洪杰**

（内蒙古师范大学心理学院）

摘　要　社区观念是人们对于社区情境、制度和过程等诸多维度的解读认知和态度倾向。本文在梳理社区观念的价值取向、层次取向和要素取向基础上，阐释了社区观念的谱系演进，进一步提出美好社区的社区观念。美好社区从社区生活的人民主体视角出发，主张在个体、社区、社会层面实现社区环境的“安全、宜居、生态”价值，实现社区成员的“保障、多样、民本”价值，实现社区事务的“便利、智能、公正”价值。美好社区是社区观念的话语创新，具有鲜明的实践底蕴与价值指向。

关键词　社区观念　美好社区　观念谱系　美好社会

一　引言

社区为人民提供了安全舒适的生活环境与社会空间，也是政策落实和理论实践的基层单元。如何立足社区满足人民的美好生活需要，成为新时代社区研究与实践亟待解决的重要问题。虽有研究者立足社区概念演变探究其中的价值诉求（杨冬艳，2006）、解析社区更新的动力机制（孙中锋，张彪，2021），或是使用“社区理念”来反映居民对社区概念的深层意义的理解和选择（杨宜音，张曙光，2008），但关于社区的认知过于复杂、含糊，其具体指代难以穷尽（吴晓林，2021）。如果按黑格尔的诠释，“凡是

*　本文受到内蒙古自治区哲学社会科学规划项目“内蒙古乡村建设中农牧民参与意愿的实现路径与促进策略研究”（项目编号：2023NDC209）的资助。

**　通讯作者：董洪杰，内蒙古师范大学心理学院副教授，E-mail：donghongjie@ aliyun. com。

存在于概念之内、理念之内、想象之内的东西，都是观念性的”（先刚，2017），可以使用社区观念描述人们对于社区情境、制度和过程等“诸多维度的解读认知和态度倾向”（陈云松，2022）。社区观念符合观念史的规律，不论基本观念还是复合观念，“都有基于某种特定的社会条件，生成、流行乃至影响到广大的社会生活层面，最后沉淀为人的心理的过程”（高瑞泉，2021）。但令人遗憾的是，现有研究既没有明确社区观念的内涵框架，也没有阐明社区观念的谱系脉络。

通过梳理发现，散见于国内外各类社区术语之中的社区观念，可以区分出三种取向：社区观念的价值取向、社区观念的层次取向和社区观念的要素取向。社区观念的价值取向强调以社区主体为核心的总体价值体系（Hoggett，1997），重视社区中成员的共同价值表现和社区的功能意义。后续出现的生态社区、活力社区、未来社区、智慧社区等新生社区观念，又呈现要素价值整合或层次价值整合的演进趋势。社区观念的层次取向主张社区是地方级的一个子系统或社会单位（Warren，1978），关注社区在社会系统中的结构性内涵。社区观念的要素取向强调社区由不同的要素（Hillary，1955）相互联结而成，关注在社区的形成过程中不同构成要素存在的重要性和必要性。在我国社会发展的新的历史方位，社区观念研究如何与以人民为中心的发展理念相结合，从而反映并引领社区建设实践，亟须重新审视社区观念的源流谱系和实践基础，进而提出有效的社区观念框架。

有鉴于此，本文在厘清社区观念谱系演进的基础上，提出立足以人民为社区生活主体视角的美好社区观念。美好社区以满足人民的美好生活需要为价值追求，从个体、社区和社会三个层面上反映人们对于社区环境、成员、事务等要素的解读认知和态度倾向。以美好社区探索面向中国社区发展实践的社区观念话语创新，不仅是解决我国新时代社会主要矛盾的社区实践路径，还是社区心理学研究为中国的社区建设和社区发展服务（黄希庭，2016）的学科夙愿。

二　社区观念的源流谱系

社区观念的价值取向、层次取向和要素取向，从各自的视角来理解社区，共同构成了社区观念的源流谱系。

（一）社区观念的价值取向

社区观念的价值取向表现为反映和维续社区发展的社区成员共同信念与价值规范。社区概念的提出者滕尼斯强调社区的价值观念，即在风俗、信仰、社会规范等方面形成的约定俗成的生活态度和行为准则（Tonnies, 1988）。他认为社区是人们在密切的社会互动中形成的以共同社会文化规范、组织方式和心理认同为基础的生活实体。研究者认为社区价值可以分为内在价值和外在价值（Tricarico, 2017）：内在价值反映了社区成员共同生活的价值共识，是社区成员间的关系限度和道德体现；外在价值则表现为社区成员达成目标的手段，是实现个人目标的工具和私人之间资源协议的结果。国内研究者（黄希庭，2021）则依据中华传统文化和社会主义核心价值观，阐释了“仁爱、正义、文明、和谐、诚信”五类价值取向的社区观念具体内涵。

（二）社区观念的层次取向

社区观念的层次取向强调社区是社会有机体的主要组成部分。研究者把社区看作社会生态系统的构成部分（Zastrow & Kirst-Ashman, 2007）或社会实体中的基本空间单元（李文茂，雷刚，2013），并发挥与地域相关的功能。社会系统中人们在一起组成家庭，家庭聚集在一起形成社区，而社区又会聚集成更加全面的社会现象：村庄、城市、地区和国家（Hillary, 1955）。在社区的相关研究中，Leibold 等（2004）提出的生态相互作用模式认为，生态系统由相互嵌套的个体、当地社区和复合群落或区域三个水平组成。国内引入社区概念本着研究中国社会的目的，费孝通（2014）在研究社区的过程中将社区从乡村社区延伸到城镇社区及更大的区域，并把包括基层在内的多层次相互联系的社区综合起来。总体而言，社区观念的层次取向关注社区如何运作以及如何构成国家和社会的中间环节（Wan, 2016），并在社会系统中起着承上启下的作用。

（三）社区观念的要素取向

社区观念的要素取向主张社区由一些核心要素结合在一起形成功能上集成的统一体。社区观念的要素取向的表述由来已久，不胜枚举但莫衷一是。少则强调最低要素"一个由人居住的地方"（Steiner，1930）；多则将要素扩展到社区的影响要素，如五要素——地域、人口、共同的文化和制度、凝聚力和归属感、公共服务设施（蔡禾，2005）。更为常见的主张是社区具有三要素，即地方性、个体价值观与关键过程（Wilson，1911），或是地区、当地社会与当地为主的集体行为过程（徐琦，2002），抑或是空间、人口、组织三个社区性要素（黄晓星，2011）。更受关注的社区观念的三个核心要素为：特定的地点、共同的联系、社会互动（Lyon，1999）。

总体看来，社区具有三重维度，即作为适度物理空间的自然维度、作为人民生活共同体的社会维度以及作为治理体系的基层管理维度（何艳玲，2022）。首先，社区意味着行政限制或地理空间中集中的人口或特定地区的成员（Tyler，2006），因而社区以明确地理边界划定的城乡空间作为基础单位。其次，社区与一群生活在一起的人相联系，他们追求共同的目标或偏好的集体生活模式（Hoggett，1997）。此外，社区还包括社会活动衍生而成的社会关系、互动交往而产生的生活等社区事务形式。社区事务表现为边界模糊性、职能动态交叉性、分配非均衡性以及社区内生资源稀薄性等特性，因而强调社区"人"与"事"的分离与并存（张雪霖，2020）。概言之，社区观念的要素取向强调社区由一定地域环境内共同生活的成员以及互动联系的社区事务构成，社区的核心要素包括社区环境、社区成员和社区事务。

综上所述，社区观念的价值取向注重维系社区运行的秩序整合，凸显社区自身或是社会系统需要实现的价值规范；社区观念的层次取向将社区置于社会结构层面，纵向展示社区在社会系统中的结构功能；社区观念的要素取向则将社区分解成相互联系的几个重要部分，横向展现维系社区的核心成分。概言之，社区观念的要素取向、层次取向诠释了社区内外的结构特征，而价值取向则关注社区的功能特征，三者从社区的不同侧面呈现了社区观念的形态。

三　社区观念的交汇演进

随着社区发展以及社区研究的不断深入，社区观念面临社区实践的多样性、动态性和不确定性的挑战。研究者一直在考虑宏观层面的变革过程对社区结构的影响，阐述了大量的社区动态变化及其对人们如何在日常生活中相互联系的预期影响（Bessant，2018）。结构功能主义的兴起，也启迪了研究者审视社区的结构特征（社区要素、社区层次）与功能特征（社区价值）之间的依存性。

（一）社区观念的要素价值整合

存在于成员持续的事务活动和人境互动之中的社区互动结构，会形成有别于其他社区的规范和价值。对于社区要素重要性的不同强调，表现出社区观念的要素价值整合，具体可分为三类：环境价值整合、成员价值整合以及事务价值整合。

1. 环境价值整合

环境价值整合强调构成社区的场所或环境要素，以“人与自然和谐共处”“可持续发展”价值理念为主题与社区环境整合而成。环境价值整合重点关注社区物理环境的功能和建设及其给社区成员带来的体验，以期使社区和环境相互匹配。具体而言，环境价值整合关注人、社区与环境长期共存、和谐共生；追求遵从自然生态与自然规律的发展，将人和社区视为生态系统的有机组成部分；重视社区应对外来干扰的有效措施，构建有利于人与自然协调发展的绿色生活空间和绿色健康社区（见表1）。

表1　环境价值整合

社区观念	观念内涵
可持续发展社区	可持续发展、人与自然和谐共生（AtKisson，1999）
生态社区	人与自然和谐、可持续发展（Barton，2000）
绿色社区	可持续发展、生态环境、和谐共生（Berke，2008）
低碳未来社区	低碳、再生能源解决社区能源供给（Peters et al.，2010）
韧性社区	自我恢复能力、灾后经验学习（Barr & Devine-Wright，2012）
环境友好型社区	人与自然和谐共生、居民生态意识、环境承载力（AIQahtany et al.，2013）
美丽社区	人与自然和谐共生、优美舒适的自然环境（许经勇，2015）
纽约清凉社区	提高热适应能力、动态包容的气候政策（肖华斌等，2022）
低碳社区	可持续发展、生态景观系统、低碳、减少温室气体（陈一欣，曾辉，2023）

2. 成员价值整合

社区成员之间的相互联系在家庭、邻里关系以及社会组织中找到最基本的形式。成员价值整合因人的要素的重要性一直被人们关注。个体的依恋、利益和愿望由更大的集体互动共享来体验与实现，最终形成一种区域性的关系价值系统。成员价值整合侧重社区的成员要素并结合社区成员的价值追求，将社区成员视为社区至关重要的因素，致力于建设人性化社区。成员价值整合立足社区中人文观念的发展和社区成员的切实需求，关注以人为中心的价值观念和以人为本的科学发展观，致力于建设人人满意、全龄友好的社区。常见的成员价值整合呈现为属人价值的社区友好性特征，或是以成员为主体的价值属性，注重社区成员的多样性与包容性（见表 2）。

表 2　成员价值整合

社区观念	观念内涵
家庭友好社区	强化工作和家庭功能的社区资源、促进社区家庭有效互动（Sweet et al.，2005）
和谐社区	以人为本的科学发展观、民主法治、诚信友爱、文明祥和（崔超，2017）
老年友好社区	满足老年人不同需求、包容和尊重老年人（Levasseur et al.，2017）
儿童友好社区	儿童成长需求、儿童服务策略、儿童潜力场所、保障儿童权利（Elshater，2018）
全龄友好型社区	社区成员健康性、包容性、安全性（吴聘奇，2018）
青年友好社区	青年参与、为青年赋能（许昊等，2022）

3. 事务价值整合

随着城市的社区建设与服务发展，社区已经成为城市提供与管理基本公共服务的主阵地。社区事务的运行与管理也成为学界重要的研究议题，在此基础上产生了事务价值整合的社区观念。事务价值整合在以满足社区成员需求、构建社区共识与保障社区管理运行为目标的社会事务中形成，注重社区功能形式以及社区主体为核心的总体社区价值体系，展现社区整体精神面貌以及为社区成员服务的宗旨。如表 3 所示，常见的事务价值整合关照社区成员的需求满足，注重社区文化传播、社区活力提升和居民彼此间的交流，注重社区制度建设。事务价值整合尝试结合科学技术和创新思想增强社区的价值功能，强调社区便利性、功能性等特点。

表 3 事务价值整合

社区观念	观念内涵
文明社区	管理机制健全、社会秩序稳定、公共服务优质、道德风尚良好（刘望厦，2002）
智慧社区	打造基于信息化、智能化管理与服务的社区治理新形态（Sanseverino et al.，2017）
健康社区	改善健康环境、提供健康服务、举办健康活动（Koehler et al.，2018）
活力社区	社会活动和公共活动的丰富性、居民邻里交往（Hui et al.，2021）
民主法治示范社区	推进基层依法治理、发展基层民主（成社文，2022）

（二）社区观念的层次价值整合

社区作为功能分化的社会系统和适应性的人类生态系统，嵌入更广泛的社会和文化背景中，并在社会系统中起着关键作用。社区承载着个体社会地位的象征性特征，其规模从较小的楼幢间隔到较大的社区再到更大的城市区域（Kusenbach，2008），能够揭示所在社会结构中的层次性。按照社区观念的层次价值整合性理解，社会系统是以社区衔接个体和社会的嵌套结构，具有相应的个体、社区和社会层面价值。

社区观念的层次价值整合除了体现在上述社区层面，还体现在个体层面和社会层面。个体层面的社区价值表现为个体有关社区共同生活的行为准则与核心信念，它规定了社区成员个体在社区生活情境中待人接物处事的规则与标准。社会层面的社区价值则是社区承载的社会功能和社会规范，也是社区价值在社会层面的功能体现。社区既可成为增进社会互动和相互交流的主要场所，也可被视为规范公民行为和维持政治稳定的重要载体（Wan，2016）。

我国的完整社区与未来社区建设理念也体现出社区不同层次的价值整合。完整社区从微观角度出发，强调通过对人的基本关怀，维护社会公平与团结，最终实现和谐社会的理想（吴良镛，2011）。完整社区在重视社区的物质空间建设基础上结合了社会空间重构，重视处理好政府、市场与居民的关系。未来社区则是“以人民美好生活向往为中心，以人本化、生态化、数字化为价值导向”打造而成的“具有归属感、舒适感和未来感的新型城市功能单元”（田毅鹏，2020）。未来社区强调从社会结构完整性和系统功能完整性的角度出发，将个人价值观念转化为具有凝聚力、团结感和归属感的社区核心价值观念（张雯洁，2023）。然而，既有的社区观念层次价值整合要么从个体层面实现社区价值，要么从社会层面实现社区价值。这就使得社区观念的层次价值整合缺乏与社会系统相互联系的社区主体，呈现社区观念的层次价值分歧。

四　美好社区：社区观念的话语创新

在社区观念的交汇演进过程中，越来越多的社区观念试图整合社区的结构要素、系统功能，但社区观念的要素价值整合与层次价值整合的罅隙仍有待弥合。特别是在我国社会发展的新的历史方位，社区观念应“围绕创造人民美好生活这一社会主义最高价值目标”（王雅林，2017），确立社区与美好生活需要、美好社会建设的联系。

（一）美好社区：美好生活需要的社区图景

党的十九大提出了满足人民日益增长的美好生活需要的迫切要求，以及牢牢把握人民幸福安康的高质量发展的最终目标。尽管秉持西式美好生活愿景的研究者倾向于使用幸福、快乐、意义与心理丰富性等特征描述个体生活体验（杜晓伟，2016），但美好生活并不仅仅是个人建构的结果。美好生活还与居住地特征密切相关，居住地规模越大则个体的心理丰富性越高（Oishi & Westgate，2022）。社区在实现人民美好生活向往的过程中起着至关重要的作用。社区既可作为居住场所为居民提供客观的物质环境并且影响到居民的主观生活体验，又可作为富有创造性和包容性的地方，用于满足边缘化群体和弱势群体的需求（Diacon & Vine，2010）。

另外，美好生活需要也是人们在共同的社会生活中实现的。美好社会是为实现人民美好生活奠基的社会发展图景，与人民群众的美好生活需要相适应（项久雨，2020）。而美好生活需要是建立在基本需要之上的更高标准的需要，在结构上可以区分为个人物质维度的美好生活需要、家庭和人际关系维度的美好生活需要、国家和社会环境维度的美好生活需要（王俊秀等，2020）。美好生活需要的满足既有从个体基本需要上升到个体高层级需要的个体路径，也有从个体基本需要上升到社会基本需要的社会路径

（王俊秀，刘晓柳，2021）。人与人共同生活才有社会，构成了“人—生活—社会”的动态复合图式（王雅林，2017）。社区是人民最基本的生活空间，也是与社区居民关系最为密切的公共活动场所（黄健文等，2022）。由此而言，社区有望成为阐释个人与社会之间关联性的重要因素。要立足社区要素和社区功能结构体现以人民实现美好生活向往为核心的社区发展，亟须将美好生活需要理念融入社区观念的话语实践，为中国社区建设提供原创性、系统性和可行性的美好社区概念。

（二）美好社区：社区观念的生活主体定位

由于不同社区要素和社会结构力量在如何处理社区问题上存在分歧，在价值呈现上往往出现顾此失彼或厚此薄彼的冲突。这在后续尝试进行要素价值整合或层次价值整合的社区观念中，依然没有得到很好的解决。究其原因，社区观念的构建缺乏衔接社区与社会的生活主体，使得社区观念存在视角的游离性分歧。既有的社区观念要么从社会视角看社区，要么从社区视角看社区，抑或从社会与社区的关系视角看社区（见图 1）。有鉴于此，社区观念的研究有必要超越社区观念的价值取向、层次取向和要素取向的简单取舍或是组合，回归社区生活主体视角来回应社区要素的社会发展价值诉求。

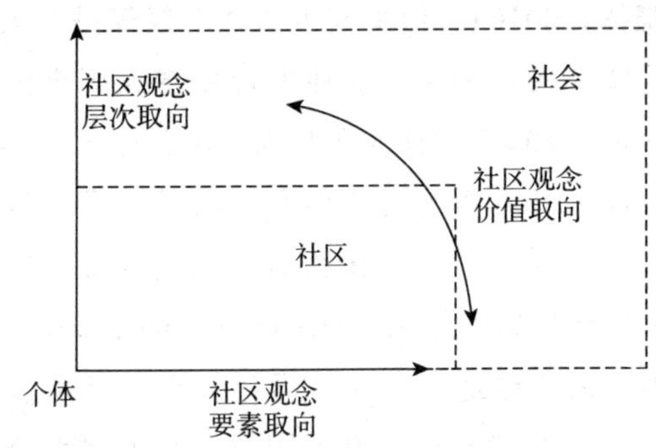

图 1　社区观念三种取向之间的逻辑关系

人民是社区生活的主体，社区观念也应立足以人民为主体的解读认知和态度倾向。由此，本文从社区生活的人民主体视角出发，探讨有效整合社区观念的价值取向、层次取向和要素取向的美好社区概念框架。美好社区立足社区观念三种取向之间的逻辑关系，构建出体现美好生活需要内涵和价值诉求的社区观念框架，旨在揭示社区生活主体在社区构成要素和结构层次上的复合价值内涵。在社区的生态层次上，美好社区存在于“个体与个体的互动之中，并与社会直接联系”（Kusenbach，2008），需要体现从个体私人场域到社会公共场域的价值连续体。在社区构成要素上，美好社区横向维系着成员、环境和事务要素间的相互联系，实现以成员为主体、环境为载体、事务为纽带的价值规范。有鉴于此，美好社区围绕社区环境、成员、事务要素，以社区作为社会系统的中心来整合个体、社区和社会层面的美好生活价值（见图 2）。

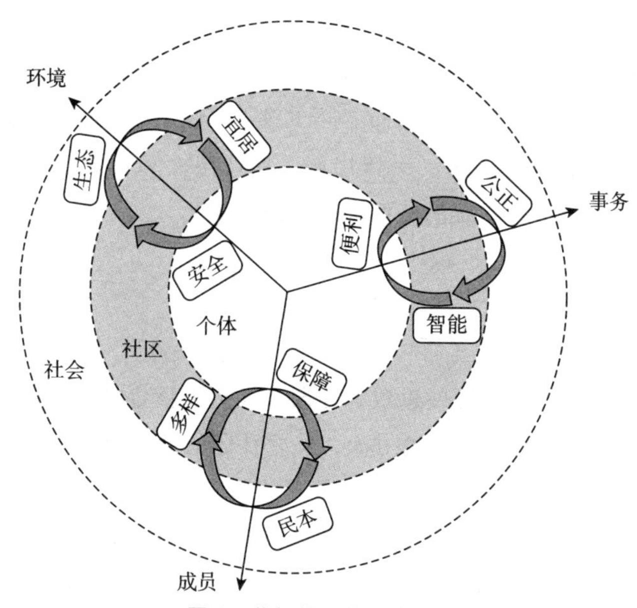

图 2　美好社区的概念框架

在社区环境价值维度上，社区关注安全韧性（Barr & Devine-Wright，2012）、优美舒适的环境（许经勇，2015），也是生态系统的组成部分（Barton，2000）。美好社区在一定地域内衔接个体和社会之间的环境意义，在个体、社区、社会层面实现社区环境的“安全、宜居、生态”价值。

在社区成员价值维度上，社区建设需要秉持民本主义的社区发展观（王思斌，2001）。美好社区以实现和提高人民福祉为根本目的，注重社区成员需求保障（薛睿杰，2019）及社区包容性、多样性（吴聘奇，2018）。美好社区致力于实现人民对美好生活的向往，在个体、社区、社会层面实现社区成员的“保障、多样、民本”价值。

在社区事务价值维度上，社区在追求便利高效（Hui et al.，2021）、信息处理的智慧化（Sanseverino et al.，2017）以及实现社会公平正义（成社文，2022）等方面具有事务价值诉求。美好社区的社区事务实践反映在处理社区成员与社区和社会之间关系的事务规范之中，在个体、社区、社会层面实现社区事务的“便利、智能、公正”价值。

综上所述，从宏观层面来看，美好社区是在梳理既有文献的基础上构建出立足社区满足人民的美好生活需要的社区观念，能够展现出社区建设与社会建设之间的关联性。从微观层面来看，美好社区的概念贯穿人民美好生活向往的价值理念与实现路径，能够体现出社区在微观层面上与个体生活的关联性。因而，美好社区能够有效融合社区观念的层次取向、要素取向和价值取向。美好社区能够反映社区要素（社区环境、社区事务、社区成员）在不同的社区层次（个体层面、社区层面和社会层面）上的价值诉求，构建了社会生态系统的美好生活价值体系。

五　结语

本文以人民为中心的发展思想为导向，提出了整合社区价值、社区层次与社区要素的美好社区。在理论方面，美好社区的提出是对社区观念的研究推进和话语创新，能够体现社区观念研究的前瞻性、全局性。在实践方面，美好社区立足人民关切的美好生活需要，具有鲜明的实践底蕴与价值指向。

社区观念的研究是为了在中国新发展阶段适应我国社区建设和发展的新要求。社区是“人们的生活有时空的坐落”（费孝通，1986）与“最具可观测性的社会现象研究单位”（于显洋，任丹怡，2019）。致力于中国特色社区心理学的理论建设与实践探索，社区心理学需要关注新时代社区发展中涌现出的新问题，提出解决中国社区发展问题的中国办法和中国方案（岳童，陈红，2023）。由此而言，美好社区在理论层面既是以实现好、维护好、发展好最广大人民根本利益为价值追求的社区观念研究深化，也是推进中国特色社区心理学观照中国社区发展问题的概念探索。

另外，本研究也具有很强的实践应用性。美好社区既为构建美好社会提供社区建设思路，也为实现人民对美好生活向往提供社区解决方案。上海市在2023年开启了“美好社区 先锋行动”项目，动员各方力量参与营造美好社区（姚尚建，陶青青，2024）。美好社区以解决与基层政府和人民生活密切相关的现实问题为主要导向，从社区观念内涵出发回答需要建设怎样的社区的问题。具体而言，美好社区提供了社区环境、成员、事务的概念框架与价值要求，既能够体现基层社会横向到边的社区自治诉求，也能够体现从中央到基层的纵向到底的社会治理目标。

作者贡献和利益冲突声明：索日根负责文献收集和初稿撰写；董洪杰负责撰写思路的指导与文章整体修改。所有作者声明没有利益冲突。

参考文献

蔡禾 .（2005）. *社区概论*. 北京：高等教育出版社 .

陈云松 .（2022）. 观念的“割席”——当代中国互联网空间的群内区隔 . *社会学研究*，（4），117-135.

陈一欣，曾辉 .（2023）. 我国低碳社区发展历史、特点与未来工作重点 . *生态学杂志*，*42*（8），2003-2009. doi：10. 13292/j. 1000-4890. 202308. 006

成社文 .（2022）. 全国民主法治示范村（社区）创建工作 . *社区*，（11），43.

崔超 .（2017）. 城镇化背景下大数据构建和谐社区的策略探索 . *广西社会科学*，（8），158-160. doi：10. 3969/j. issn. 1004-6917. 2017. 08. 031

杜晓伟 .（2016）. *美好生活何以可能？——关于个人自主和发展的社会文化分析*. 广州：世界图书出版公司 .

费孝通 .（1986）. *乡土中国*. 北京：生活 · 读书 · 新知三联书店 .

费孝通 .（2014）. *行行重行行：中国城乡及区域发展调查*. 北京：群言出版社 .

高瑞泉 .（2021）.“风气”：观念史的视角 . *华东师范大学学报（哲学社会科学版）*，*53*（5），30-46. doi：10. 16382/j. cnki. 1000-5579. 2021. 05. 004

何艳玲 .（2022）. *人民城市之路*. 北京：人民出版社 .

黄健文，苏攀予，谢涤湘，郭焕宇 .（2022）. 国内外社区街市日常生活空间研究述评 . *城市发展研究*，*29*（1），12-17.

黄晓星 .（2011）. 社区运动的“社区性”——对现行社区运动理论的回应与补充 . *社会学研究*，（1），41-62. doi：10. 19934/j. cnki. shxyj. 2011. 01. 002

黄希庭 .（2016）. 社区心理学研究的三个问题 . *社区心理学研究*，*2*，3-11.

黄希庭 .（2021）. *社区心理学导论*. 北京：人民教育出版社 .

李文茂，雷刚．(2013)．社区概念与社区中的认同建构．*城市发展研究，20*（9），78-82. doi：10. 3969/j. issn. 1006-3862. 2013. 09. 014

刘望厦．(2002)．中国现代新型文明社区建设理论研讨会综述．*理论前沿*，（20），45-46.

孙中锋，张彪．(2021)．基于社区概念演变的社区更新动力转向研究．*装饰*，（11），50-54. doi：10. 16272/j. cnki. cn11-1392/j. 2021. 11. 021

田毅鹏．(2020)．“未来社区”建设的几个理论问题．*社会科学研究*，（2），8-15. doi：10. 3969/j. issn. 1000-4769. 2020. 02. 002

王俊秀，刘晓柳．(2021)．美好生活需要满足的个体路径和社会路径．*江苏社会科学*，（3），58-67. doi：10. 13858/j. cnki. cn32-1312/c. 20210525. 006

王俊秀，刘晓柳，刘洋洋．(2020)．人民美好生活需要的层次结构和实现途径．*江苏社会科学*，（2），19-27. doi：10. 13858/j. cnki. cn32-1312/c. 20200319. 003

王思斌．(2001)．论民本主义的社区发展观．*社会科学*，（1），34-38. doi：10. 3969/j. issn. 0257-5833. 2001. 01. 008

王雅林．(2017)．*回家的路：重回生活的社会*. 北京：社会科学文献出版社．

吴良镛．(2011)．住房·完整社区·和谐社会——吴良镛致辞．*住区*，（2），18-19.

吴聘奇．(2018)．积极老龄化背景下中国全龄化社区规划重构研究．*现代城市研究*，（8），2-6. doi：10. 3969/j. issn. 1009-6000. 2018. 08. 001

吴晓林．(2021)．*理解中国社区治理：国家、社会与家庭的关联*. 北京：中国社会科学出版社．

先刚．(2017)．黑格尔论“理念性”和“观念性东西”．*广西大学学报（哲学社会科学版），39*（6），1-8. doi：10. 3969/j. issn. 1001-8182. 20

项久雨．(2020)．美好社会：现代中国社会的历史展开与演化图景．*中国社会科学*，（6），4-25.

肖华斌，郭妍馨，王玥，许宇彤，施俊婕．(2022)．应对高温健康胁迫的社区尺度缓解与适应途径——纽约清凉社区计划的经验与启示．*规划师，38*（6），151-158. doi：10. 3969/j. issn. 1006-0022. 2022. 06. 021

徐琦．(2002)．美国的农村社区研究．*中国农业大学学报（社会科学版），19*（3），76-80. doi：10. 13240/j. cnki. caujsse. 2002. 03. 017

许昊，华晨，李咏华．(2022)．青年发展型城市建设：老旧社区社会活力再生规划路径研究．*城市规划学刊*，（3），96-101. doi：10. 16361/j. upf. 202203013

许经勇．(2015)．美丽乡村与社区建设．*学习论坛，31*（1），27-30. doi：10. 16133/j. cnki. xxlt. 2015. 01. 006

薛睿杰．(2019)．关注“七有”“五性”增进民生福祉——部分代表建议办理情况摘编．

北京人大，（11），44-48.

杨冬艳．(2006)．论社区概念及其演进中的价值诉求和伦理意蕴．*中州学刊*，（5），163-165. doi：10. 3969/j. issn. 1003-0751. 2006. 05. 049

杨宜音，张曙光．(2008)．理想社区的社会表征：北京市居民的社区观念研究．*中国农业大学学报（社会科学版）*，*25*（1），109-123. doi：10. 3969/j. issn. 1009-508X. 2008. 01. 010

姚尚建，陶青青．(2024)．乡村振兴中的政党：角色与过程——基于上海市J村“美好社区先锋行动”项目的观察．*理论探讨*，（1），38-46. doi：10. 16354/j. cnki. 23-1013/d. 2024. 01. 019

于显洋，任丹怡．(2019)．社区研究方法：反思、实践与讨论．*学习与探索*，（9），51-57. doi：10. 3969/j. issn. 1002-462X. 2019. 09. 008

岳童，陈红．(2023)．推进新时代中国社区心理学新形态建设．*心理与行为研究*，*21*（1），7-11. doi：10. 12139/j. 1672-0628. 2023. 01. 002

张雪霖．(2020)．通才型治理：城市社区治理现代化新方向．*求索*，（2），104-111. doi：10. 16059/j. cnki. cn43-1008/c. 2020. 02. 012

张雯洁．(2023)．未来已来：旧改类未来社区公共空间优化策略研究．*城市发展研究*，*30*（2），118-125. doi：10. 3969/j. issn. 1006-3862. 2023. 02. 023

AIQahtany，A.，Rezgui，Y.，& Li，H.（2013）. A proposed model for sustainable urban planning development for environmentally friendly communities. *Architectural Engineering and Design Management*，*9*（3），176-194. doi：10. 1080/17452007. 2012. 738042

AtKisson，A.（1999）. Developing indicators of sustainable community：Lessons from sustainable Seattle. In Satterthwaite，D.（eds.），*The Earthscan reader in sustainable cities*（pp. 352-363）. London：Routledge. doi：10. 1016/s0195-9255（96）00025-x

Barr，S.，& Devine-Wright，P.（2012）. Resilient communities：Sustainabilities in transition. *Local Environment*，*17*（5），525-532. doi：10. 1080/13549839. 2012. 676637

Barton，H.（2000）. *Sustainable communities：The potential for eco-neighbourhoods.* London：Earthscan.

Berke，P. R.（2008）. The evolution of green community planning，scholarship，and practice：An introduction to the special issue. *Journal of the American Planning Association*，*74*（4），393-407. doi：10. 1080/01944360802381751

Bessant，K. C.（2018）. Introduction：The enigma of community. In Bessant，K. C.（ed.），*The relational fabric of community*（pp. 1-35）. New York：Palgrave Macmillan US.

Diacon，D.，& Vine，J.（2010）. *Living a good life，bringing relationships，community and purpose to the lives of marginalised people.* BSHF.

Elshater, A. (2018). What can the urban designer do for children? Normative principles of child-friendly communities for responsive third places. *Journal of Urban Design*, *23* (3), 432-455. doi: 10.1080/13574809.2017.1343086

Hillary, G. A. (1955). Definitions of community: Areas of agreement. *Rural Sociology*, *20* (2), 111-123.

Hoggett, P. (1997). *Contested communities: Experiences, struggles, policies*. Bristol: Policy Press.

Hui, E. C., Chen, T., Lang, W., & Ou, Y. (2021). Urban community regeneration and community vitality revitalization through participatory planning in China. *Cities*, *110*, 103072. doi: 10.1016/j.cities.2020.103072

Koehler, K., Latshaw, M., Matte, T., Kass, D., Frumkin, H., Fox, M., Wills-Karp, M., & Burke, T. A. (2018). Building healthy community environments: A public health approach. *Public Health Reports*, *133* (1_suppl), 35S-43S. doi: 10.1177/0033354918798809

Kusenbach, M. (2008). A hierarchy of urban communities: Observations on the nested character of place. *City & Community*, *7* (3), 225-249. doi: 10.1111/j.1540-6040.2008.00259.x

Leibold, M. A., Holyoak, M., Mouquet, N., Amarasekare, P., Chase, J. M., Hoopes, M. F., Holt, R. D., Shurin, J. B., Law, R., Tilman, D., Loreau, M., & Gonzalez, A. (2004). The metacommunity concept: A framework for multi-scale community ecology. *Ecology Letters*, *7* (7), 601-613. doi: 10.1111/j.1461-0248.2004.00608.x

Levasseur, M., Dubois, M. F., Généreux, M., Menec, V., Raina, P., Roy, M., Gabaude, C., Couturier, Y., & St-Pierre, C. (2017). Capturing how age-friendly communities foster positive health, social participation and health equity: A study protocol of key components and processes that promote population health in aging Canadians. *BMC Public Health*, *17* (1), 502. doi: 10.1186/s12889-017-4392-7

Lyon, L. (1999). *The community in urban society*. Prospect Heights, IL: Waveland Press, Inc.

Oishi, S., & Westgate, E. C. (2022). A psychologically rich life: Beyond happiness and meaning. *Psychological Review*, *129* (4), 790-811. doi: 10.1037/rev0000317

Peters, M., Fudge, S., & Sinclair, P. (2010). Mobilising community action towards a low-carbon future: Opportunities and challenges for local government in the UK. *Energy Policy*, *38* (12), 7596-7603. doi: 10.1016/j.enpol.2010.01.044

Sanseverino, E. R., Sanseverino, R. R., & Vaccaro, V. (2017). *Smart cities atlas: Western and eastern intelligent communities*. Cham: Springer. doi: 10.1007/978-3-319-47361-1

Steiner, J. F. (1930). Community organization: Myth or reality? *Social Forces*, *8* (3), 334-339. doi: 10.2307/2570173

Sweet, S., Swisher, R., & Moen, P. (2005). Selecting and assessing the family-friendly community: Adaptive strategies of middle-class, dual-earner couples. *Family Relations*, *54* (5), 596-606. doi: 10.1111/j.1741-3729.2005.00344.x

Tonnies, F. (1988). *Community and society*. New Brunswick: Transaction Books.

Tricarico, L. (2017). Community action: Value or instrument? An ethics and planning critical review. *Journal of Architecture and Urbanism*, *41* (3), 221-233. doi: 10.3846/20297955.2017.1355278

Tyler, R. (2006). Comprehending community. In Herbrechter, S., & Higgins, M. (eds.), *Returning (to) communities: Theory, culture and political practice of the communal* (pp. 21-28). Amsterdam: Rodopi.

Wan, X. (2016). Governmentalities in everyday practices: The dynamic of urban neighbourhood governance in China. *Urban Studies*, *53* (11), 2330-2346. doi: 10.1177/0042098015589884

Warren, R. L. (1978). *The community in America*. Chicago: Rand McNally College Pub.

Wilson, W. H. (1911). The church and the rural community. *American Journal of Sociology*, *16* (5), 668-702. doi: 10.1086/211919

Zastrow, E. C., & Kirst-Ashman, K. K. (2007). *Understanding human behavior and the social environment*. Boston, MA: Cengage Learning.

Better Community: Discourse Innovation in the Evolution of Community Concept Pedigree

Suo Rigen, Dong Hongjie

(School of Psychology, Inner Mongolia Normal University, Hohhot, 010022, China)

Abstract: Community concepts are people's perceptions and attitudes, specific to many dimensions such as community situations, community institutions and processes. This paper organizes the hierarchical, value and element orientations of the community concept, explains the developmental evolution of the community concept, and further proposes the good community. Starting from the perspective of the people's subject of community life, the good community advocates the value of different elements at the individual, community, and social levels. In terms of community environment, the good community emphasizes the values of safety, livability, and ecology. In terms of community members, the Good Community emphasizes the values of security, diversity, and people-centeredness. In terms of community affairs, a good community emphasizes the values of convenience, intelligence and justice. The good community has good practice and value orientation.

Keywords: Community Concept; Better Community; Conceptual Pedigree; Better Society

易地扶贫搬迁社区复原力的质性探索与量表编制*

韦春丽
（西南大学西南民族教育与心理研究中心，
广西大学动物科学技术学院）

陈　红**
（西南大学心理学部，西南大学心理学与社会发展研究中心）

李庆庆
（华中师范大学心理学院）

罗一君
（西南大学心理学部）

陈　娜
（西南大学西南民族教育与心理研究中心，西南大学心理学部）

朱　琳
（西南大学国家治理学院）

摘　要　易地扶贫搬迁社区面临社区重组再造的困境，推进易地扶贫搬迁社区复原力的建设是当务之急，也是全面推进乡村振兴和巩固拓展脱贫攻坚成果的重点工作，更关乎实现共同富裕的进程。然而，目前国内外

---

* 本文受到国家社会科学基金重大项目“新时代中国社区心理学的理论建构与实践路径研究”（项目编号：22&ZD184）的资助。

** 通讯作者：陈红，西南大学教授，E-mail：chenhg@ swu. edu. cn。

缺乏易地扶贫搬迁社区复原力的标准化测量工具。为此，在文献分析以及对社区干部、社区居民和专家的深度访谈基础上，编制易地扶贫搬迁社区复原力初始量表。通过项目分析、探索性因素分析以及验证性因素分析修订初始量表，最终形成的正式量表包括适应力、凝聚力和创造力 3 个维度，共 29 个项目。此外，还考察了易地扶贫搬迁社区复原力与社区感、邻里凝聚力、群体认同等效标变量的关系。易地扶贫搬迁社区复原力量表信效度良好，可作为易地扶贫搬迁社区复原力的有效测量工具。

关键词 易地扶贫搬迁 社区复原力 乡村振兴 共同富裕

一 问题提出

自 21 世纪以来，易地扶贫搬迁从最初的地方性和区域性探索向国家层面的系统工程发展，是解决贫困、资源匮乏和环境问题的关键举措之一（陆汉文，黄承伟，2016），并对 2020 年我国脱贫攻坚战取得全面胜利发挥了重要作用。易地扶贫搬迁的核心目标在于改善贫困农户的生计状况，将生活在极端艰苦环境下的贫困农户从他们原居之地搬迁至更具潜力的地区，通过重塑产业布局和提升就业能力使之获得更好的生活和发展机遇，以实现增收脱贫致富（武汉大学易地扶贫搬迁后续扶持研究课题组，2020）。易地扶贫搬迁社区的建设和发展既是全面推进乡村振兴和巩固拓展脱贫攻坚成果的重点工作，也关乎实现共同富裕的进程。960 多万易地扶贫搬迁社区居民构成了防止大规模返贫的特殊群体，约 3.5 万个易地扶贫搬迁社区的后续帮扶工作成为巩固拓展脱贫攻坚成果的关键举措（刘焕鑫，2022）。

易地扶贫搬迁社区治理成为近年来有关易地扶贫搬迁后续扶持的重要问题，尤其以易地扶贫搬迁社区重组再造过程中出现的集中居住区主体性、社会行动体系及新地域公共性重建问题最为明显（董运来，王艳华，2021），这些问题严重制约易地扶贫搬迁社区管理转型和良性发展。搬迁居民原有的社交网络和文化传统断裂，城市空间结构与乡村社会秩序产生冲突导致的社区认同和文化融合问题，以及生计方式改变潜藏的返贫风险和社会稳定风险暴露出社区重组再造过程中的多维度复合风险（Tang et al.，2021；Tang et al.，2022）。基于社区面临的风险和挑战，学者纷纷倡导培养、建设社区复原力以缓解与应对社区的困境（黄六招，文姿淇，2022；金莹，刘艳灵，2022；Tang et al.，2021）。社区复原力理论为乡村社区，尤其是易地扶贫搬迁社区的可持续发展提供了参考（金莹，刘艳灵，2022）。推进易地扶贫搬迁社区复原力的建设以对抗风险、战胜逆境、重建平衡、促进发展是当务之急。

社区复原力的定义主要基于能力观和过程观。张晓杰和韩欣宏（2021）对社区复原力理论总结时提出，基于能力观和过程观的社区复原力内涵构成社区复原力理论的概念内核。能力观认为，社区复原力是指社区对风险和挑战的预警、掌控、恢复和适应等应对能力（Cutter et al.，2008；National Research Council，2012）。过程观认为，社区复原力是指社区在遭受外部扰动和危机时，通过调动自身的资源网络适应风险并逐步恢复到危机前状态，或是适应后达到平衡产生新稳态的过程（Cox & Perry，2011；Norris et al.，2008）。已有研究大多从灾害学、管理学、社会学、建筑学的角度探讨社区复原力的结构和测量方法（王冰等，2016；Xu，Xiang et al.，2020；Xu，Zhong et al.，2020），侧重于防灾减灾，关注物理因素而忽略个体因素。研究者通过总结 36 个社区复原力研究框架和工具，概括出物质与生态资源、建筑与基础设施、经济与结构稳定、治理与制度建设、社会与健康福祉五个维度，并提出通过预警、掌控、恢复和适应四项能力评估五个维度的复原力水平（胡平等，2020；Sharifi & Yamagata，2016）。已有的测量工具大多来自国外，如社区抗逆力评价表（Communities Advancing Resilience Toolkit Assessment Survey，Pfefferbaum et al.，2013）、联合社区复原力评估框架（Conjoint Community Resilience Assessment Measure，Leykin et al.，2013）、社区复原力指数（Index of Perceived Community Resilience，Kulig et al.，2013）等。国内多使用国外社区复原力量表的汉化版，如中文版社区抗逆力评价表（胡曼等，2017）、中文版联合社区复原力评估框架（Cui & Han，2019）。此外，一些国内研究者在国外量表的基础上进行修改来测量社区复原力（魏钦恭，刘伟，2020；Liu et al.，2022；Yang et al.，2020）。尽管不同学科对社区复原力的理解存在差异，但是随着评估标准不断更新和深入，心理维度日益凸显。社区的心理和人际环境如个体的认知、能力、关系网络、沟通协作、共享心智模式等（胡平等，2020；Imperiale & Vanclay，2021）都是社区复原力评估体系的组成部分。不同文化背景、类型的社区特征和需求存在差异，相应的社区复原力评价指标体系需要有针对性地开发和完善。基于我国国情和社区发展现状的本土社区复原力概念体系和评估工具有待进一步构建和发展（Cui et al.，2018；Ma et al.，2022）。

易地扶贫搬迁社区因扶贫而创立，是我国脱贫攻坚时期的新形态特殊产物（董运来，王艳华，2021），与之对应的社区复原力的内涵和结构必定有其特异性。易地扶贫搬迁是中国化的概念，相较于西方心理学语境中的“社区对风险和挑战的预警、掌控、恢复和适应等应对能力”（Cutter et al.，2008；National Research Council，2012），易地扶贫搬迁社区复原力或许是在社会主义核心价值观的指引下，通过在搬迁社区提供设施、服务等综合保障，鼓励居民团结互助、自强进取，并通过政策帮扶和就业帮扶激发社区活力以应对社区重组再造过程中的变化和风险，促进易地扶贫搬迁社区可持续平衡发展。目前，易地扶贫搬迁社区复原力的概念尚未厘清，阻碍相关心理机制的构建和实证研究的开展，并最终导致在易地扶贫搬迁社区治理的对策研究中忽视重要的心理因素，进而削弱相关政策和治理策略的有效性。同时，当前缺乏适用于易地扶贫搬迁社区复原力的标准化测量工具，急需科学有效的评估工具以便对返贫等风险进行预警、识别和应对，实现可持续发展。本研究探讨在推进乡村振兴，实现共同富裕的历史性任务背景下，易地扶贫搬迁社区复原力的结构、内涵，构建易地扶贫搬迁社区复原力的理论框架，开发易地扶贫搬迁社区复原力的测量工具，为未来进行易地扶贫搬迁社区复原力的实证研究提供科学有效的评估工具。

二　研究1：易地扶贫搬迁社区复原力的质性探索

（一）方法

1. 研究对象

从国家发展改革委振兴司公布的2021年度易地扶贫搬迁后续扶持工作成效明显地方中选取部分易地扶贫搬迁后续扶持工作成效明显的社区，以及重庆市的部分易地扶贫搬迁社区，根据代表性原则、可得性原则，抽取部分社区干部、居民进行访谈；同时对相关领域专家进行访谈。受访者覆盖6个省份17个社区42人，其中社区干部22人，社区居民17人，专家3人。在访谈开始前，向受访者说明访谈结果的学术用途，征询受访者是否同意录音。访谈中，40 名受访者同意全程录音，2 名受访者不同意录音。研究受所在单位伦理委员会监督并通过伦理审查。

2. 收集资料

（1）前期调研

在正式访谈之前，深入广西的易地扶贫搬迁户进行调研，对易地扶贫搬迁居民和第一书记进行走访，为形成访谈提纲提供资料。

（2）正式访谈

对现有研究中社区复原力的包含内容与研究工具进行梳理，结合前期调研收集到的资料信息设计访谈提纲。访谈提纲按照描述问题、解决问题、解决成效、特色表现和未来发展层层递进的逻辑设计。正式访谈的时间以方便受访者为原则，对社区干部和居民的访谈在不受打扰的社区会议室中进行，对专家的访谈在专家的办公室进行。正式访谈提纲主要包括：①对易地扶贫搬迁社区印象最深刻的几个问题、困难和风险？②易地扶贫搬迁社区会通过哪些方法解决以上问题、困难和风险？③易地扶贫搬迁社区对于曾经出现过的问题、困难和风险，解决得怎么样？现状如何？④易地扶贫搬迁社区有什么特色？都有哪些最突出的表现？⑤易地扶贫搬迁社区对于未来发展有什么计划和目标？发展前景如何？对易地扶贫搬迁社区有什么期待？当受访者提供的信息达到饱和时结束访谈。访谈期间不断进行编码反思，直至信息量达到饱和。

3. 访谈整理

为保证访谈资料的准确性，本研究采用如下步骤：①对于同意录音的受访者的访谈资料，尽量在访谈结束后把录音转换成文字；②对于不同意录音的受访者的访谈资料，在访谈结束时和受访者确认笔记资料；③在整理资料过程中，不断反思总结访谈中出现的问题并修改访谈提纲，避免后续访谈重复出现类似问题。

（二）访谈编码

通过 Nvivo 12.0 软件对访谈结果进行逐句编码。编码信度检验：①通过持续比较不同受访者的资料（专家、社区干部与居民）的相同意义单元，形成访谈资料的三角校正；②检查编码的各项含义是否能够对应其他语句资料。编码效度检验：①参与者检验，即选取 4 名受访者（均为本科学历）

对编码及结果进行反馈，其中2名是社区干部，2名是社区居民；②非参与者检验，即邀请3名高校心理学教师对编码及结果进行审核，主要检验质性研究是否符合心理测量学的要求。

（三）结果

编码过程参考国内外研究者对社区复原力的定义和维度划分（胡曼等，2017；Cui & Han，2019；Kulig et al.，2013；Leykin et al.，2013；Pfefferbaum et al.，2013），并经多次归纳总结，得到开放式编码节点33个，主轴编码9个，核心编码3个，具体情况如表1所示。在主轴编码中，综合保障、价值引领、应对策略被归纳为核心编码适应力，情感联系、互动参与、团结奋进被归纳为凝聚力，资源整合、治理成效、发展创新被归纳为创造力。本研究认为，易地扶贫搬迁社区复原力是在社会主义核心价值观的指引下，通过在搬迁社区提供设施、服务等综合保障，鼓励居民团结互助、自强进取，并通过政策帮扶和就业帮扶激发社区活力以应对社区重组再造过程中的变化和风险，促进易地扶贫搬迁社区可持续与平衡发展。

编制问卷题项过程参考国内外研究者编制的与社区复原力相关的量表，其中包括社区抗逆力评价表（Pfefferbaum et al.，2013）、联合社区复原力评估框架（Leykin et al.，2013）、中文版社区抗逆力评价表（胡曼等，2017）和中文版联合社区复原力评估框架（Cui & Han，2019）等工具，结合33个开放式编码节点结果编制题项，初步生成45道题。随后进行题项的可读性和相关性初步评估，由2名心理学教师和4名心理学研究生进行5点评分。最后进行题项的挑剔性审阅，由与研究无关的2名社区居民对题项的描述进行理解和评价。经多次修改最终得到33道题，题项采用5点评分，1~5为从完全不符合到完全符合。

表1 易地扶贫搬迁社区复原力的质性探索

核心编码	主轴编码	开放式编码节点	参考点数
适应力	综合保障	设施保障	36
		组织保障	12
		服务保障	61
		老年人保障	38

续表

核心编码	主轴编码	开放式编码节点	参考点数
适应力	价值引领	移风易俗	38
		氛围建设	63
		文化建设	56
	应对策略	排查监测	27
		宣传引导	38
		灵活应变	14
凝聚力	情感联系	归属感	41
		认同感	45
		亲密感	20
		信任感	12
	互动参与	沟通交流	17
		积极参与	14
		互帮互助	10
		志愿服务	9
	团结奋进	共同目标	61
		集体精神	13
		合作配合	12
		自强进取	28
创造力	资源整合	政策帮扶	25
		就业帮扶	53
		技术支持	6
		协同联动	21
	治理成效	领导力	97
		自治能力	25
		返贫风险	8
		问题解决	30
	发展创新	素质提升	49
		产业培育	32
		特色禀赋	18

三 研究2：易地扶贫搬迁社区复原力量表初测及信效度检验

（一）方法

1. 研究对象

采用群体抽样，对云南的3个易地扶贫搬迁社区和广西的3个易地扶贫搬迁社区进行施测。招募当地大学生志愿者作为主试并进行主试培训，采用现场解释说明、纸笔填写的方式进行施测。共发放问卷1028份，回收问卷1009份，剔除作答不完整和随意作答的问卷，剩余有效问卷899份。其中男性287人，女性612人；年龄为18~76岁，平均年龄为41.05±11.23岁；汉族236人，少数民族663人；未婚99人，已婚774人，离婚13人，丧偶13人；小学及以下177人，初中513人，高中119人，大专及以上90人。

将有效问卷随机分为两个样本，样本1（$n=450$）用于项目分析和探索性因素分析，其中男性154人，女性296人；年龄为18~71岁，平均年龄为41.5±10.72岁；汉族113人，少数民族337人；未婚48人，已婚386人，离婚7人，丧偶9人；小学及以下98人，初中250人，高中56人，大专及以上46人。样本2（$n=449$）用于验证性因素分析，其中男性133人，女性316人；年龄为18~76岁，平均年龄为40.6±11.72岁；汉族123人，少数民族326人；未婚51人，已婚388人，离婚6人，丧偶4人；小学及以下79人，初中263人，高中63人，大专及以上44人。

效标关联效度样本：来自云南的3个易地扶贫搬迁社区和来自广西的2个易地扶贫搬迁社区，共发放413份问卷，剔除作答不完整和随意作答的问卷，剩余有效问卷397份。其中男性161人，女性236人；年龄为18~76岁，平均年龄为41.44±12.01岁；汉族185人，少数民族212人；未婚41人，已婚345人，离婚9人，丧偶2人；小学及以下75人，初中221人，高中50人，大专及以上51人。

2. 研究工具

易地扶贫搬迁社区复原力：探索性因素分析、验证性因素分析与效标关联效度分析均采用33个条目的初测问卷。

社区感：采用 Peterson 等（2008）编制的 Brief Sense of Community Scale，5 点计分，共 8 个条目（Cronbach $\alpha=0.84$）。该量表在我国适用性良好（刘琛琳等，2023）。

邻里凝聚力：采用 Buckner（1988）的邻里凝聚力量表，5 点计分，共 14 个条目（Cronbach $\alpha=0.81$）。其中，第 5 题和第 12 题反向计分。该量表在我国适用性良好（薛慕理，2022；Li et al.，2011）。

群体认同：采用 Mael 和 Ashforth（1992）编制的组织认同问卷中的群体认同分量表，7 点计分，共 6 个条目（Cronbach $\alpha=0.80$）。该量表在我国适用性良好（石晶等，2012）。

（二）结果

1. 项目分析

采用高低分组独立样本 t 检验、题总相关、Cronbach α 值检验三种方法对样本 1 进行项目分析。结果显示，题项在高低分组上均达到显著性水平（t 值范围为 4.41～19.09，$p<0.001$，Cohen's d 值为 0.55～2.38）；题总相关（0.41～0.74）均达到 0.40 的标准，同时 Cronbach α 值在删除题项 12 时变高，因此删除题项 12。

2. 探索性因素分析

对剩余的 32 道题进行探索性因素分析，KMO = 0.97，Bartlett 球形检验的 $\chi^2=9158.63$，$df=496$，$p<0.001$，说明数据适合进行因素分析。采取主成分分析、最大方差法得到 3 个特征根大于 1 的因子，累计方差解释率为 58.04%。结合特征根、碎石图和理论结构，经过多次旋转，依次剔除双重负荷和因子负荷小于 0.45 的题项（吴明隆，2010）。如表 2 所示，最终得到特征根大于 1 的因素 3 个，共 29 个题项，累计方差解释率为 59.19%，共同度为 0.50～0.68。根据各因素所包含的题项，将因素 1 命名为适应力，指易地扶贫搬迁社区在社区重组再造过程中，通过提供和优化设施、组织、制度、服务等方面的综合保障，推进移风易俗、文化建设和氛围营造，以及排查监测和宣传引导，引领社区居民适应搬迁生活。因素 2 为凝聚力，指易地扶贫搬迁社区在社区重组再造过程中，在恢复平衡和实现发展的目标下，促进居民的情感联系，提升居民的归属感和认同感，形成的一种团结互助、积极合作、自强进取的力量。因素 3 为创造力，指易地扶贫搬迁

社区在社区重组再造过程中，与其他部门协同联动充分发挥政策帮扶、就业帮扶、技术支持优势，利用社区特色禀赋促进产业培育，通过外部资源、内部居民和社区自治的共同作用，强化社区解决问题的能力从而推动社区创新发展。

3. 验证性因素分析

验证性因素分析：针对样本 2 的数据采用极大似然估计对模型进行验证性因素分析。首先根据探索性因素分析的结果构建三因素模型，然后不区分题项的维度构建单因素模型。如表 3 所示，三因素模型的拟合指标良好且优于单因素模型，支持探索性因素分析的结果，证明量表具有良好的结构效度。各个条目在相应维度上都具有较高载荷量（0.63~0.83）。

聚合效度分析：样本 2 各维度的平均方差萃取 AVE 值分别为 0.53、0.55、0.57，均大于 0.50，聚合效度良好。

此外，用样本 2 计算易地扶贫搬迁社区复原力量表总分与各维度，以及各维度间的相关。结果如表 4 所示，各维度间的相关（0.82~0.84）小于各维度与总分间的相关（0.93~0.95）。

4. 信度分析与效标关联效度分析

易地扶贫搬迁社区复原力整体及各个维度（适应力、凝聚力、创造力）的内部一致性信度 α 分别为 0.97、0.93、0.94、0.95。易地扶贫搬迁社区复原力与社区感、邻里凝聚力、群体认同均呈显著正相关（见表 5）。

表 2　探索性因素分析后保留的条目及其指标

施测条目	因子载荷系数			共同度
	适应力	凝聚力	创造力	
1. 社区的公共设施健全完善	0.67	0.22	0.23	0.55
2. 社区的组织（如居委会、业委会、老年人协会等）运行良好	0.70	0.24	0.26	0.61
3. 社区的服务高效便捷	0.68	0.26	0.34	0.65
4. 社区为老年人的生活提供保障	0.69	0.26	0.19	0.57
5. 社区积极营造良好的氛围	0.70	0.20	0.31	0.63
6. 社区对传统民俗文化进行保护、传承、交流和传播	0.62	0.35	0.26	0.57
7. 社区对出现的困难和问题及时排查监测	0.69	0.25	0.24	0.60

续表

施测条目	因子载荷系数			
	适应力	凝聚力	创造力	共同度
8. 社区充分运用手机、广播、宣传栏等途径，向居民宣传政策和利益相关信息	0.70	0.16	0.26	0.58
9. 社区通过灵活的方式帮助居民适应搬迁生活	0.62	0.25	0.36	0.58
10. 社区居民经常来往，关系融洽	0.32	0.58	0.23	0.50
11. 社区居民相互信任	0.30	0.71	0.14	0.61
12. 社区居民沟通交流顺畅	0.24	0.74	0.21	0.65
13. 社区居民积极参与社区活动	0.30	0.58	0.36	0.56
14. 社区居民相互帮助	0.15	0.77	0.26	0.68
15. 社区居民乐于参加志愿服务	0.23	0.70	0.25	0.61
16. 社区居民为实现社区发展共同努力	0.23	0.63	0.35	0.58
17. 社区居民拥有集体精神，一起商讨解决社区问题	0.26	0.61	0.39	0.60
18. 社区居民自立自强，追求上进	0.22	0.56	0.40	0.52
19. 社区在发展过程中充分发挥政策帮扶优势	0.34	0.36	0.58	0.57
20. 社区通过各种渠道和途径为居民提供就业帮扶	0.34	0.27	0.64	0.59
21. 社区在发展过程中得到技术指导支持	0.27	0.42	0.54	0.53
22. 社区联合外部组织机构来帮助居民	0.17	0.22	0.78	0.68
23. 社区的领导班子强有力	0.28	0.29	0.70	0.65
24. 社区倡导居民自治，促进居民治理社区能力发展	0.28	0.31	0.63	0.57
25. 社区采取有力措施防止居民返贫	0.27	0.15	0.70	0.59
26. 社区解决问题富有成效	0.31	0.34	0.64	0.62
27. 社区通过培训、活动、教育不断促进居民文化水平、劳动技能和自身素质提升	0.33	0.29	0.63	0.60
28. 社区积极探索和大力发展产业	0.29	0.31	0.65	0.61
29. 社区具有独特的优势和特点	0.42	0.26	0.54	0.53
特征值	5.69	5.43	6.05	
方差贡献率（%）	19.62	18.72	20.86	
内部一致性信度	0.91	0.91	0.93	

表 3　验证性因素分析结果的对比

模型	χ^2/df	GFI	RMSEA	RMR	CFI	NFI	TLI	IFI
三因素模型	2.74	0.86	0.06	0.02	0.93	0.89	0.92	0.93
单因素模型	3.60	0.81	0.08	0.03	0.89	0.86	0.88	0.89

表 4　易地扶贫搬迁社区复原力各维度与总量表的相关

变量	*M*	*SD*	1	2	3	4
1 适应力	38.06	5.56	1			
2 凝聚力	38.03	5.26	0.82**	1		
3 创造力	46.11	6.86	0.82**	0.84**	1	
4 总体复原力	122.20	16.64	0.93**	0.94**	0.95**	1

注：** $p<0.01$。

表 5　易地扶贫搬迁社区复原力与效标变量的相关

变量	*M*	*SD*	总体复原力	适应力	凝聚力	创造力
社区感	32.48	5.32	0.73**	0.71**	0.68**	0.67**
邻里凝聚力	54.98	7.13	0.67**	0.60**	0.66**	0.63**
群体认同	34.23	6.93	0.37**	0.32**	0.38**	0.35**

注：** $p<0.01$。

四　讨论

本研究通过文献分析、深度访谈与心理测量的实证分析相结合的方法，对访谈资料进行编码、提炼结构、编制题项并检测信效度。运用项目分析、探索性和验证性因素分析、信度分析与效标关联效度分析等实证研究方法，结果发现，易地扶贫搬迁社区复原力包含适应力、凝聚力、创造力 3 个因素，量表具有良好的信度和效度。具体而言，总量表的内部一致性系数为 0.97，各维度的内部一致性系数在 0.93～0.95，说明易地扶贫搬迁社区复原力量表内容具有较高的代表性，内部一致程度高，具有良好的信度。易地扶贫搬迁社区复原力量表各维度与总分的相关系数为 0.93～0.95，各维度间的相关系数为 0.82～0.84，维度与总分间的相关大于维度间的相关，说明该量表各因子间既存在共同特质又存在一定的独立性。验证性因素分析结果表明，易地扶贫搬迁社区复原力量表三因素模型拟合指标良好，证明量表具有较好的结构效度。本研究选用国内外社区心理学研究中应用较为广泛的社区感、邻里凝聚力、群体认同等量表，来验证易地扶贫搬迁社区复原力量表的效标效度，结果发现总量表及 3 个维度与社区感、邻里凝聚力、群体认同均呈显著正相关，量表具有良好的效标效度。

适应力是建设易地扶贫搬迁社区复原力的根基，为构建新社区夯实保障，是社区实现可持续发展的基础。有研究者提出，在培养社区复原力时，要充分认识社区复原力的两个属性，即“内生性能力”和“适应性能力”，两者在循环中重组和更新。“内生性能力”是社区预警和维持日常运转的能力，“适应性能力”是社区灵活应对突发状况和危机的能力（Cutter et al.，2008；Tang et al.，2021）。内生性与适应性作为适应力的两个方面，增强了社区复原力对社区风险管理的内在优势以实现社区高效治理。凝聚力是建设易地扶贫搬迁社区复原力的核心，是构建新社区的中坚力量，对社区的繁荣发展至关重要。研究者认为，联系与关怀、信息与沟通是社区复原力的主要测量维度（Leykin et al.，2013；Yang et al.，2020）。居民的社区认同和归属感、参与社区公共事务的自主意识、沟通协作能力都会影响社区复原力的塑造。整合社区文化心理空间，重构居民社区共同体意识，进而增强居民的社区认同、归属感和向心力，促进易地扶贫搬迁社区的内生化发展，是易地扶贫搬迁社区亟待解决的关键问题（董运来，王艳华，2021）。创造力是建设易地扶贫搬迁社区复原力的强大动力，推动社区不断前进更新、焕发活力，代表着社区未来发展的方向。研究者指出，资源供给和变革潜力是社区复原力的重要测量指标（Pfefferbaum et al.，2013）。搬迁居民面对从散居到聚居、从以土地为基础的农业型到以工业化为核心的非农型生计策略转变往往无所适从，因此外力的介入和帮扶不可或缺（李川等，2022）。易地扶贫搬迁社区的发展除了依靠政府、企业等外部支持，还要充分发挥自身特色禀赋和产业培育功能，在得到输血的同时不断提升自身造血能力，从而促进可持续发展。当前，“党建引领+居民自治”成为易地扶贫搬迁社区的创新治理模式（胡孝红，赵寒阳，2021）。

构建具备复原力的人类居住区是联合国《2030 年可持续发展议程》的

重要战略目标之一。“重建得更好”（Build Back Better）的理念在国际上备受提倡，重新创造更安全、更具可持续性、更有应变力和复原力的社区得到广泛推崇（钱正荣，2017）。重建具备复原力的社区是我国城乡社区建设发展的新方向，也是“风险社会”下“与灾共生”可持续发展理念的具体实践（金莹，刘艳灵，2022）。培植易地扶贫搬迁社区复原力对推进乡村振兴和实现共同富裕具有重要的理论意义和实践价值。易地扶贫搬迁社区的稳定与可持续发展是亟须解决的问题，搬迁居民的生计改善、社会适应，尤其是社区治理创新，是重点领域问题（涂圣伟，2020）。面对这一复杂形势，易地扶贫搬迁社区复原力应运而生，成为衡量易地扶贫搬迁社区发展水平的依据和指标，是易地扶贫搬迁社区的发展导向。

本研究以易地扶贫搬迁社区的复原力为切入点，首次厘清易地扶贫搬迁社区复原力的心理学概念，构建易地扶贫搬迁社区复原力模型，初步解释易地扶贫搬迁社区复原力匮乏的原因，回应乡村振兴工作关切的易地扶贫搬迁社区治理问题，为开展易地扶贫搬迁社区治理提供心理学理论支撑。在促进共同富裕过程中农村共同富裕工作要抓紧的新时代背景下，本研究构建易地扶贫搬迁社区复原力的理论框架，回应“促进共同富裕，最艰巨最繁重的任务仍然在农村。农村共同富裕工作要抓紧”的实践问题（习近平，2021）。易地扶贫搬迁社区复原力的建设需要基于坚实的评估体系，同时提出相应的重要政策措施（张晓杰，韩欣宏，2021）。易地扶贫搬迁社区复原力的现状评估对政府、组织和社区都有积极作用。未来应根据易地扶贫搬迁社区复原力的结构和测评工具提出高效可行的复原力培育与提升措施，建立激发易地扶贫搬迁社区复原力的心理干预机制，提升易地扶贫搬迁群体的获得感和幸福感，以丰富共同富裕的心理学路径。

作者贡献和利益冲突声明：韦春丽负责数据收集、文章撰写与修改；陈红对文章撰写提出指导意见；李庆庆对文章提出修改意见；罗一君对数据分析方法提出修改意见；陈娜和朱琳为数据收集工作提供帮助。所有作者声明没有利益冲突。

参考文献

董运来，王艳华 .（2021）. 易地扶贫搬迁后续社区治理与社会融入 . *宏观经济管理*，（9），81-86+90. doi：10. 19709/j. cnki. 11-3199/f. 2021. 09. 024

胡曼，郝艳华，宁宁，吴群红，韩晓楠，郑彬，陈志强 .（2017）. 中文版社区抗逆力评价表（CART）信度和效度评价 . *中国公共卫生，33*（5），707-710. doi：10. 11847/zgggws2017-33-05-05

胡平，王雪珺，张银普，李昊健 .（2020）. 心理学在社会服务体系中作用的思考——以复原力建设为例 . *心理科学进展，28*（1），33-40. doi：10. 3724/SP. J. 1042. 2020. 00033

胡孝红，赵寒阳 .（2021-12-2）. 强化党建对完善易地扶贫搬迁社区治理的引领 . *中国社会科学报*，009. doi：10. 28131/n. cnki. ncshk. 2021. 004537

黄六招，文姿淇 .（2022）. 双重韧性何以化解易地扶贫搬迁社区的结构性风险？——基于桂南 A 县的案例研究 . *中共天津市委党校学报，24*（4），84-95. doi：10. 16029/j. cnki. 1008-410X. 2022. 04. 009

金莹，刘艳灵 .（2022）. 抗逆力塑造：乡村社区应急治理新框架 . *农业经济问题*，（2），29-40. doi：10. 13246/j. cnki. iae. 20211019. 001

李川，漆雁斌，何仁伟，邓鑫 .（2022）. 生计恢复力视角下我国易地扶贫搬迁研究进展及展望 . *地理与地理信息科学，38*（4），74-81+129. doi：10. 3969/j. issn. 1672-0504. 2022. 04. 011

刘琛琳，郑晓明，林珈忻 .（2023）. 社区感对员工离职倾向的影响：一个有调节的链式中介模型 . *中国健康心理学杂志，31*（1），6-15. doi：10. 13342/j. cnki. cjhp. 2023. 01. 002

刘焕鑫 .（2022-1-12）. 把巩固拓展脱贫攻坚成果放在突出位置 坚决守住不发生规模性返贫底线 . http://nrra. gov. cn/art/2022/1/12/art_5112_193389. html

陆汉文，黄承伟 .（2016）. *中国精准扶贫发展报告*. 北京：社会科学文献出版社 .

钱正荣 .（2017）.“重建得更好”：国际灾后重建的政策创新及其实践审视 . *中国行政管理*，（1），131-136. doi：10. 3782/j. issn. 1006-0863. 2017. 01. 22

石晶，郝振，崔丽娟 .（2012）. 群体认同对极端群体行为的影响：中介及调节效应的检验 . *心理科学，35*（2），401-407. doi：10. 16719/j. cnki. 1671-6981. 2012. 02. 032

涂圣伟 .（2020）. 脱贫攻坚与乡村振兴有机衔接：目标导向、重点领域与关键举措 . *中国农村经济*，（8），2-12.

王冰，张惠，张韦．(2016)．社区弹性概念的界定、内涵及测度．*城市问题*，(6)，75-81. doi：10. 13239/j. bjsshkxy. cswt. 160610

魏钦恭，刘伟．(2020)．灾害冲击、社区韧性与城乡居民发展信心——基于云南民族地区调查的实证分析．*中国农村观察*，(4)，70-89.

吴明隆．(2010)．*问卷统计分析实务——SPSS 操作与应用*．重庆：重庆大学出版社．

武汉大学易地扶贫搬迁后续扶持研究课题组．(2020)．易地扶贫搬迁的基本特征与后续扶持的路径选择．*中国农村经济*，(12)，88-102.

习近平．(2021)．扎实推动共同富裕．*求是*，(20)，4-8.

薛慕理．(2022)．*流动人口聚居社区邻里关系改善的社会工作介入研究*．硕士学位论文．成都：西华大学．

张晓杰，韩欣宏．(2021)．社区复原力理论：基于稳态维持的社区抗灾应急治理框架．*华侨大学学报（哲学社会科学版）*，(3)，59-70. doi：10. 3969/j. issn. 1006-1398. 2021. 03. 006

Buckner，J. C. (1988). The development of an instrument to measure neighborhood cohesion. *American Journal of Community Psychology*，*16* (6)，771-791. doi：10. 1007/BF00930892

Cox，R. S.，& Perry，K. M. (2011). Like a fish out of water：Reconsidering disaster recovery and the role of place and social capital in community disaster resilience. *American Journal of Community Psychology*，*48* (3)，395-411. doi：10. 1007/s10464-011-9427-0

Cui，K.，& Han，Z. (2019). Cross-cultural adaptation and validation of the 10-item conjoint community resiliency assessment measurement in a community-based sample in Southwest China. *International Journal of Disaster Risk Science*，*10* (4)，439-448. doi：10. 1007/s13753-019-00240-2

Cui，K.，Han，Z.，& Wang，D. (2018). Resilience of an earthquake-stricken rural community in Southwest China：Correlation with disaster risk reduction efforts. *International Journal of Environmental Research and Public Health*，*15* (3)，407. doi：10. 3390/ijerph15030407

Cutter，S. L.，Barnes，L.，Berry，M.，Burton，C.，Evans，E.，Tate，E.，& Webb，J. (2008). A place-based model for understanding community resilience to natural disasters. *Global Environmental Change*，*18* (4)，598-606. doi：10. 1016/j. gloenvcha. 2008. 07. 013

Imperiale，A. J.，& Vanclay，F. (2021). Conceptualizing community resilience and the social dimensions of risk to overcome barriers to disaster risk reduction and sustainable development. *Sustainable Development* (*Bradford*，*West Yorkshire*，*England*)，*29* (5)，891-905. doi：10. 1002/sd. 2182

Kulig，J. C.，Edge，D. S.，Townshend，I.，Lightfoot，N.，& Reimer，W. (2013). Community resiliency: Emerging theoretical insights. *Journal of Community Psychology*, *41*, 758-775. doi: 10. 1002/jcop. 21569

Leykin, D. , Lahad, M. , Cohen, O. , Goldberg, A. , & Aharonson-Daniel, L. (2013). Conjoint community resiliency assessment measure-28/10 items (CCRAM28 and CCRAM10): A self-report tool for assessing community resilience. *American Journal of Community Psychology*, *52* (3-4), 313-323. doi: 10. 1007/s10464-013-9596-0

Li, C. , Hsu, P. , & Hsu, S. (2011). Assessing the application of the neighborhood cohesion instrument to community research in East Asia. *Journal of Community Psychology*, *39* (8), 1031-1039. doi: 10. 1002/jcop. 20448

Liu, W. , Zhang, J. , & Qian, L. (2022). Measuring community resilience and its determinants: Relocated vulnerable community in Western China. *International Journal of Environmental Research and Public Health*, *20* (1), 694. doi: 10. 3390/ijerph20010694

Ma, Z. , Zhou, W. , Deng, X. , & Xu, D. (2022). Community disaster resilience and risk perception in earthquake-stricken areas of China. *Disaster Medicine and Public Health Preparedness*, *17*, e74. doi: 10. 1017/dmp. 2021. 342

Mael, F. , & Ashforth, B. E. (1992). Alumni and their alma mater: A partial test of the reformula ted model of organizational identification. *Journal of Organizational Behavior*, *13* (2), 103-123. doi: 10. 1002/job. 4030130202

National Research Council. (2012). *Disaster resilience: A national imperative.* Washington, DC: The National Academies Press. doi: 10. 17226/13457

Norris, F. H. , Stevens, S. P. , Pfefferbaum, B. , Wyche, K. F. , & Pfefferbaum, R. L. (2008). Community resilience as a metaphor, theory, set of capacities, and strategy for disaster readiness. *American Journal of Community Psychology*, *41* (1-2), 127-150. doi: 10. 1007/s10464-007-9156-6

Peterson, N. A. , Speer, P. W. , & Mcmillan, D. W. (2008). Validation of a brief sense of community scale: Confirmation of the principal theory of sense of community. *Journal of Community Psychology*, *36* (1), 61-73. doi: 10. 1002/jcop. 20217

Pfefferbaum, R. L. , Pfefferbaum, B. , Van Horn, R. L. , Klomp, R. W. , Norris, F. H. , & Reissman, D. B. (2013). The communities advancing resilience toolkit (CART): An intervention to build community resilience to disasters. *Journal of Public Health Management and Practice*, *19* (3), 250-258. doi: 10. 1097/PHH. 0b013e318268aed8

Sharifi, A. , & Yamagata, Y. (2016). On the suitability of assessment tools for guiding communities towards disaster resilience. *International Journal of Disaster Risk Reduction*, *18*, 115-124. doi: 10. 1016/j. ijdrr. 2016. 06. 006

Tang, J., Xu, Y., & Qiu, H. (2022). Integration of migrants in poverty alleviation resettlement to urban China. *Cities*, *120*, 103501. doi: 10.1016/j.cities.2021.103501

Tang, M., Liu, P., Chao, X., & Han, Z. (2021). The performativity of city resilience for sustainable development of poor and disaster-prone regions: A case study from China. *Technological Forecasting & Social Change*, *173*, 121130. doi: 10.1016/j.techfore.2021.121130

Xu, W., Xiang, L., Proverbs, D., & Xiong, S. (2020). The Influence of COVID-19 on community disaster resilience. *International Journal of Environmental Research and Public Health*, *18* (1), 88. doi: 10.3390/ijerph18010088

Xu, W., Zhong, M., Hong, Y., & Lin, K. (2020). Enhancing community resilience to urban floods with a network structuring model. *Safety Science*, *127*, 104699. doi: 10.1016/j.ssci.2020.104699

Yang, B., Feldman, M.W., & Li, S. (2020). The status of perceived community resilience in transitional rural society: An empirical study from central China. *Journal of Rural Studies*, *80*, 427-438. doi: 10.1016/j.jrurstud.2020.10.020

Qualitative Exploration and Scale Development of Poverty Alleviation Relocation Community Resilience

Wei Chunli

(Center for Studies of Education and Psychology of Ethnic Minorities in Southwest China of Southwest Universit, Chongqing, 400715, China; College of Animal Science and Technology, Guangxi University, Nanning, 530004, China)

Chen Hong

(Faculty of Psychology, Research Center of Psychology and Social Development, Southwest University, Chongqing, 400715, China)

Li Qingqing

(School of Psychology, Central China Normal University, Wuhan, 430079, China)

Luo Yijun

(Faculty of Psychology, Southwest University, Chongqing, 400715, China)

Chen Na

(Center for Studies of Education and Psychology of Ethnic Minorities, Faculty of Psychology, Southwest University, Chongqing, 400715, China)

Zhu Lin

(College of State Governance, Southwest University, Chongqing, 400715, China)

Abstract: The poverty alleviation relocation communities currently face the challenge of community reconstruction and rebuilding. Promoting the construction of resilience in these communities is an urgent task for stakeholders, as well as a pivotal task for the comprehensive advancement of rural revitalization, involving the consolidation and expansion of the achievements of poverty alleviation. These communities also play a critical role in the pursuit of common prosperity. Yet, there is a lack of standardized measurement tools for assessing the resilience of poverty alleviation relocation communities both domestically and internationally. Therefore, the primary objective of this study is to develop a standardized measurement tool for evaluating the resilience of these communities. To achieve this, an initial questionnaire for measuring the resilience of poverty alleviation relocation communities was developed based on literature analysis and in-depth interviews with community cadres, residents, and experts. Through item analysis, exploratory factor analysis, and confirmatory factor analysis to revise the initial scale, the final formal scale consisted of three dimensions: Adaptability, Cohesion, and Creativity, with a total of 29 items. Furthermore, the research explored the relationships between the resilience of poverty alleviation relocation communities and various criterion variables, such as sense of community, neighbor cohesion, and group identity. The resilience scale for poverty alleviation relocation communities developed in this study demonstrates strong reliability and validity, making it a valuable tool for effectively measuring the resilience of such communities.

Keywords: Poverty Alleviation Relocation; Community Resilience; Rural Revitalization; Common Prosperity

基于中国本土文化的城市社区氛围量表的编制*

段汇存　陈　红**
（西南大学心理学部，西南大学心理学与社会发展研究中心）

黄宇鹏
（西南大学心理学部，成都蚕丛路小学心理健康教育与咨询中心）

韦春丽
（西南大学西南民族教育与心理研究中心，
广西大学动物科学技术学院）

摘　要　基于中国本土文化，首先通过深度访谈从社区居民的实际生活出发，探究中国城市社区氛围的内涵。其次依据深度访谈结合有关社区氛围量表，构建城市社区氛围量表。最后对该工具进行项目分析以及结构效度、重测信度等信效度检验。结果发现，所编制的城市社区氛围量表为三因素结构，分别为正义氛围、和谐氛围和仁爱氛围。该工具有良好的信效度，可用于未来探究城市社区氛围对个体的影响以及社区心理发展的机制。

关键词　社区氛围　正义氛围　和谐氛围　仁爱氛围

一　引言

自党的十九大以来，“加强社区治理体系建设，推动社会治理重心向基层下移，发挥社会组织作用，实现政府治理和社会调节、居民自治良性互

---

*　本文受国家社会科学基金重大项目“新时代中国社区心理学的理论建构与实践路径研究”（项目编号：22&ZD184）的资助。

**　通讯作者：陈红，西南大学心理学部教授，E-mail：chenhg@ swu. edu. cn。

动”已成为治理方针的重要组成部分。在此背景下，开展社区心理学研究呼应了社会治理和基层管理实践的需求。社区氛围作为社区心理学领域的一个重要研究主题备受关注。社区氛围（community climate）涵盖了社区的风气（ethos）和情调（tone），是社区居民在与环境相互作用过程中的主观感受和情绪体验（黄希庭，2021）。社区氛围作为环境的重要组成部分，对个体的生存和发展具有持久而广泛的影响。研究表明，良好的社区氛围对个体具有支持作用（Oswald et al.，2010），有利于集聚社区人力资源（Kaplan & Fisher，2021），增强整个社区的活力（Pretty et al.，2006；Hu，2014）。此外，积极营造社区氛围有助于提升社区居民的心理健康水平和幸福感（Hatzenbuehler，2011；Woodford et al.，2015；Paceley et al.，2020）。

在国外，已有多位学者对社区氛围展开了研究。Krupat 和 Guild（1980）在早期便将研究重点聚焦社区层面，探索了不同规模社区居民对社区的评价依据，包括温暖与亲密、活动与娱乐、陌生与隔离、美好的生活、个人的私密性、漠不关心等几个关键方面。Oswald 等（2010）则在针对性少数群体的研究中将社区氛围定义为对性少数群体的支持程度，并将其分为敌对、容忍和支持三个水平。他们发现，相较于感知社区具有容忍水平氛围的性少数群体父母，感受到支持水平氛围的性少数群体父母更愿意参与社会政治活动，并对其他性少数群体家庭更加开放（Oswald et al.，2018）。Harpham（2008）、Kaplan 和 Fisher（2021）认为社区氛围是社会资本的一种体现形式，并通过问卷调查发现社区氛围能够影响当地脑力劳动者在此地居留的意愿。另外，一些研究者通过定性研究分析了美国“扭转贫困项目”参与者所在的农村经济困难社区，将社区氛围定义为社区成员对社区的知觉（Tylermackey et al.，2016），并表明社区氛围对于项目的启动、实施和持续具有重要影响。然而，需要指出的是，国外针对社区氛围进行的研究虽然涵盖了多个方面，并在一定程度上揭示了社区氛围对个体和社区的影响，但仍存在一些不足之处。首先，西方社区心理学者虽然认同 Lewin（Sears，1936）行为公式 $B=f(P, E)$，即人的行为是个人和环境及其相互作用的函数的理念，但西方心理学普遍存在重视行为轻视环境的偏差（Turner & Oakes，1986），研究重心更多放在个体行为方面。社区心理学主张将人的心理和行为与他们所处的社会背景以及社会系统联系起来，认同人与环境的相互作用。其次，西方社区心理学的理论源头是临床心理学领域，实践重心在于人们的需要和风险的预防干预，主要服务于少数群体，而忽视了社区主体——普通居民和社区氛围的相互作用。最后，社区氛围具有复杂性和多样性，是由多种因素交织而成的，包括文化、历史、经济、社会结构等，而部分研究可能只关注了其中的某些方面，影响了研究结果的可信度和泛化性。因此，对于国外研究结果的参考借鉴应更加立足我国的基本实际情况，进行深入比较和反思，以更好地指导我国社区心理学研究的发展。

相较于国外，我国对社区氛围的研究尚处在起步阶段。侯小富（2017）采用质性研究方法，探索了城市居民社区归属感的五个维度，其中之一是社区氛围，包括加深联系、团结协作、建立良好的邻里关系、相互帮助和以社区大局为重。郑剑虹和林荣裕（2018）发现社区上进心包括社区服务、社区关系和社区氛围三个因素。佟瑞鹏和翟存利（2018）从安全学的角度发现居民参与和归属感对社区安全氛围具有正向影响。武朋卓和董洪杰（2020）通过自由联想内容分析，发现社会氛围在社区层面要高于社会层面。上述研究大多将社区氛围作为子维度，或者仅仅探究社区氛围的某一方面，因此系统性、完整性都有所缺乏。彭乔等（2020）进行了我国本土社区心理学领域的初步系统研究，提出了基于社区治理实际情况的社区氛围定义，但研究视角主要关注居民的核心要求，在结合我国国情和体现本土文化特色方面还需进一步加强。因此，虽然国内对社区氛围的研究取得了一定的进展，但仍需要进一步加强对社区氛围的理论构建，以更好地理解和应用社区氛围对个体和社区的影响。

近年来，随着我国心理学的发展，学者逐渐意识到我国独特的历史文化和现实情况与西方有很大不同，因此，倡导构建具有中国特色的心理学学科体系，并开展基于中国本土文化的研究（黄希庭，2007；林崇德，2019）。特别是，源于北美的社区心理学带有强烈的西方主流价值观，其主张的情境、人与环境的互动理论仍然以个体为本位和出发点（佐斌，2001），这与我国提倡的集体主义背道而驰。由于社区类型、地理、文化、经济和社会因素的差异，西方学者的理论并不适用于我国，理论发展需要创新（杨超等，2018）。而中国作为一个历史悠久、文化多元的国家，其本土文化具有独有的特点和价值观，对社区氛围的形成和发展起着重要作用。因此，本研究将通过深度访谈，基于本土文化探讨城市社区氛围的内涵，建立有中国特色的理论体系，以期促进社区和谐发展，提升居民生活质量和幸福感。

二　研究 1　城市社区氛围的结构探索

本研究基于中国本土文化，通过深度访谈深入探索社区内部，了解社区中的不同成员对社区氛围的理解，并分析访谈材料，初步探索出社区氛围的维度，为后续研究奠定理论基础。

（一）方法

1. 研究对象

预访谈样本包括来自重庆的 5 名社区人员（男性 2 名，女性 3 名，年龄为 45~62 岁，M=47.92，SD =10.21）。正式访谈样本包括来自重庆主城区 12 个社区的 20 名社区成员（男性 5 名，女性 15 名），其中 1 名女性参与者因口音难以辨识被剔除，最终纳入 19 名受访者，年龄为 23~69 岁（M=49.21，SD =13.07）。受访者个人信息如表 1 所示。

表 1　受访者个人信息

单位：岁，年

序号	编号	性别	年龄	在地居住/工作时长	身份	学历
1	F1	女	23	3	社区副书记	本科
2	F2	女	39	3	社区书记	本科
3	F3	女	36	5	社区委员	本科
4	M1	男	65	40	支部党员	大专
5	F4	女	42	8	居民	初中
6	M2	男	55	8	居民	高中
7	M3	男	67	20	楼栋管家	中师
8	F5	女	37	4	社区副书记	本科
9	F6	女	36	9	社区书记	本科
10	F7	女	69	50	自管会副主任	小学
11	F8	女	45	9	社区委员	专科
12	F9	女	56	14	社区书记	专科
13	F10	女	35	11	社区书记	本科
14	F11	女	51	7	社区书记	专科

续表

序号	编号	性别	年龄	在地居住/工作时长	身份	学历
15	F12	女	51	11	物业管理员	初中
16	M4	男	60	44	居民	中技
17	M5	男	68	27	支部党员	初中
18	F13	女	49	7	社区书记	专科
19	F14	女	51	10	社区委员	本科

2. 程序

遵照目的性、便利性取样原则。抽取重庆市辖区内各社区的骨干成员及居民，包括社区书记、社区委员、退休党员、楼栋管家和常住居民。受访者在数据达到理论饱和后不再增加。研究得到了西南大学心理学部伦理委员会的批准，所有被访者访谈时均签署知情同意书。

采用开放式一对一深度访谈，调查社区氛围感知、社区变化及趋势、社区氛围影响和理想社区氛围建设。访谈文本转录后导入 Nvivo 11.0，进行编辑和扎根理论编码，遵循一次访谈、一次转录、一次编码的模式。在本研究中，由于对访谈问题有深入细致分析的社区居民比较少，因此在访谈中更多地选择了社区中的骨干成员，以确保我们能够获得更丰富和更具代表性的信息。

（二）结果

1. 信度

我们采用了以下几种方式（弗里克，2011）来提升研究的信度。①访谈人员训练与访谈：在预访谈阶段，加强训练访谈人员的访谈能力，并且在预访谈或首次访谈之后，检核和熟悉访谈内容和提纲，使访谈人员能够将涉及的题目了然于心。②三角校正：采集不同身份的受访者（如社区普通居民、社区居民代表、社区干部等）提供的信息，通过持续比较不同来源资料中的相同意义单元，形成资料的三角校正。③提升资料分析信度：检视编码所发展出来的各项范畴是否可以用来分析其他段落或受访者的资料。

2. 效度

我们使用以下几种方法来提升效度。①反馈与完善：将研究结论反馈给专家和同行，听取建议不断完善研究结果。例如，随着访谈深入，发现社区氛围内涵更加贴近社区心理学五项价值理论，因此将访谈初期认为的社区“安居、和睦、进取”三维度构想完善为“正义、和谐、仁爱、诚信、文明”五维度。②研究者成长、生活的文化环境与受访者一致，且在访谈的过程中会主动邀请受访者解释、补充表达研究者不明确理解的一些概念、语句，这确保了在访谈的语境中受访者语义不易被误解。③研究者将文本分析过程中的经验教训记录在备忘录中，这确保了研究者的访谈能力保持着进步，也确保了资料收集的质量、编码的质量、理论模型的完善度和成熟度不断提升。

3. 感知到的社区氛围维度

采用主题分析法对开放式访谈进行归纳整理，用 Nvivo 11.0 软件对调查结果进行逐步编码，经过多次总结，获得初级主题 55 个，次级主题 16 个，核心主题 5 个。具体而言，将社区治安开展（25，指频次，下同）、环境安全维护（32）、干部公正办事（49）、居民正直豁达（52）归为“正义氛围”；将和谐无争（58）、亲和友善（33）、参与共建（48）归为“和谐氛围”；将社区模范（57）、正能量传播（40）、友爱互助（33）归为“仁爱氛围”；将干部尽职尽责（12）、居民诚实本分（14）归为“诚信氛围”；将精神面貌良好（29）、文体艺术活动（38）、天人合一（50）、治理系统高效（34）归为“文明氛围”。结果如表 2 所示。

表 2　社区氛围主题编码

核心主题	次级主题	初级主题	参考点数量
正义氛围	社区治安开展	社区巡逻、纠纷处理、法治宣传、扫黑除恶	25
	环境安全维护	安全设施配备、危房改造、排险整治	32
	干部公正办事	按规办事、民主协商、制度完善	49
	居民正直豁达	遵纪守法、大局为重、豁达包容、朴实厚道	52
和谐氛围	和谐无争	安定、包容、朴实、少闹事	58
	亲和友善	乐于沟通交流、热情、不生疏、有亲和力	33
	参与共建	参与社区志愿服务、参与居民自治、建言献策	48
仁爱氛围	社区模范	党建引领、骨干模范带头、退休党员发挥余热	57
	正能量传播	社区宣传、居民自发宣传、网络媒体宣传	40
	友爱互助	支持社区工作、邻里互惠互助、志愿服务	33

续表

核心主题	次级主题	初级主题	参考点数量
诚信氛围	干部尽职尽责	坚守岗位、有所作为、真诚服务	12
	居民诚实本分	辛勤工作、遵章守纪、诚信经商	14
文明氛围	精神面貌良好	消费观转变、幸福感强、素质高、精气神足	29
	文体艺术活动	科普活动、广场舞、体育活动、社区兴趣班	38
	天人合一	爱护公物、保持公共空间整洁、自主打造社区	50
	治理系统高效	政策优化、制度规范、专人做专事、引进物业	34

正义氛围是指个体感知到的社区中的宁静祥和、能够得到守护，社区中成员行事作风正派，社区中成员的生命财产安全能够得到保障的一种氛围。社区中的成员主要是通过法治、公平、治安维稳、其他成员的正直品质来感知到正义氛围的。

老百姓有这种安全感，是的，住着要有安全感，不要有吸毒啊、打架斗殴这些（F4）。

和谐氛围指的是社区中的成员在身处的社区情境中感受到其他成员没有冲突、亲切友善、具有以大局为重的家园意识的状态。在人与自然、人与人的关系问题上，中国传统文化强调整体，崇尚和谐统一（赵玉华，2003）。

他们就把我们当成是子女一样，对我们都很关心的。尊老爱幼嘛，然后没有什么邻里纠纷矛盾，大家开开心心的、互相帮助这些（F8）。

仁爱氛围就是社区中的个体感知到的社区中存在的友爱奉献、团结互助、积极向上的状态。“樊迟问仁，子曰：‘爱人。’”（《论语·颜渊》）仁爱是中华优秀传统文化的核心思想理念（于文博，2020）。

从社区来讲，我感觉历届的社区领导、工作人员，都是热情、细心的，平时这些主任书记，我也是亲身经历的，感觉只要你有什么困难，社区都会大力支持你，为你排忧解难（M2）。

在心理学的视角下，诚信作为一种人格结构，包括实干重义、诚实信用、公正无欺、忠实可靠四个正性取向的维度（赵子真等，2009）。诚信氛围就是身处社区中的个体在与其他成员的互动中产生的他人诚信可靠的体验。在社区情境中，正直、有担当、公正可靠的成员能够在日常的生活处事中展现其优良品德，营造出一种诚信氛围，带给他人足够的信任感，从而增强社区的凝聚力。

商铺那些完全属于老板对自己的一个诚信，在诚信经营的角度上，他自己约束自己的也算是一种诚信吧（F3）。

文明代表的是一种人类社会进步的状态（黄希庭，2021）。文明氛围是个体在社区生活中感受和体验到的社区文明程度，主要包括社区居民的文明行为、居民高素质、丰富的文体活动、人文底蕴深厚和生活幸福感高等方面。

比如说在一个大家都是比较积极的那样的环境里面对嘛，你不可能会产生太多负能量的东西是什么，大家都是正能量的，希望你表达出来的东西，不管是我的言行，我的思想，可能也是表达出来我的是正能量的一个东西，都不会有一些负面的（F3）。

4. 小结

本研究基于中国本土文化，通过开放式主题访谈法和扎根理论，探索了社区氛围的结构。我们构建了社区氛围的五个维度：正义、和谐、仁爱、诚信、文明。这五个维度具有独立性，涵盖不同的内容，但都能提升居民福祉、培育居民良好的心态和行为，并增强居民对社区的认同感、归属感，从而为社区的一线建设和治理提供心理学视角的思路，使得社区能在提升人民安全感、获得感、幸福感方面发挥更加积极的效能。但本研究囿于主题的复杂性与宽泛性、质性研究的主观性和研究者本身的理论水平，研究结果还需要在之后研究的推进中去检验、完善。例如，可以编制农村社区氛围量表，以检验其信效度，并为进一步开展深入的量化研究奠定基础。

三　研究 2　城市社区氛围的问卷编制和信效度检验

（一）方法

1. 研究对象

样本 1：用“问卷星”网络平台在重庆、广东等 7 省（市）社区招募 400 名居民填写问卷，剔除无效问卷后，最终回收有效问卷 331 份（回答率为 82.75%）。其中，重庆市社区居民 182 人（占 54.98%），四川省社区居民 113 人（占 34.14%），广东及其他省（市）36 人（占 10.88%）；男性 148 人，女性 183 人，年龄为 18～78 岁（M=45.14，SD=14.88），居住年限为 1～60 年。样本 2：用“问卷星”网络平台在重庆、江苏等 6 省（市）社区招募 380 名居民填写问卷，剔除无效问卷后，最终回收有效问卷 315 份（回答率为 82.89%）。其中，重庆居民 285 人（占 90.48%），江苏等地区居民 30 人（占比为 9.52%）；男性 106 人，女性 209 人，年龄为 18～75 岁（M=46.12，SD=15.11），居住年限为 1～60 年。研究得到了西南大学心理学部伦理委员会的批准，所有被访者访谈时均签署了知情同意书。

2. 效标测量工具

生活满意度量表（熊承清，许远理，2009；Diener et al.，1985）。该量表是单维度量表，共 5 题，采用 7 级评分法，得分越高，表明个体生活满意度越高。已有研究表明氛围与个体的生活满意度呈显著正相关，且是生活满意度的有效预测因子（Lázaro-Visa et al.，2019），因此本研究选择生活满意度作为效标概念。在本研究中其 Cronbach α 系数为 0.91。

社区情感连接（汪玲等，2020；Perkins et al.，1990）。本研究选取社区感量表的情感连接维度，共 3 个题目，采用 Likert 5 级评分法，量表总分越高代表社区情感连接越强。社区感是社区成员的归属感，情感连接是指一种根植于共同的历史、地点或经历的感觉（Perkins et al.，1990）。有研究发现，社区氛围是社区感的显著预测因子（Vieno et al.，2005），因此本研究选择社区情感连接作为效标概念。在本研究中其 Cronbach α 系数为 0.88。

3. 初测问卷编制

主要从仁爱、和谐、正义、诚信和文明五个维度，参照中国人人格量表（王登峰，崔红，2003）、社区上进心问卷（郑剑虹，林荣裕，2018）和中国城市社区氛围量表（彭乔等，2020），结合开放式访谈资料编制问卷的题目。而后邀请1名心理学教授、2名心理学博士、4名心理学硕士就问卷的内容进行评分。评分针对问卷的问题涵盖性、问题的表达清晰度、问题的相关性、问题的敏感性、问题的重复性，每项评分1~5分（1=完全不符合，5=完全符合）。对题目评价后，删除不相关、诱导性、语义重复题目，修正表述不清晰题目，最终获得41道题的初始问卷（含1道测谎题）。

（二）结果

1. 项目分析

采用高低分组独立样本 t 检验、题总相关和可靠性分析三种方法对样本1（$n=331$）进行项目分析。结果显示，所有题项在高低分组上存在显著差异（$p<0.001$），有4道题的题总相关（$r=0.23 \sim 0.28$，$p<0.01$）未达到 $r>0.40$ 的标准，进行可靠性分析时有1道题删除后问卷的 Cronbach α 系数提高，据此共删除5道题目（9、20、21、27、31）。

2. 探索性因素分析

以样本1的数据对剩余的36道题目进行探索性因素分析。KMO=0.96，Bartlett 球形检验的 $\chi^2=5376.01$，$p<0.001$，表明适合进行因素分析。采用主成分分析法和正交旋转法，基于特征值大于1的标准抽取因素。逐步删除因素载荷小于0.45的项目后，发现诚信氛围和文明氛围两个因素包含的项目大部分分布于其他因素内且具有较高载荷值，因此删除这两个因素。最后得到3个特征值大于1的因素，共21个题项，累计方差解释率为67.17%，具体情况如表3所示。

表3　城市社区氛围量表探索性因素分析因素载荷矩阵

题项	F1	F2	F3	共同度
T35 社区工作人员秉公办事	0.92			0.80
T41 社区工作人员尽职尽责、值得信赖	0.87			0.70
T24 社区做了大量工作来保障群众的生命财产安全	0.79			0.71
T23 面临重大决策时，社区会多方协商、民主决议	0.76			0.72

续表

题项	F1	F2	F3	共同度
T33 如果发生不公正的事情，我相信社区中会有人出来打抱不平	0.73			0.58
T38 社区中经常有执法人员开展巡逻工作	0.68			0.60
T39 社区辖区及周边的商户诚信经营	0.61			0.61
T37 社区邻里心胸豁达、宽厚待人	0.57			0.73
T5 社区居民自觉爱护社区公物		0.80		0.44
T18 社区居民淳朴友善、容易亲近		0.78		0.80
T25 社区邻里相处融洽、极少争执		0.77		0.54
T17 社区邻里团结互助		0.73		0.77
T13 社区邻里相处时文明有礼		0.70		0.76
T22 社区居民遵纪守法、崇尚法治		0.54		0.56
T14 社区的大多数居民忠实厚道、值得信任		0.51		0.69
T4 社区居民积极参与社区志愿者活动			0.93	0.75
T3 社区邻里让我感到温暖友爱			0.78	0.69
T2 社区中有一群乐于为社区做贡献的人			0.71	0.65
T6 社区积极宣传正能量的人物和事迹			0.71	0.67
T10 社区居民和工作人员相互支持			0.51	0.69
T11 社区中有发挥模范带头作用的榜样			0.49	0.66
特征值	11.87	1.23	1.01	
方差解释率（%）	56.52	5.84	4.81	
累计方差解释率（%）	56.52	62.36	67.17	

根据探索性因素分析的结果，城市社区氛围量表分为 3 个维度：正义氛围（8 个项目）、和谐氛围（7 个项目）、仁爱氛围（6 个项目）。3 个维度可以解释方差总变异的 67.17%，21 个项目的共同度介于 0.44~0.80。

3. 信度分析

使用样本 2 进行内部一致性检验。遵循自愿原则，对样本 2 中的 46 名被试在 2 个月后进行重测评估。其中，男性 16 名，女性 30 名，年龄为 20~74 岁（M=53.57，SD=16.65）。正义氛围、和谐氛围、仁爱氛围各维度及总体城市社区氛围的信度如表 4 所示。

表 4　基于中国本土化的城市社区氛围量表的信度分析

项目	正义氛围	和谐氛围	仁爱氛围	总分
Cronbach α	0.93	0.90	0.92	0.97
重测信度	0.77**	0.79**	0.76**	0.88**

注：** $p<0.01$，下同。

4. 效度分析

（1）结构效度

对样本 2 计算维度与维度、维度与总分之间的相关。如表 5 所示，维度与总分的相关（$r=0.91\sim0.95$）大于维度间的相关（$r=0.77\sim0.79$），且均达到显著水平（$p<0.01$）。

表 5　城市社区氛围量表的同质性效度检验

变量	正义氛围	和谐氛围	仁爱氛围	总分
正义氛围	1			
和谐氛围	0.78**	1		
仁爱氛围	0.79**	0.77**	1	
总分	0.95**	0.91**	0.92**	1

采用极大似然估计法对样本 2 进行验证性因素分析，以考察模型的拟合度。构建单因素模型 M1 和依据探索性因素分析结果构建三因素模型 M2。表 6 显示，三因素模型 M2 的拟合指标优于单因素模型 M1，支持探索性因素分析结果。根据吴明隆（2010）的标准，χ^2/df 一般应小于 3，CFI、NNFI 和 IFI 的值应大于 0.90，RMSEA 应小于 0.08，SRMR 应小于 0.05。因此，社区氛围三因素模型的拟合指标良好，具有良好的结构效度。

表 6　城市社区氛围量表的验证性因素分析结果

模型拟合指标	χ^2	df	χ^2/df	RMSEA	SRMR	IFI	NNFI	CFI
M1	535.25	189.00	2.83	0.07	0.05	0.88	0.86	0.88
M2	460.66	186.00	2.48	0.07	0.04	0.91	0.90	0.91

（2）效标效度

以生活满意度和社区情感连接作为社区氛围的预测效标，两个效标测量工具的信度分别为0.91和0.88。结果如表7所示。社区氛围总分及三个维度的得分与生活满意度、社区情感连接存在显著的正相关，能够佐证社区氛围量表的有效性。

表7　城市社区氛围与生活满意度、社区情感连接的相关分析

变量	正义氛围	仁爱氛围	和谐氛围	社区氛围总分
生活满意度	0.65**	0.65**	0.56**	0.65**
社区情感连接	0.69**	0.71**	0.66**	0.71**

5. 小结

本研究基于我国国情与文化背景，按照心理学的科学原理开展了城市社区氛围量表的编制，包含了3个维度（正义氛围、和谐氛围、仁爱氛围）共22个项目（含1个测谎题）。量表总体及各维度的Cronbach α系数为0.90~0.97，分半信度为0.85~0.95，重测信度为0.76~0.79，表明量表的信度良好。同质性检验的结果显示各维度得分之间的相关为0.77~0.79，各维度得分与量表总分之间的相关为0.91~0.95。验证性因素分析的结果符合心理测量学规定的标准。以生活满意度和社区情感连接作为效标，发现社区氛围各维度及总体得分都与效标的相关性显著（0.56~0.71），说明量表效度良好。综上所述，本研究编制的城市社区氛围量表具有良好的信效度，能够较好地反映城市社区氛围。

四　讨论

在理论构建阶段，我们基于社区心理学五原则理论①初步建立了社区氛围的结构维度，认为社区氛围可能由五个维度构成。然而，探索性因素分析结果显示，诚信和文明并未被识别为独立的潜在因素或维度。同时，诚信氛围和文明氛围的部分题项被识别到正义氛围与和谐氛围的维度下。这种结果可能主要由以下原因造成。

---

① 黄希庭先生2021年在第六届社区心理学年会上的演讲。

第一，社区心理学五原则理论与氛围不同。社区心理学基本理论提出的五项原则（仁爱观、正义观、和谐观、文明观、诚信观）更多的是指当前在社区中流行的五种价值观，而氛围的本质在于气氛和情调。气氛是个体主观感受到的，是个体的一种认知；情调是伴随感觉而产生的情绪状态（黄希庭，郑涌，2015）。诚信和文明更多地作为被内化了的规范和信念存在，它们的被感知离不开人际互动和集体活动，但很难作为一种稳定的外显的存在，即诚信和文明在人际互动或集体活动中显现并产生一定影响，但并不总能让他人感受到与这些概念相关联的氛围。

第二，诚信和正义在某种程度上具有意义上的重叠。诚信是个体道德的基石，是社会秩序良性运行的基础，是规范的社会主义市场经济可持续发展的必要条件（焦国成，2002）。吴继霞和黄希庭（2012）对诚信的心理结构进行探索，认为诚信就是诚实守信，主要包含诚实、信用、信任和责任心四个要素。根据罗尔斯（1988）的观点，正义具有两个原则，第一原则是体现公民的政治权利，第二原则是体现公民的社会和经济利益（王新生，2014）。诚实、信用、信任与责任心在一定程度上展现了正义第二原则的内容。我国传统文化所弘扬的“见利而思义”“以义致富”等思想中的“义”也有着诚信的意蕴。总之，社区居民所感受到的诚信和正义之间并没有特别明显的区分。

第三，文明与和谐在某种程度上具有意义上的重叠。根据黄希庭（2021）的观点，“从状态上看，文明是一种人类社会进步的状态，是在符合科学规律的基础上，人与人、人与自然的和谐相处”。文明代表着先进、积极向上和进步性，在人与人、人与环境的关系层面，所产生的结果就是一种和谐。因此，我们可以通过倡导遵守文明规范来促进社区和谐，也可以通过营造社区和谐的氛围来感染居民，提升社区整体的文明水平。然而，在中国本土文化中，文明与和谐之间缺乏清晰的区分，因此难以将文明作为社区氛围的一个独立维度进行操作性定义。

综上所述，社区氛围的维度与最初的理论构想存在一定程度的差异。尽管如此，所开发出的量表在信度和效度方面良好，可为后续研究提供支持。本研究受到客观因素的限制，样本取样主要局限于重庆与四川两地的城市居民，未必能够全面反映全国范围内的整体情况。因此后续研究需要覆盖更多地区的样本进行验证。另外，本研究中男性被试的数量较多，未来的研究应该更加注意平衡男女被试的比例。此外，社区氛围是影响居民“共建共商共享”的重要因素，而城市与农村的基层治理模式存在差异，后续在农村背景下开展氛围研究可能会带来新的发现。

五 结论

本研究通过质性研究和量化研究结合的方式，将中国城市社区氛围定义为身处社区中的个体在与广泛的社区环境互动的过程中感知到的社区对他们的一种支持水平，它是一种正向感受，具有积极的情绪色彩，同时本研究编制的城市社区氛围量表分为正义氛围、仁爱氛围、和谐氛围，量表具有良好的信效度，符合心理测量学标准。

作者贡献和利益冲突声明：段汇存负责数据分析、文章撰写与修改；陈红对研究构思、文章撰写提出指导意见；黄宇鹏负责数据收集、数据分析；韦春丽对文章提出修改意见。所有作者声明没有利益冲突。

参考文献

侯小富 .（2017）. *城市居民社区归属感的心理结构维度研究*. 硕士学位论文，成都：西南民族大学 .

黄希庭，郑涌 .（2015）. *心理学导论（第三版）*. 北京：人民教育出版社 .

黄希庭 .（2021）. *社区心理学导论*. 北京：人民教育出版社 .

黄希庭 .（2007）. 构建和谐社会呼唤中国化人格与社会心理学研究 . *心理科学进展，15*（2），193-195.

焦国成 .（2002）. 关于诚信的伦理学思考 . *中国人民大学学报*，（5），2-7.

林崇德 .（2019）. 加快心理学研究中国化进程 . *教育研究*，（10），153-159.

彭乔，刘海琴，陈红 .（2020）. 城市社区氛围心理结构的初步探索 . *心理研究，13*（4），321-327.

佟瑞鹏，翟存利 .（2018）. 社区安全氛围与居民参与、归属感的关系研究 . *中国安全科学学报，28*（5），56-61. doi：10. 16265/j. cnki. issn1003-3033. 2018. 05. 010

汪玲，谢晖，尹皓，刘成祥，魏娇娇 .（2020）. 社区意识指数量表的汉化及其在社区老年人中的信效度评价．*中华全科医学，18*（1），88-93. doi：10.16766/j.cnki.issn.1674-4152.001176

王登峰，崔红．(2003)．中国人人格量表（QZPS）的编制过程与初步结果．*心理学报，35*（1），127-136.

王新生．(2014)．马克思正义理论的四重辩护．*中国社会科学*，(4)，26-44+204-205.

吴继霞，黄希庭．(2012)．诚信结构初探．*心理学报，44*（3），354-368.

吴明隆．(2010)．*问卷统计分析实务*．重庆：重庆大学出版社．

伍威·弗里克．(2011)．*质性研究导引*．孙进译．重庆：重庆大学出版社．

武朋卓，董洪杰．(2020)．内隐结构视野下社会治理与社区治理的内容领域及其内在联系．*社区心理学研究，9*（1），28-48.

熊承清，许远理．(2009)．生活满意度量表中文版在民众中使用的信度和效度．*中国健康心理学杂志，17*（8），948-949. doi：10.13342/j.cnki.cjhp.2009.08.026

杨超，陈红，罗念，尹明．(2018)．西方社区心理学研究新进展：理论、方法、研究领域及其启示．*西南大学学报（社会科学版），44*（1），105-114+191. doi：10.13718/j.cnki.xdsk.2018.01.012

于文博．(2020)．儒家仁爱思想对培育和践行社会主义核心价值观的启示．*社会主义核心价值观研究，6*（2），93-100. doi：10.16513/j.shzyhxjzgyj.2020.02.011

约翰·罗尔斯．(1988)．*正义论*．何怀宏，何包钢，廖申白译．北京：中国社会科学出版社．

赵玉华．(2003)．中国传统文化基本内涵探析．*东岳论丛，24*（5），118-120.

赵子真，吴继霞，吕倩倩，李世娟．(2009)．诚信人格特质初探．*心理科学，32*（3），626-629. doi：10.16719/j.cnki.1671-6981.2009.03.036

郑剑虹，林荣裕．(2018)．社区上进心问卷的初步编制．*社区心理学研究，6*，27-34.

佐斌．(2001)．西方社区心理学的发展及述评．*心理学动态，9*（1），71-76.

Diener, E. D., Emmons, R. A., Larsen, R. J., & Griffin, S. (1985). The satisfaction with life scale. *Journal of Personality Assessment*, *49* (1), 71-75. doi: 10.1207/s15327752jpa4901_13

Harpham, T. (2008). The measurement of community social capital through surveys. In *Social capital and health* (pp. 51-62). New York, NY: Springer. doi: 10.1007/978-0-387-71311-3_3

Hatzenbuehler, M. L. (2011). The social environment and suicide attempts in lesbian, gay, and bisexual youth. *Pediatrics*, *127* (5), 896-903. doi: 10.1542/peds.2010-3020

Hu, R. (2014). Migrant knowledge workers: An empirical study of global Sydney as a knowledge city. *Expert Systems with Applications*, *41*, 5605-5613. doi: 10.1016/j.eswa.2014.02.011

Kaplan, S., & Fisher, Y. (2021). The role of the perceived community social climate in explaining knowledge-workers staying intentions. *Cities*, 111, 103105. doi: 10.1016/j.cities.2021.103105

Krupat, E., & Guild, W. (1980). The measurement of community social climate. *Environment and Behavior*, *12* (2), 195-206. doi: 10.1177/0013916580122005

Lázaro-Visa, S., Palomera, R., Briones, E., Fernández-Fuertes, A. A., & Fernández-Rouco, N. (2019). Bullied adolescent's life satisfaction: Personal competencies and school climate as protective factors. *Frontiers in Psychology*, *10*, 465778. doi: 10.3389/fpsyg.2019.01691

Oswald, R. F., Routon, J. M., McGuire, J. K., & Holman, E. G. (2018). Tolerance versus support: Perceptions of residential community climate among LGB parents. *Familyrelations*, *67* (1), 47-54. doi: 10.1111/fare.12292

Oswald, R. F., Cuthbertson, C., Lazarevic, V., & Goldberg, A. E. (2010). New developments in the field: Measuring community climate. *Journal of GLBT Family Studies*, *6* (2), 214-228. doi: 10.1080/15504281003709230

Paceley, M. S., Fish, J. N., Thomas, M. M., & Goffnett, J. (2020). The impact of community size, community climate, and victimization on the physical and mental health of SGM youth. *Youth & Society*, *52* (3), 427-448. doi: 10.1177/0044118X19856141

Perkins, D. D., Florin, P., Rich, R. C., Wandersman, A., & Chavis, D. M. (1990). Participation and the social and physical environment of residential blocks: Crime and community context. *American Journal of Community Psychology*, *18* (1), 83-115. doi: 10.1007/bf00922690

Pretty, J. N., Noble, A. D., Bossio, D., Dixon, J., Hine, R. E., Penning de Vries, F. W., & Morison, J. I. (2006). Resource-conserving agriculture increases yields in developing countries. *Environment Sciences Technology*, *40* (4), 1114-1119. doi: 10.1021/es051670d

Sears, R. R. (1936). Review of *a dynamic theory of personality* [Review of the book *A dynamic theory of personality*, by K. Lewin]. *Psychological Bulletin*, *33* (7), 548-552. doi: 10.1037/h0050556

Turner, J. C., & Oakes, P. J. (1986). The significance of the social identity concept for social psychology with reference to individualism, interactionism and social influence. *British Journal of Social Psychology*, *25* (3), 237-252. doi: 10.1111/j.2044-8309.1986.tb00732.x

Tylermackey, C., Monroe, P. A., Dyk, P. H., Welborn, R., & Worthy, S. L. (2016).

Turning the tide on poverty: Community climate in economically distressed rural community. *Community Development*, *47* (3), 1-18. doi: 10.1080/15575330.2016.1164206

Vieno, A., Perkins, D. D., Smith, T. M., & Santinello, M. (2005). Democratic school climate and sense of community in school: A multilevel analysis. *American Journal of Community Psychology*, *36* (3-4): 327-341. doi: 10.1007/s10464-005-8629-8

Woodford, M. R., Chonody, J. M., Kulick, A., Brennan, D. J., & Renn, K. (2015). The LGBQ microaggressions on campus scale: A scale development and validation study. *Journal of Homosexuality*, *62* (12), 1660-1687. doi: 10.1080/00918369.2015.1078205

Development of the Chinese Urban Community Climate Scale Based on Chinese Local Culture

Duan Huicun, Chen Hong

(Faculty of Psychology, Research Center of Psychology and Social Development, Southwest University, Chongqing, 400715, China)

Huang Yupeng

(Faculty of Psychology, Southwest University, Chongqing, 400715, China; Center for Mental Health Education and Counselling, Can Cong Road Primary School, Chengdu, 610504, China)

Wei Chunli

(Center for Studies of Education and Psychology of Ethnic Minorities in Southwest China of Southwest University, Chongqing, 400715, China; College of Animal Science and Technology, Guangxi University, Nanning, 530004, China)

Abstract: The development and validation of the Urban Community Climate Scale focused on capturing the nuances of community residents' daily experiences.

Drawing on Chinese indigenous culture, in-depth interviews, and leveraging the existing community climate scale, we systematically formulated measurement entries. A sample of 331 urban community residents underwent item analysis and exploratory factor analysis, while another sample of 380 residents contributed to the rigorous assessment of reliability and validity. Our findings reveal that the Urban Community Climate Scale manifests as a three-factor structure: Justice climate, harmony climate, and benevolence climate, comprising a total of 22 items. The meticulously developed Urban Community Climate Scale demonstrates robust reliability, positioning it as a valuable tool for future investigations into the impact of community climate on individual psychology and community development.

Keywords: Community Climate; Justice Climate; Harmony Climate; Benevolence Climate

婚姻暴力中的“涵旨”与“事件”分析

——以女性农民工的婚姻状况为例*

杨　艾　黄佳慧　蒋　柯　陈　莉**

（温州医科大学精神医学学院）

摘　要　在日常语言中，关于婚姻暴力的“涵旨”与“事件”的描述常常被混淆。这种范畴错误常常使得受害者自己也难以认识到婚姻暴力的伤害性，也给第三方救助机构的介入与干预造成困难。文章通过分析哲学的技术，从日常语言的概念分析入手，阐释了婚姻暴力现象中的“涵旨”与“事件”的区别；分析了婚姻暴力对受害者可能造成的直接与次生性伤害；揭示了婚姻暴力不仅与施暴者的个体因素有关，也和社会环境有关；婚姻暴力事件一旦发生，就有反复发生的可能。受害者自身的主动性以及应对方式是阻止婚姻暴力继续发生的主要内源性因素。婚姻暴力的受害者从“能描述婚姻暴力的事件”转变为“能理解婚姻暴力的涵旨”，才能激发其主动摆脱婚姻暴力的行动。在外源性因素方面，建立完善的正式社会支持系统是阻止婚姻暴力的重要社会保障。

关键词　婚姻暴力　家庭　女性　农民工

一　女性农民工与婚姻暴力

农民工是指户籍在农村而工作在城市的特殊流动人群（郑功成，2002；袁玥等，2021）。2022 年中国农民工总量达 29562 万人，约占全国总人口的

* 本文受到国家社会科学基金一般项目（项目编号：21BSH010）的资助。

** 通讯作者：陈莉，温州医科大学精神医学学院教授，E-mail：psychologychenli@ 163. com。杨艾与黄佳慧对本文写作做出同样贡献，黄佳慧是共同第一作者。

20%。而女性农民工占该群体的36.6%，其中79.6%有配偶（国家统计局，2023）。本文中“女性农民工”专指已经或者曾经具有婚姻关系的农民工群体中的女性。近10年来，农民工家庭化迁移的数量呈显著上升趋势（翟振武等，2019）。经常迁移的状态对农民工的身心健康造成了不利的影响（Mucci et al.，2019）。农民工的家庭关系也因为外界因素的影响而发生变化（李卫东，2019）。这些因素助长了“婚姻暴力”的发生（李成华，靳小怡，2012；杨婷，靳小怡，2018）。

《中华人民共和国反家庭暴力法》（2016）将家庭暴力定义为“家庭成员之间以殴打、捆绑、残害、限制人身自由以及经常性谩骂、恐吓等方式实施的身体、精神等侵害行为”。而“婚姻暴力”专指发生在夫妻之间的家庭暴力行为（黄列，2002）。据全国妇联的统计，全国2.7亿个家庭中约25%存在婚姻暴力，其中90%受害者是女性；受害者平均遭受35次婚姻暴力后才选择报警；有受害者忍受婚姻暴力40年之久（陈荞，2014）。流动人口中的女性遭受婚姻暴力的次数显著更多（周苗，2015）。

农民工的经济收入偏低，城市归属感弱；由于户籍制度的限制，他们还面临医疗资源不足、子女入学困难等多重现实困境。诸多压力源的叠加使得农民工群体时常处于高度焦虑状态（张广胜等，2017），这也增加了他们婚姻不满意的风险，容易诱发婚姻暴力，包括直接的身体攻击（丁吉红等，2010）和精神暴力，即采取以冷漠、谩骂为主要特征的行为（杨婷，靳小怡，2018）。

研究表明，婚姻暴力会损害女性的自尊与自信，造成创伤后压力和社交孤立（Hooker et al.，2016），进而引发焦虑和抑郁（Biaggi et al.，2016；Kastello et al.，2016）；婚姻暴力还会影响婴儿与母亲之间依恋关系的建立，对孩子的未来发展造成负面影响（Buchanan et al.，2014）。因此，女性农民工遭受婚姻暴力的问题，不仅是个体的健康、婚姻与家庭问题，还会通过代际传递影响后代的成长，并最终成为一个社会问题。

关于女性农民工遭受婚姻暴力的现实，主要有三种理论解释的视角。

首先，资源理论认为家庭中的资源如收入、职业阶层和受教育水平等象征着权力地位和控制力（Hornung et al.，1981）。当女性资源稀缺且依赖性较强时，男性实施暴力的可能性更大，因为资源匮乏者缺少足够的资源进行反抗，或者反抗成本很高，这会降低施暴者的施暴成本（Gelles，1983）。另有研究发现，收入低、职业阶层低和受教育水平低的男性更可能对其伴侣实施暴力（Hotaling & Sugarman，1990）。如果男性缺乏充足资源来控制和支配女性，那么暴力将是他依赖的最后一种资源（Goode，1971）。国内研究者调查发现，频繁的迁移显著负向影响了女性农民工的就业质量，她们从事工作的不可或缺性与薪资水平都低于男性农民工（姜春云，谭江蓉，2021），能获得的其他社会资源也比男性少（李国正、王一旻，2017）。即使遭受婚姻暴力，女性农民工由于职业以及经济条件的限制，往往也倾向于维持婚姻状态（肖洁，风笑天，2014）。这些因素使得部分女性农民工遭受婚姻暴力时难以做出离婚的决定。

其次，基于女性主义的立场，有研究者指出，传统的男权观念与两性权力地位不平等是婚姻暴力滋生的观念性土壤（Tang，1999）。社会通常赋予男性养家糊口的责任，并相应地在家庭中赋予他们比女性更大的权力（Ferree，1990），这种家庭结构更容易导致冲突和暴力（Coleman & Straus，1986）。而在这一性别制度背景下，遭受暴力的妻子往往会对丈夫的施暴行为进行合理化，从而固化了不平等的性别角色分配。这是婚姻暴力的根源所在（佟新，2000）。在中国的农民工群体中，经济条件、社会地位、文化差异和频繁迁移等诸多因素与性别因素相互作用，加剧了女性农民工的弱势地位（吴小沔，2020）。女性主义理论提倡女性通过经济独立来获得婚姻关系中的主动选择权（郁之虹，2014）。然而，仅仅经济独立并不能使女性避免家庭暴力；社会文化因素，如男权观念、性别角色等，也与家庭暴力的发生相关（马春华，2013）。城乡迁移为女性农民工提供了前所未有的获得经济独立的机会，但是妻子更高的收入可能对怀有男权观念的男性造成压力，进而导致"男性反抗"，诉诸暴力来重申自己的权力（Heath，2012）。这表明，除了经济独立，社会文化因素的改善才能减少家庭暴力的发生。

最后，家庭系统理论重视家庭内部互动循环格局，并用互动因果关系的归因模式理解婚姻暴力如何发生（Broderick，1993）。家庭系统运行不良是婚姻暴力发生的重要原因。在一些家庭中，不良的互动方式固化了某些规则，如不安全的依恋相处模式使得夫妻之间不谋求正面解决问题而是通过暴力或冷暴力来应对。这导致家庭结构失去弹性，无法及时帮助家庭在应对改变的外界环境时进行良性的调整（如调整夫妻的相处方式、重新分配家务等），家庭成员仍按照原有的矛盾格局循环相处，最终导致平衡机制的失调（如暴力冲突等），平衡机制的失调进一步强化了家庭固有矛盾的循环格局（郁之虹，2014）。还有研究者发现，家庭系统中婚姻暴力行为演化体现为三个阶段：愤怒的积蓄期、暴力发生期、“蜜月”期（Lucena et al.，2016）。这三个阶段呈周期性循环，随着时间的推移，暴力程度也会逐渐升级。在“蜜月”期，施暴者会停止暴力行为，转而讨好受害者，试图获得同情和原谅，并以此将受害者继续困在暴力循环中。

上述理论都是以旁观者视角，以一般化的原理来言说作为一种社会现象的婚姻暴力，所关注的对象是在婚姻暴力中的一类人群。这类研究有助于我们理解“什么是婚姻暴力”，但难以说明为什么某个女性会遭受婚姻暴力，以及当她遭受婚姻暴力时应该如何寻求帮助。因此，我们有必要从遭受婚姻暴力的女性个体的角度去理解婚姻暴力的发生及其对受害者个体造成的心理和社会的伤害，以便有针对性地为受害者提供帮助。本文将从日常语言的概念分析入手，从女性处境的视角，对女性农民工遭受婚姻暴力的现象做出“涵旨”与“事件”的诠释，让更多的当事人能正确认识到什么是婚姻暴力，进而提出预防与干预婚姻暴力必须针对明晰的事件和具体的问题，才能采取积极、及时的响应措施。

二　婚姻暴力中的事件、涵旨与规则

关于一个事实的描述包括“事件”和“涵旨”两个方面，分别对应“知道那个事实”（knowing that）和“知道怎样做”（knowing how）（赖尔，1992）。描述“事件”与“涵旨”的词在时间上有区别：含有事件词的陈述意味着它在一个特定的时间发生；而含有涵旨词的陈述意味着某个事件可能在任何时间发生，或者一直存在。例如，我们说“云云在第二次遭受婚姻暴力以后报警了”，这是在描述个体的具体行动和反应，描述了一个事件；而“云云对婚姻暴力持绝不容忍的态度”则是一种涵旨描述，表达了某种倾向性。关于婚姻暴力，我们不仅要知道它是什么，是否已经发生了（事件），更应该知道如何制止它的发生（涵旨）。

涵旨词与事件词有三种对应关系。（1）一些涵旨词是非常明确地或有限定地对应某种专门事件。例如“Baker is baking”，其中“baking”既表达了一种涵旨，也描述了一个事件，二者之间存在唯一的对应关系。（2）一些涵旨词概括性地或有限定地对应多种不同的事件。例如“Grocer is grocing”是一个不正确的表述，因为“grocing”是一个涵旨词，它并不单一地对应某一个具体的唯一的事件。在描述概括性的倾向、能力和可能性时，我们使用的动词往往不同于命名涵旨时所使用的词（赖尔，1992）。(3) 介于（1）和（2）之间的情况。例如，我们可以说一个医生正在看病，也可以说一个医生正在进行询问病史、查看检查报告、探听患者心率、给患者开药等一系列事件。同样，我们可以说婚姻暴力受害者曾经经历了婚姻暴力，也可以说受害者曾经被伴侣语言攻击、拳打脚踢以及施以冷暴力。因此，“婚姻暴力”一词对应了上述第三种情况，它并非单纯地对应某一种行为（例如，有一种误解认为婚姻暴力就是指肢体暴力），而是复杂地对应了多种行为模式，包括针对身体实施的侵害、限制人身自由、被迫进行性行为等，还包括侮辱、威胁、谩骂、恐吓等精神暴力。

为了廓清“涵旨”与“事件”的关系，有两条规律需要被提及：(1)“事件”的发生为具有某种对应“涵旨”提供了证据；(2)“涵旨”是“事件”发生的前提，但“涵旨”并不陈述“事件”（赖尔，1992）。例如，正是因为一位女性遭受了婚姻暴力（事件），我们才有证据说那个丈夫是一个婚姻暴力的施暴者（涵旨）；正是因为农民工家庭破裂的现实（事件），我们才能说在他的生命历程中存在家庭发展的负性因素（涵旨）。因为“涵旨”的存在，我们才可能预测个体的未来发展状况，描绘个体的生命历程模型（Lu et al.，2021；McMunn et al.，2015）。

涵旨词不叙述事件，但其时态可以让人们推论至更广泛的时间范围，包括短期、长期或无限期，以及过去、现在或将来。例如，“云云遭遇了婚姻暴力”这个事件是“云云是一个婚姻暴力受害者”这一涵旨的支持证据，而这一涵旨词让我们可以推论，云云曾经/现在/未来（会）经历婚姻暴力事件。在日常语言中，人们常说家暴只有零次和无数次。这种说法反映了施暴者会对暴力产生依赖，将暴力作为婚姻关系中的威胁手段（蔡玉萍，彭铟旎，2019）。

婚姻暴力的受害者容易混淆婚姻暴力中的“事件”与“涵旨”。一些受害者虽多次遭受婚姻暴力，但在丈夫的哀求与家人的劝说下，考虑到孩子，选择给丈夫改正的机会；然而婚姻暴力仍然持续发生，受害者最后不得不选择与丈夫离婚（罗小锋，2020）。同样，长期受害者，如冬梅，则是对丈夫的暴力行为进行合理化，从自己身上寻找原因并努力改变（例如，自己挨打是因为没有给丈夫生一个儿子）以期改善处境。[①] 类似的受害者只认识到了作为具体行为的婚姻暴力（事件），认为丈夫的辱骂、拳打脚踢等施暴行为都只是一时的。施暴者常常以此为借口，让受害者反复原谅。“某某人是婚姻暴力施暴者”属于涵旨描述，即“假如发生了某种情况，那个人就会施暴”。受害者不能正确认识婚姻暴力是一种行为的倾向性。当面对暴力行为时，无法跳出“为孩子忍一忍”“再给一次机会”等固化思维，抱有“他会变好”等不切实际的幻想。然而，对施暴者不加干预只会导致婚姻暴力愈演愈烈，要想制止婚姻暴力，受害者必须做出一些改变。

规则是对未发生事件的条件性预期，适用于各种事实的更高层次的概括条例（赖尔，1992），例如，“假如女性没有稳定的经济收入，那么她遭受婚姻暴力的可能性就会增加”。规则的作用包括：（1）从一些特殊事实推出另一些特殊事实，例如，假如女性没有经济来源，那么她可能面临更高的婚姻暴力风险，进而会降低婚姻质量和幸福感；（2）可以解释特定事实，例如，“婚姻暴力的受害者多数是全职妻子”，因为全职妻子没有独立经济来源，遭受婚姻暴力的可能性更大；（3）可以帮助我们更好地应对特殊事态，选择恰当的人为操纵来引起或阻止特殊事态的发生。根据上述规则，可以建议女性在婚后保持工作状态，掌握一定的家庭经济地位，以降低遭受婚姻暴力的可能性。以往研究发现，女性的人力资源和经济资源可以保护其免受婚姻暴力（Martin et al.，1999；Piispa，2004）。即使物质性资源对预防女性遭受婚姻暴力的作用有限，也仍是遏制暴力升级的有效工具，例如，可以在她们脱离婚姻关系或者与施暴者谈判时增加筹码（赵延东等，2011）。因此，了解女性遭受婚姻暴力所包含的规则有助于我们去思考女性如何避免或脱离婚姻暴力。

规则与涵旨陈述的区别在于规则具有普遍性。规则陈述语句的主语是一类人而不是一个人；涵旨陈述语句的主语可以是特殊的、具体的人或事物（赖尔，1992）。并非所有的假言陈述（只含有涵旨词的陈述）都是规则，除非它是一个“变元的”或“开放的”假言陈述，即含有“任何”“每当”这样的表达方式。“云云是一个婚姻暴力的受害者”是一个涵旨陈述（假言陈述），即云云是一个特殊的人，她的经历不能推广到其他人身

① 一席．*一个反性别暴力律师的二十年*．https://www.yixi.tv/record#/speech/detail? id=1197

上。而“每当女性没有其他收入来源，那么她遭受婚姻暴力的可能性就增加”是一个“变元的”“开放的”假言陈述，即规则。

涵旨陈述又与规则有共同的特征，它们都属于“推论票证”，可以通过它们回顾、解释、预测以及改变某些活动或状态。“云云是一个遭受婚姻暴力的女性”这一涵旨陈述表明，云云时常受到丈夫的攻击。如果我们发现有一天她的丈夫没有攻击她，也不能因此收回我们的涵旨陈述。Lucena 等（2016）的研究指出，当婚姻暴力的演化周期处于“蜜月”期时，施暴者会停止暴力行为，试图讨好受害者以获得同情和原谅，借此将受害者持续困在暴力循环中。因此，即使云云在某一时段未受到攻击，我们也不应该放弃“云云是一个遭受婚姻暴力的女性”这一涵旨陈述。进一步地，当我们发现云云、罗罗、朵朵等多名女性遭受婚姻暴力，并发现她们之间有一个共性，即“没有独立的经济收入”时，我们将若干个涵旨陈述综合形成一条规则，即“每当女性没有独立经济收入，那么她遭受婚姻暴力的可能性就增加”。这条规则是一个综合了诸多涵旨陈述属性的开放性假言陈述。

描述人的行为，需要涵旨词、事件词以及规则的整合和统一（赖尔，1992）。婚姻暴力作为一个现象，既是对多种多样婚姻暴力事件的综合，也是一个概括性的涵旨陈述，还包含了某种规则。婚姻暴力的施暴者常常为自己的暴力行为辩解，如“只是一时冲动”，或者“以后再也不会发生了”等。这些说辞混淆了涵旨、事件以及规则的话语意义。因此，对婚姻暴力的研究需要从对事件、涵旨、规则的讨论出发，对话语方式做出精确的辨析，才能让当事人以及婚姻暴力干预人员免于陷入概念与技术的误区。

三　关于婚姻暴力的知识与信念

婚姻暴力导致的刑事案件有两种潜在结局：一是施暴者的暴力行为没有受到约束和制止，最终构成凶案；二是受害者忍无可忍，最终暴力反抗，令施暴者致伤或致死（最高人民检察院，2021）。在未达到刑事案件水平的案例中，受害者可能通过一定的社会或法律手段来制止婚姻暴力。这些可能性是基于以下规则的推论：“如果婚姻暴力中施暴者的行为没有受到制止，他的攻击行为可能逐渐升级”，“如果施暴者长期攻击，婚姻暴力的受害者可能做出暴力反击”，以及“如果受害者能寻求必要的帮助，就有可能制止或摆脱婚姻暴力”。当我们在讨论各种“可能性”时，并不是在陈述一个事件，而是陈述了某种涵旨或者规则，并依据规则进行推论。

在陈述涵旨的词语中有一类是“可能词”，如“能”“能够”等。“可能词”还隐含了“能力”和“可能性”的含义。例如，“云云能通过寻求外部支持来制止婚姻暴力”，意味着：（1）云云知道寻求外部帮助可以制止婚姻暴力；（2）云云了解如何寻求外部帮助以制止婚姻暴力的必要的知识。这句话并没有陈述一个事实，而是基于涵旨或规则进行的可能性推论。

涵旨词中还包含表达“倾向性”的词，这些词可以分为“习惯词”、“爱好词”和“工作词”等类型。倾向词不同于“可能词”，因为“可能”的外延要比“倾向”更广；在逻辑上“倾向”蕴含“可能”。例如，“当云云遭受婚姻暴力时，她倾向于寻求外部支持”，这陈述了云云的某种倾向性，其必要条件是云云具备了相应的可能性。“云云倾向于寻求外部帮助”的必然推论是“云云能够寻求外部帮助”，反之并不成立。

“倾向词”与事件的联系比“可能词”更紧密。当我们说“云云能够寻求外部帮助”时，对“云云将要采取行动”的信心并不足够强。而当我们说“云云倾向于采取行动”时，可以推测过去遭受婚姻暴力时她曾做出实际行动；同时也更相信，当再次遭受婚姻暴力时，云云更可能采取实际行动。可见，制止婚姻暴力的关键在于，当事人要具有某种“能力”，并且应具有某种“倾向性”。从“知道”到“相信”的转变，是从“可能”到“倾向”过渡的具体形式。

“知道”是一个能力陈述词，相应地，“相信”则是一个表达倾向性的词。“知道”意味着某人能通过一定的方法获得知识或行动规则的能力，这种能力的衡量基于已经获得的知识的多少和准确性，是从外部世界的标准向内进行的。而“相信”描述了某种信念，表达了当事人对某些特定知识的真实性或有效性的主观评价，这种评价是以主体的体验为标准向外部世界做出的。所以，当我们“相信”某个信息时，就意味着我们会有更强烈的主观意愿按照信息提供的支持采取行动。“云云知道婚姻暴力是有害的”，意味着云云了解婚姻暴力危害性的知识。然而，她需要来自外部环境的信息来评价她拥有的这些知识。倘若对她施暴的丈夫还控制了她的信息来源，向她灌输关于婚姻暴力的错误信息，她可能因此形成歪曲信念，认为处在婚姻暴力中的自己是幸福的。进而，即使她“知道”如何制止婚姻暴力，也不会采取行动。在“宇芽家暴事件”中，宇芽数次遭到暴力攻击，面对施暴者的道歉却总是心软选择原谅。[①] 因为她以为只要再忍一下，一切就会好起来（歪曲信念），结果却是受到更严重的暴力伤害，这符合家庭系统中婚姻暴力行为演化的三个阶段的周期性循环（Lucena et al.，2016）。

在一些农村地区，夫妻吵架、打架都被认为是家庭私事。即使受害者已经切身体会到了婚姻暴力带来的伤害，也依然将其合理化，认为所有的家庭都差不多，甚至会认为这是自己的宿命（郑丹丹，张帆，2020）。很多女性受“家丑不可外扬”“清官难断家务事”等旧式观念影响，不会将遭受婚姻暴力的情况轻易道与外人（肖洁，风笑天，2014），另一些受害者认为是“因为自己做得不好，所以才会受到打骂”（佟新，2000）。歪曲的认知使得受害者长期忍受婚姻暴力。可见，仅仅“知道婚姻暴力是有害的”并不足以使女性农民工制止与摆脱婚姻暴力。

当“云云相信婚姻暴力是有害的”时，即意味着，一方面，云云拥有了关于婚姻暴力危害性的知识；另一方面，她能依据自己已有的知识和经验对外部世界所发生的事件做出判断，进而倾向于采取实际行动去制止婚姻暴力。婚姻暴力发生于夫妻之间，受害者在考虑是否采取行动反制时通常都会有所犹豫（毋嫘等，2013）。她们对婚姻暴力持有一定的容忍度，很少因为一个耳光或者一拳一脚而投诉或报警，往往在受到更严重的伤害时才考虑采取行动保护自己（徐安琪，2001）。从“知道婚姻暴力的危害”到“相信婚姻暴力的危害”的转变，是驱动女性在遭受婚姻暴力时能够及时采取行动保护自己的关键。受害者若能对婚姻暴力有明确的认知并持有零容忍的态度，在婚姻暴力发生初期就第一时间揭露受害情况并果断求助，就能够从根本上避免暴力升级导致的恶性后果（毋嫘等，2013）。因此，“相信婚姻暴力的危害”意味着在遭受轻度的暴力行为时便倾向于采取积极的反制行动，使暴力行为受到明确而有效的干预。

制止女性农民工遭受婚姻暴力，从当事人的角度出发，我们需要让女性从“知道”转向“相信”婚姻暴力的危害，确立自己关于婚姻与家庭的独立信念，依据自己所“相信”的知识和规则来维护自己的正当权益。同

---

① 央视网.《今日说法》栏目. 被家暴的“网红”. https://tv.cctv.com/2019/12/15/VIDEa2tsz4a6KGC2aNxy540s191215.shtm

样，仅仅“知道”远远不如“相信”通过寻求外部支持可以制止婚姻暴力更能有效地支持女性面对婚姻暴力时的积极反制。因此，要制止婚姻暴力，女性农民工除了要具备关于婚姻暴力的相关“知识”，更要树立勇敢制止婚姻暴力的“信念”。

四 婚姻暴力的后继影响与救助机制

婚姻暴力往往会对女性农民工的心理健康造成负面影响。心理健康是“一种健康状态，在这种状态中，每个人能够认识到自己的潜力，能够应对正常的生活压力，能够有成效地从事工作，并能够对其社区做贡献”（Allen et al.，2014）。这里频繁地使用了“可能词”，意味着心理健康是涵旨而非事件。在时间维度上，心理健康状态无法在较短的时间内转换，一个人心理健康，指的是他在很长的一段连续时间里的稳定状态。云云遭受婚姻暴力后心理健康状况受到影响，就意味着她在后来一段较长的时间内表现出了一系列适应不良的症状。只有当云云表现出了这些症状（事件）时，我们才能说她出现了心理问题（涵旨）。

涵旨是事件发生的前提，但是涵旨并不陈述事件；事件的发生是对涵旨的回溯性论证，但并不预测未来的涵旨特征。因此，当事人表现出的适应不良症状并不能预测她未来不会再恢复良好的心理健康状况。即使患有心理疾病，也可能在未来达到较高的心理健康水平。如艾琳·R. 萨克斯（Elyn R. Saks）曾是精神分裂症患者，但她也是教授和研究员，还拥有幸福的家庭（Saks，2007）。即使艾琳患有严重的精神疾病，她依旧符合心理健康的标准。同样，曾经遭受婚姻暴力的女性农民工表现出的症状（事件）并不能预测她们未来不可能再拥有良好的心理健康状态（涵旨）。甚至我们可以预期当事人在经历了婚姻暴力后，从“知道”转变为“相信”婚姻暴力的危害，从“能够”到“倾向于”寻求帮助制止婚姻暴力，从而实现了婚姻和家庭系统的根本性改变，脱离了婚姻暴力的循环。

生命历程理论认为，转折性事件是个体人生经历改变的拐点（李强等，1999）。流动性是农民工群体的显著特征，流动前后生活的变化显著影响了他们的生活方式与身心健康（范宪伟，2019），因此，流动是农民工生命历程中重要的转折性事件。研究表明，外出打工使农民工部分脱离了传统的家族式社会网络，来自家乡的社会支持减少，社会网络约束力不足，可能影响婚姻稳定性（宋月萍等，2012）。倘若女性农民工的社会支持减弱，她可能更难脱离婚姻暴力的循环（周林刚，陈璇，2015）。相反，若女性农民工抓住流动这个机会，接纳开放的新观念，形成更丰富的社交网络，树立自信独立的性别观念，就能够建立新的社会支持系统，避免“资源失灵”的现象（郑丹丹，张帆，2020），进而增加制止与摆脱婚姻暴力的可能性。

社会支持是制止婚姻暴力的重要保护因素（肖洁，风笑天，2014）。社会支持系统不足的人遭受婚姻暴力的概率是其他人群的数倍（Adhia et al.，2020）。女性农民工拥有两套并行的社会支持系统，一套是正式社会支持系统，主要由法律机关、医疗机构、社会服务机构组成；另一套是非正式社会支持系统，主要由她们生活中认识的其他人组成（王曦影等，2019）。研究表明，当事人无法脱离婚姻暴力的原因之一是难以有效地利用正式社会支持系统（李莹，刘梦，2014）。非正式社会支持系统虽然常用，但缺乏强有力的惩罚手段，约束力较弱。正式社会支持系统则能在女性农民工发出求助信号时及时介入、干预并制止婚姻暴力行为的发生，对婚姻暴力有更强硬的制止态度（兰孟晗，2021；周苗，2015）。因此，为女性农民工建立完善的正式社会支持系统能够增强女性的求助意识、畅通求助通道，促进当事人从“能够”转向“倾向于”维护自身权利、表达自身诉求。

户籍制度的壁垒和城市政策的排斥是农民工难以融入城市的原因之一，这导致他们被排斥在城市的社会支持系统之外（李春霞，杜志宇，2012；汤兆云，张憬玄，2017）。因此，在建立女性保护机制的同时，也要给予农民工融入城市社会支持网络的机会，为遭受婚姻暴力的女性农民工组织起一张系统而完善的保护网（周林刚，陈璇，2015）。此外，代际差异也会影响受害者对于婚姻暴力的容忍度。相比第一代农民工，年轻的新生代农民工更愿意采取果断行动，及时制止婚姻暴力（王曦影等，2019），如主动沟通、报警或选择离婚。因为新生代农民工受教育水平相对较高，对婚姻暴力以及相应的法律有更明确的认知与了解，对婚姻暴力的容忍程度更低。可见，在社区内加强关于婚姻暴力的宣讲工作也不容忽视。另外，通过媒体宣传与监督，可以让受害者摆脱传统观念和歪曲信念的影响，纠正受害者对婚姻暴力的认知偏差（毋嫘等，2013），帮助文化程度不高的受害者对婚姻暴力有更明确的认识并了解寻求帮助的途径。

五　小结

“日常语言是哲学思考的起点，但不是终点。”（陈嘉映，2009）本文通过对日常语言的概念分析，廓清了婚姻暴力中的“事件”与“涵旨”，区分了女性农民工面对婚姻暴力时所具备的“知识”与“信念”的差异，从婚姻暴力受害者的语言立场出发探索了制止婚姻暴力的行动规划。

“成为婚姻暴力反抗者”，并不意味着夫妻在相处过程中时刻警惕自己权力的得与失，也不意味着时刻准备着攻击对方或针对对方的行为做出反制。“成为婚姻暴力反抗者”是一个涵旨陈述，是指当事人拥有“反抗婚姻暴力的能力”，在她们需要的时候，有意愿且有能力反抗婚姻中的不公平境况，制止婚姻暴力的发生。

女性农民工自由表达自己意愿的基础在于，她们拥有更加平等的性别观念，拥有更多更全的社会资源，在家庭的权力结构中处在更加平等的位置。同时，女性农民工的主体性和能动性，也是使她们拥有反抗婚姻暴力能力的关键因素。

家庭中的权力对比是一个动态的结构。权力平衡并非意味着双方在每件事上的权力都完全对等，而是体现在诸多事件的综合上。在某些事件上的让步，可能是在另一些事件上获得权力的先声。正是这种波动的权力过程，给家庭系统留出正常运作的空间。通过对“涵旨”与“事件”关系的分析，我们能够理解，即使当前已经发生的事件不尽如人意，但争取“涵旨”上的可能与完善，也可以避免“事件”被导向灾难性的结局，并且能为未来的、有积极价值的新“事件”的发生创设条件。

女性农民工曾经遭受婚姻暴力会对她们的身体和心理造成严重的伤害，但这并不预示着她们最终陷入身心俱损的严重困境。从当事人的立场出发，本文提出，通过发挥当事人的主观能动性，改变其对待婚姻暴力的态度、提升其自身力量，女性农民工有可能跳出遭受婚姻暴力的循环，并且维护自身的权益、重建健康幸福的婚姻生活。

作者贡献和利益冲突声明：杨艾，研究构思与论文撰写；黄佳慧，研究资源采集与论文撰写；蒋柯，论文审阅与修订，研究课题监管与指导；

陈莉，论文审阅与修订，研究课题监管与指导。所有作者声明没有利益冲突。

参考文献

蔡玉萍，彭铟旎.（2019）. *男性妥协：中国的城乡迁移、家庭和性别*. 北京：生活·读书·新知三联书店.

陈嘉映.（2009）.《感觉与可感物》读后. *世界哲学*，（6），30-59.

陈荞.（2014-11-25）. 我国有伴侣女性近四成遭家暴 其中仅 7%报警. *京华时报*，004.

丁吉红，赵文进，周爱保.（2010）. 农民工攻击行为的社会认知特点研究——两代农民工的调查与分析. *青年研究*，（6），23-30+94.

范宪伟.（2019）. 流动人口健康状况、问题及对策. *宏观经济管理*，（4），42-47. doi：10. 19709/j. cnki. 11-3199/f. 2019. 04. 010

国家统计局.（2023-4-28）. *2022 年农民工监测调查报告*. http://www. stats. gov. cn/sj/zxfb/202304/t20230427_1939124. html

黄列.（2002）. 家庭暴力的理论研讨. *妇女研究论丛*，（3），56-64.

赖尔.（1992）. *心的概念*. 徐大健译. 北京：商务印书馆.

姜春云，谭江蓉.（2021）. 家庭化迁移对流动女性就业质量的影响及其作用机制. *人口与社会*，*37*（5），64-77. doi：10. 14132/j. 2095-7963. 2021. 05. 006

兰孟晗.（2021）. 公安机关干预家庭暴力的困境及调适. *法制与经济*，（9），37-45. doi：10. 3969/j. issn. 1005-0183. 2021. 09. 008

李成华，靳小怡.（2012）. 夫妻相对资源和情感关系对农民工婚姻暴力的影响——基于性别视角的分析. *社会*，（1），153-173. doi：10. 15992/j. cnki. 31-1123/c. 2012. 01. 010

李春霞，杜志宇.（2012）. 农村进城务工女性社会网络构建分析——以北京地区家政服务员为例. *吉首大学学报（社会科学版）*，*33*（5），172-176. doi：10. 3969/j. issn. 1007-4074. 2012. 05. 025

李国正，王一旻.（2017）. 人口红利消失背景下农民工收入与就业率的性别差异研究. *宁夏社会科学*，（1），100-108.

李强，邓建伟，晓筝.（1999）. 社会变迁与个人发展：生命历程研究的范式与方法. *社会学研究*，（6），1-18. doi：10. 19934/j. cnki. shxyj. 1999. 06. 001

李卫东.（2019）. 流动模式与农民工婚姻稳定性研究：基于性别和世代的视角. *社会*，

（6），23-61. doi：10. 15992/j. cnki. 31-1123/c. 2019. 06. 002

李莹，刘梦 .（2014）. 中国家庭暴力问题研究探析 . *白城师范学院学报，28*（2），46-49.

罗小锋 .（2020）. *流动农民工的婚姻维系*. 北京：社会科学文献出版社 .

马春华 .（2013）. 性别、权力、资源和夫妻间暴力——丈夫受虐和妻子受虐的影响因素分析比较 . *学术研究*，（9），31-44. doi：10. 3969/j. issn. 1000-7326. 2013. 09. 005

宋月萍，张龙龙，段成荣 .（2012）. 传统、冲击与嬗变——新生代农民工婚育行为探析 . *人口与经济*，（6），8-15.

汤兆云，张憬玄 .（2017）. 新生代农民工的社会网络和社会融合——基于 2014 年流动人口动态监测调查江苏省数据的分析 . *江苏社会科学*，（5），8-15. doi：10. 13858/j. cnki. cn32-1312/c. 2017. 05. 003

佟新 .（2000）. 不平等性别关系的生产与再生产——对中国家庭暴力的分析 . *社会学研究*，（1），102-111. doi：10. 19934/j. cnki. shxyj. 2000. 01. 009

王曦影，董晓珺，夏天，乔东平 .（2019）. 性别、代际与家庭暴力的幸存者：一项基于两代受暴妇女的生命史研究 . *上海大学学报（社会科学版），36*（4），14-27. doi：10. 3969/j. issn1007-6522. 2019. 04. 002

毋嫘，洪炜，麻超，于桂新，张紫艳 .（2013）. 婚姻暴力受害者的认知及应对方式分析 . *中国临床心理学杂志*，（5），716-718. doi：10. 16128/j. cnki. 1005-3611. 2013. 05. 002

吴小沔 .（2020）. 关注亲密伴侣间的权力：胁迫控制研究述评 . *妇女研究论丛*，（6），44-55.

肖洁，风笑天 .（2014）. 中国家庭的婚姻暴力及其影响因素——基于家庭系统的考察 . *社会科学*，（11），90-99. doi：10. 13644/j. cnki. cn31-1112. 2014. 11. 010

徐安琪 .（2001）. 婚姻暴力的概念和现状 . *社会*，（2），22-25. doi：10. 15992/j. cnki. 31-1123/c. 2001. 02. 009

杨婷，靳小怡 .（2018）. 家庭压力与婚姻满意度对农民工实施婚姻暴力的影响 . *人口学刊，40*（1），33-44. doi：10. 16405/j. cnki. 1004-129X. 2018. 01. 003

郁之虹 .（2014）. 家庭系统理论视域下的家庭暴力——互动因果的矛盾循环格局 . *社会工作*，（6），82-90. doi：10. 3969/j. issn. 1672-4828. 2014. 06. 011

袁玥，李树茁，悦中山 .（2021）. 参照群体、社会地位与农民工的生活满意度——基于广州调查的实证分析 . *人口学刊*，（5），39-52. doi：10. 16405/j. cnki. 1004-129X. 2021. 05. 004

翟振武，王宇，石琦 .（2019）. 中国流动人口走向何方？. *人口研究，43*（2），6-11.

张广胜，张欢，周密，江金启 .（2017）. 农民工焦虑感会自我平抑吗？. *人口与发展*，

（3），49-58.

赵延东，何光喜，朱依娜．(2011)．预防与抑制：社会资本在婚姻暴力中的影响机制初探．*社会*，(1)，53-73. doi：10. 15992/j. cnki. 31-1123/c. 2011. 01. 004

郑功成．(2002)．*中国社会保障制度变迁与评估*．北京：中国人民大学出版社．

郑丹丹，张帆．(2020)．资源失灵与阻抗力——基于 M 村婚姻暴力现象的研究．*妇女研究论丛*，(2)，20-33.

中华人民共和国反家庭暴力法．(2016)．*中华人民共和国最高人民检察院公报，152*（3），1-4.

周林刚，陈璇．(2015)．流动妇女遭受婚姻暴力的现状及影响因素——基于江西省修水县的调查．*中国人口科学*，(2)，104-114+128.

周苗．(2015)．我国人口流动背景下的婚姻暴力现象探究．*人口与社会，31*（3），43-51. doi：10. 14132/j. 2095-7963. 2015. 03. 006

最高人民检察院．(2021)．*最高检发布 6 起依法惩治家庭暴力犯罪典型案例——家庭暴力不是家事私事 要强化公民人格权保护*．https://libproxy. wmu. edu. cn：443/rwt/CNKI/https/P75YPLUUPBZC635QPZYGG5C/xwfbh/wsfbt/202105/t20210507_517255. shtml#1

Adhia，A.，Lyons，V. H.，Cohen-Cline，H.，& Rowhani-Rahbar，A.（2020）. Life experiences associated with change in perpetration of domestic violence. *Injury Epidemiology*，*7*（1），1-7. doi：10. 1186/s40621-020-00264-z

Allen，J.，Balfour，R.，Bell，R.，& Marmot，M.（2014）. Social determinants of mental health. *International Review of Psychiatry*，*26*（4），392-407. doi：10. 3109/09540261. 2014. 928270

Biaggi，A.，Conroy，S.，Pawlby，S.，& Pariante，C. M.（2016）. Identifying the women at risk of antenatal anxiety and depression：A systematic review. *Journal of Affective Disorders*，*191*，62-77. doi：10. 1016/j. jad. 2015. 11. 014

Broderick，C. B.（1993）. *Understanding family process: Basics of family systems theory*. Beverly Hills：Sage.

Buchanan，F.，Power，C.，& Verity，F.（2014）. The effects of domestic violence on the formation of relationships between women and their babies："I was too busy protecting my baby to attach". *Journal of Family Violence*，*29*（7），713-724. doi：10. 1007/s10896-014-9630-5

Coleman，D. H.，& Straus，M. A.（1986）. Marital power，conflict，and violence in a nationally representative sample of american couples. *Violence and Victims*，*1*（2），141-157. doi：10. 1891/0886-6708. 1. 2. 141

Ferree, M. M. (1990). Beyond separate spheres: Feminism and family research. *Journal of Marriage and the Family*, *52* (4), 866. doi: 10.2307/353307

Gelles, R. J. (1983). "An exchange/social control theory." In D. Finkelhor, R. J. Gelles, G. T. Hotaling, & M. A. Strauss (eds.), *The Dark Side of Families* (pp. 151–165). Beverly Hills: Sage.

Goode, W. J. (1971). Force and violence in the family. *Journal of Marriage and the Family*, *33* (4), 624. doi: 10.2307/349435

Heath, R. (2012). *Women's access to labor market opportunities, control of household resources, and domestic violence*. Washington: The World Bank.

Hooker, L., Samaraweera, N. Y., Agius, P. A., & Taft, A. (2016). Intimate partner violence and the experience of early motherhood: A cross-sectional analysis of factors associated with a poor experience of motherhood. *Midwifery*, *34*, 88–94. doi: 10.1016/j.midw.2015.12.011

Hornung, C. A., McCullough, B. C., & Sugimoto, T. (1981). Status relationships in marriage: Risk factors in spouse abuse. *Journal of Marriage and the Family*, *43* (3), 675. doi: 10.2307/351768

Hotaling, G. T., & Sugarman, D. B. (1990). A risk marker analysis of assaulted wives. *Journal of Family Violence*, *5* (1), 1–13. doi: 10.1007/bf00979135

Kastello, J. C., Jacobsen, K. H., Gaffney, K. F., Kodadek, M. P., Sharps, P. W., & Bullock, L. C. (2016). Predictors of depression symptoms among low-income women exposed to perinatal intimate partner violence (IPV). *Community Mental Health Journal*, *52* (6), 683–690. doi: 10.1007/s10597-015-9977-y

Lu, Y., Zhang, R., & Du, H. (2021). Family structure, family instability, and child psychological well-being in the context of migration: Evidence from sequence analysis in China. *Child Development*, *92* (4), e416–e438. doi: 10.1111/cdev.13496

Lucena, K. D. T. de, Deininger, L. de S. C., Coelho, H. F. C., Monteiro, A. C. C., Vianna, R. P. de T., & Nascimento, J. A. do. (2016). Analysis of the cycle of domestic violence against women. *Journal of Human Growth and Development*, *26* (2), 139–146. doi: 10.7322/jhgd.119238

Martin, S. L., Tsui, A. O., Maitra, K., & Marinshaw, R. (1999). Domestic violence in Northern India. *American Journal of Epidemiology*, *150* (4), 417–426. doi: 10.1093/oxfordjournals.aje.a010021

McMunn, A., Lacey, R., Worts, D., McDonough, P., Stafford, M., Booker, C., Kumari, M., & Sacker, A. (2015). De-standardization and gender convergence in work-family life courses in Great Britain: A multi-channel sequence analysis. *Advances in Life Course Research*, *26*, 60–75. doi: 10.1016/j.alcr.2015.06.002

Mucci, N., Traversini, V., Giorgi, G., Garzaro, G., Fiz-Perez, J., Campagna, M., Rapisarda, V., Tommasi, E., Montalti, M., & Arcangeli, G. (2019). Migrant workers and physical health: An umbrella review. *Sustainability*, *11* (1), 232. doi: 10.3390/su11010232

Piispa, M. (2004). Age and meanings of violence. *Journal of Interpersonal Violence*, *19* (1), 30–48. doi: 10.1177/0886260503259048

Saks, E. R. (2007). *The Center cannot hold: My journey through madness.* New York: Hachette Books.

Straus, M. A. (1980). Social stress and marital violence in a national sample of American families. *Annals of the New York Academy of Sciences*, *347* (1), 229–250. doi: 10.1111/j.1749-6632.1980.tb21275.x

Tang, C. S.-K. (1999). Marital power and aggression in a community sample of Hong Kong Chinese families. *Journal of Interpersonal Violence*, *14* (6), 586–602. doi: 10.1177/088626099014006002

The Analysis of "Qualities" and "Events" in Marital Violence: A Case Study of the Marital Situation of Female Migrant Workers

Yang Ai, Huang Jiahui, Jiang Ke, Chen Li

(School of Psychiatry, Wenzhou Medical University, Wenzhou, 325035, China)

Abstract: In common parlance, the descriptions of "qualities" and "events" within marital violence are often intertwined and confused. This categorical inaccuracy frequently impedes victims from recognizing the pernicious nature of marital violence and complicates the intervention efforts of third-party support agencies. Employing techniques from philosophical analysis, this paper commences with a conceptual dissection of everyday language to expound on the distinction between “qualities” and “events” in the context of marital violence. It scrutinizes the direct and secondary harms that marital violence can inflict on victims, reveals that marital violence is not only related to the individual factors of the perpetrator but also intertwined with the social environment. Additionally, it shows that once a marital violence event occurs, there is a potential for recurrence. The victim's own initiative and coping strategies serve as the main endogenous factors in preventing further occurrences of marital violence. Victims of marital violence must transit from “being capable of describing the events of marital violence” to “being able to comprehend the qualities of marital violence” in order to motivate themselves to actively escape the abuse. In terms of exogenous factors, establishing a comprehensive and formal social support system constitutes an essential social safeguard for preventing marital violence.

Keywords: Marital Violence; Family; Female; Migrant Workers

社区心理服务模式

社区心理健康服务模式与未来发展路径：基于案例研究法的探讨*

马建青　杨　幸
（浙江大学马克思主义学院）

李晓娟**
（浙江财经大学心理健康教育中心）

摘　要　社区是社会治理的基本单元，社区心理健康服务模式的构建有助于社会治理共同体的完善。在对社区心理健康服务模式进行历史回顾的基础上，为探索当前社区心理健康服务模式的类型、特点及未来优化路径，本文通过文献资料研究、专家访谈与现场走访锁定心理健康服务典型社区，将这些社区作为研究对象，对其心理健康服务模式进行实地调查和深入分析。结果显示，当前社区心理健康服务基本分为政府购买服务模式、社区自助服务模式及综合模式三种，每种模式各有优势和不足，共同面临的问题是心理健康服务专业人员的短缺及相关经费的不足。提升心理健康服务的专业水平、在政府出资的前提下帮助社区进行合理的市场化盈利，是进一步完善社区心理健康服务、促进心理健康服务持续健康发展的关键所在。构建以政府为主导、社区为主体、社会心理健康服务机构为辅助的服务模式是提升社区心理健康服务水平的有效路径。

关键词　社区　社区心理健康　服务模式　案例研究法

社区心理健康服务是指在社区层面由专业人员提供的一系列心理健康

---

* 本文受国家社会科学基金重大项目“新时代中国社区心理学的理论建构与实践路径研究”（项目编号：22&ZD184）的资助。

** 通讯作者：李晓娟，浙江财经大学心理健康教育中心副教授，E-mail：lxj@ zufe. edu. cn。

相关服务，服务内容包括心理健康宣教、心理评估、心理咨询以及危机干预等，旨在用心理学理论来解决现实社会问题，提高社区居民的心理健康水平，培养健康心理，预防心理疾病。习近平总书记在党的十九大报告中指出："加强社会心理服务体系建设，培育自尊自信、理性平和、积极向上的社会心态。"社会心理服务体系建设是我国社会治理现代化的重要手段（辛自强，2018），社区是社会治理的基本单元，社区心理健康服务体系作为社会心理服务体系中重要的组成部分（甘义等，2019），对社区居民的认同感、归属感有明显提升作用（伍麟，曾胜，2022；杨宇琦，2023），其服务模式的有效构建有助于社会治理共同体的完善。本文在现有文献的基础上，结合实地调查与典型社区分析，探索社区心理健康服务组织部门与机构的特征、主要工作模式类型、推行效果及存在的问题，总结先进经验，明晰其优势与不足，进而结合国家政策导向，提出提升社区心理健康服务水平的有效路径，探索出具有区域特色的、高效的社区心理健康服务模式。

一 我国社区心理健康服务模式发展历程

医疗-社区模式是以精神卫生中心、综合医院精神病科为主要供给的社区心理健康服务模式，是最先得到认可的一种社区心理健康服务模式。该模式强调在社区设立的心理健康服务机构主要依托医疗卫生系统，如社区医疗中心或社区卫生服务站，提供基于临床的心理诊断、心理治疗和药物管理（吴均林等，2004）。这种模式在我国发展最早，主要面向有精神疾病或严重心理障碍的居民，具有较强的专业性和系统性，其优势在于可利用现有医疗资源，缺点是服务内容单一、资源集中于治疗、预防性不足（李荐中，2007）。近年来，随着人民群众生活水平的显著提高和政策的推进，社区心理健康服务受到越来越广泛的重视，服务对象也从患有心理疾病人群逐步扩展到全体居民，服务内容以社区居民的发展性心理咨询为主。同时，随着人口老龄化趋势加重，老年人心理健康需求引起广泛关注，而社区能够提供的实际支持供给不足，两者之间存在较大差距。在专业人员供给及精神专科医疗资源紧缺的情形下，徐莲英等（2020）提出并检验了以护士为主导的医院-社区精神心理健康服务模式，这对以往医疗-社区模式进行了有效补充。

社区自助模式与医疗-社区模式同期发展起来。徐华春和黄希庭（2007）指出，我国现阶段专业心理服务人员缺乏，精神卫生财政支持不足，将普通民众和已有资源组织起来发展非正规但有效的心理健康服务模式，是填补社区心理健康服务供给不足的可靠路径。随后，社区自助模式逐渐发展成形，成为一种依托街道、社区中心等资源，由专业社工或接受过培训的志愿者提供心理疏导的社区心理健康服务模式（魏淑华，2013）。该模式主要通过社区组织或非政府组织来推广心理健康知识、提供心理健康服务、开展心理健康教育和群体心理支持活动。这种以"社区自助"为主的社区心理健康服务模式贴近基层，方便居民就近获得支持，提高了社区居民的参与积极性和心理素质，但也存在专业化程度参差不齐、专业工作人员支持不足、资源配备不够、难以确保服务质量和效果等问题（何华敏等，2011）。

综合模式是在社区心理健康服务中，融合政府购买、医疗驱动、社区参与等多方面资源，在社区卫生服务机构内设立专业化的心理咨询与指导机构，并与基层社区资源形成合作，提供预防性与治疗性并重的综合服务，为社区居民提供更加全面的心理健康服务的有机结合模式。这种模式可以发挥各种资源优势，但起步相对较晚，地区差异性大。其中，由政府购买专业人员技术服务，政府、企业以及其他的非营利公益事业多方协同为社区居民提供心理服务的方式，是比较有效的社区心理健康服务模式（何艳丽，张瑞星，2018）。

可见，社区心理健康服务模式经历了一个从侧重精神障碍治疗到更加重视居民心理素养提升、从单一医学模式到综合服务模式的转变过程。近年来，随着人民群众对心理健康服务需求的增加以及相关政策文件的颁布，社区心理健康服务工作得到了进一步发展。例如，2018 年 11 月，国家 10 部委颁发了《关于印发全国社会心理服务体系建设试点工作方案的通知》（以下简称《方案》），《方案》的颁布标志着我国社会心理服务体系的建设进入了一个新的阶段。2019 年 6 月，覆盖我国所有省份的 50 余家社会心理服务体系建设试点地区名单公布。2020 年 4 月，《关于印发全国社会心理服务体系建设试点 2020 年重点工作任务及增设试点的通知》（国卫办疾控函〔2020〕336 号）中指出，要"继续搭建基层社会心理服务平台。试点地区依托基层综治中心或城乡社区综合服务设施等，在村（社区）建立心理咨询室或社会工作室；2020 年底前，以村（社区）为单位，建成率达 50%以上”。2021 年 3 月，《关于印发全国社会心理服务体系建设试点 2021 年重点工作任务的通知》（国卫办疾控函〔2021〕125 号）中继续强调该条。2021 年 11 月，国家卫健委公布，全国 50 多个试点地区基本已建立社会心理服务体系，完成《方案》内工作目标，其中以村和社区为单位的心理咨询室，建成率达到 80%以上。可以说在这三年里，全国试点地区已基本完成基于村和社区的社会心理服务模式的初步探索，下一步将总结试点地区经验做法，向其他城市推广。除这批试点地区以外，各地方卫生健康委员会等部门确立的省级、市级、县乡级试点地区为数更多，且呈逐年递增趋势。在此基础上，大量相关研究成果涌现，当前我国的社区心理健康服务的理论研究与实践探索正处于近二十年来发展最为快速的时期。

从近年研究进路的演变中可以看到，社区心理健康服务的工作重心正在从心理问题矫正向心理素养提升、良好心态培育的方向转移，工作目标由个体心理健康问题的解决转移到宏观层面的社会情绪、幸福感、安全感等方面问题的解决，功能定位逐渐具备全面性和科学性。社区心理健康服务日益成为社会心理服务体系建设的主要载体，在其推进上扮演着举足轻重的角色（张澜，牛思源，2024）。

纵观中国社区心理健康服务的发展历程，可见社区心理健康服务对于民众的幸福感、城市认同感及归属感的提升具有重要意义。后续需要根据不同社区对象特征及对心理健康服务的核心需求发展因地制宜的社区心理健康服务模式。鉴于此，为探索新形势新政策下社区心理健康服务模式的类型及特点，本文对厦门和杭州的 4 种典型社区心理健康服务模式进行了调研分析。

二 当前社区心理健康服务模式实证研究

（一）研究对象

通过对 3 位具有丰富社区工作经验的专家进行访谈和实地考察，按照理论饱和的原则，选取在心理健康服务模式上具有鲜明差异的社区个案。最终，根据服务模式的典型性，确定厦门 1 个街道、杭州 3 个街道作为研究对象。

案例 1：厦门市湖里区某街道。该街道位于厦门本岛的北部，下辖 18 个社区。该街道精神障碍者占比较高，心理救助服务需求较大。为提升精神障碍者及其家属应对生活困境的能力，该街道办事处设立“‘以爱之名·携手守护’××街道精神障碍社会支持项目”，由厦门市湖里区某社工师事务中心承接，一年的服务经费为 23.9 万元。

案例 2：杭州市西湖区某街道。该街道依托党群服务中心设立“心灵驿站”心理关爱空间，配置有沙盘游戏、心理测试仪、魔法书、绘画分析等各项设施。该街道配有具备专业资质的心理咨询服务人员，同时联合社会组织心理咨询师，组建心理服务工作团队。街道以网格员、平安办、卫计线工作人员、社区志愿者为兼职工作者，负责各类社会心理服务讲座活动的动员工作，发放宣传资料，普及心理健康知识；街道开通心理热线，社区专职心理服务人员定期坐班，为辖区群众开展心理健康咨询，引导有心理行为问题人员到专业机构就诊。

该街道除利用心理服务工作团队自行开展社区心理健康服务外，还通过公益创投项目的形式，向民营非营利机构（以下简称“民非机构”）购买专业性更强的心理健康服务。例如，2021 年设立针对失独家庭的“心憩之旅”公益创投项目；2023 年设立“暖阳相伴”社区探访关爱心理服务项目。

案例 3：杭州市拱墅区某街道。该街道下辖 8 个社区，每个社区的心理健康服务都包括线上和线下两部分，线上部分统一委托给心理技术服务公司，由该公司提供包括心理测评系统和心理咨询系统在内的心理服务平台，并派专人进行技术指导，街道居民注册人数达五千人左右。居民注册后可以在平台上进行心理测评、通过平台预约心理咨询、在线报名社区心理活动等，他们在平台上的互动数据能够被保存并做成心理健康档案，以实现心理服务工作的连续性和完整性。平台负责保证这些数据的安全。

同时，该公司与民非机构合作，为社区居民提供线下心理健康服务，如心理健康科普活动、心理健康讲座、面对面心理咨询等。社区与该公司和民非机构的合作合同每三年一签，通过政府专款打包购买特定的心理健康服务，如每月一次心理健康讲座、固定时间公益心理咨询等。社区或居民如需要更多的服务，则需额外支付相关费用。

案例 4：杭州市拱墅区某街道。该街道下辖 13 个社区，这些社区大部分已挂牌成立社会心理服务室。其中一个社区配备一名持有国家二级心理咨询师资格证书的编制内专业人员，该专业人员注册民非机构，依托该机构申请政府公益项目并获得一定的资金支持，以项目化运作的形式设计和开展更为系统的心理服务。民非机构虽然是体制外的机构，但它与社区融为一体，其他主要成员为体制内项目社工，并吸收社会慈善团体、社区志愿者等加入社区心理健康服务工作。除了政府公益项目经费外，社区心理健康服务还会将因心理服务工作表现优异而获得的政府奖励资金用于服务经费。

虽然该社区成立了社会心理服务室，但专业人员和项目社工的心理服务专业化不明确，更多精力被社区行政工作挤占。社区心理健康服务更多是以独立的、灵活的方式进行的，以针对一般人群、退休女性、中学生、全职妈妈、职业女性、基层工作人员、残疾人等群体的讲座或者沙龙活动为主。社会心理服务室也提供个体心理咨询服务，工作时间内的心理咨询服务不收费，但因为行政工作，咨询时间无法固定；而工作时间之外则提供时间更为固定的、收费的心理咨询服务。

（二）研究方法

本文主要采用案例研究法。案例研究法是一种常用的定性研究方法，这种方法适合对现实中某一复杂和具体的问题进行深入和全面的考察，通过案例研究，人们可以对某些现象、事物进行描述和探索（孙海法，朱莹楚，2004）。案例研究作为经验性的研究，通过收集事物的客观资料，采用归纳或解释的方式得到知识（孙海法等，2004）。本文以上述四个街道作为案例，通过现场访谈和参与观察对其心理健康服务状况进行资料收集和分析，总结其服务模式的特点、优势、不足、影响因素以及提升方案，为社区心理健康服务的进一步发展提供有益的思考和借鉴。

（三）研究结果

1. 社区心理健康服务的模式类型

（1）政府购买服务模式

国家22部委联合颁发的《关于加强心理健康服务的指导意见》（国卫疾控发〔2016〕77号）指出："各级政府及有关部门要发挥社会组织和社

会工作者在婚姻家庭、邻里关系、矫治帮扶、心理疏导等服务方面的优势，进一步完善社区、社会组织、社会工作者三社联动机制，通过购买服务等形式引导社会组织、社会工作者、志愿者积极参与心理健康服务，为贫困弱势群体和经历重大生活变故群体提供心理健康服务，确保社区心理健康服务工作有场地、有设施、有保障。”案例 1、案例 3 均属于这种模式，但两者具体的服务模式又有所不同：案例 1 主要通过设立公益创投项目的形式来购买服务，案例 3 主要通过心理健康服务整体外包的模式来提供服务。

第一种类型：公益创投项目。

公益创投是指政府与公益组织或社会机构合作，通过政府投资社区心理健康服务项目的形式，提升社区居民的心理健康水平。项目需求通常由市、区（县、市）、街道（镇、乡）等根据实际需要设立并公布，有具体的工作任务设置和量化考核指标。民非机构或社会企业组织申报，获项目立项后提供专职人员，同时可以聘请兼职人员或招募志愿者。公益创投项目服务对象为辖区内各街道或各社区的居民，涉及各种形式的心理健康服务，如心理咨询、心理健康知识宣传、心理活动开展等。项目承担者需主动走进街道或社区提供专业服务，街道或社区则承担活动宣传、居民组织、场地提供等服务。项目完成时间一般为一年，每个项目的经费一般在几万元到几十万元之间。

调研发现，设立公益创投项目是许多社区采用的心理健康服务模式。例如，案例 1 中厦门市湖里区某街道办事处的“‘以爱之名·携手守护’××街道精神障碍社会支持项目”，一年的服务经费为 23.9 万元，为街道内 300 名精神障碍患者及其家属提供社会支持。2022 年，杭州市临安区公布的公益创投项目“老年人心理辅导与关爱项目”，最高资助经费为 5 万元。2021 年杭州市西湖区某街道为失独家庭购买心理服务，年资助额度为 3 万元。

政府设立公益创投项目的优势在于，这类项目往往由社区根据实际需求设立，使得心理健康服务更具针对性、更加贴近社区居民的实际情况，并且社区居民还可以参与项目的制定、实施和评估过程，增强了项目的可持续性和有效性。同时，公益创投项目通常还会整合多方资源，包括政府资金、社会捐赠、志愿者力量等，可以有效提升心理健康服务的质量。另外，通过公益创投项目，社区可以培育自己的心理健康服务机构，促进心理健康服务的长期发展，提升其可持续性。然而，公益创投项目往往针对具体人群的具体问题，服务范围窄，无法覆盖所有需要心理健康服务的人群，这可能导致一些社区成员无法获得足够的心理健康支持。另外，由于不同项目涉及的服务提供者和机构各不相同，服务质量可能存在差异。而且公益创投项目的效果评估也存在困难，因为心理健康服务的影响通常是长期的，且服务效果受多种因素影响。因此，如何客观评估项目的成效是一个挑战。

第二种类型：心理服务整体外包。

此种模式下，政府（一般为街道）出资直接委托第三方，将包括心理服务规划、心理服务宣传、心理知识讲座、心理咨询等在内的所有心理服务通过服务合同外包给社会民非机构，社区对其进行管理、监督和考核。案例3即采用该模式。政府打包购买服务，“包”外的服务需要社区或居民额外付费，例如，案例3中，民非机构每周为社区居民提供两次免费心理咨询，如果需要更多的咨询场次，则需要社区根据市场价支付相关费用。在心理服务整体外包模式下，民非机构提供专职人员，同时从医院、高校聘请兼职人员或组织志愿者。街道或社区提供心理咨询和心理活动的场地，机构在街道范围设置不同的服务点，机构有时还会提供心理服务智慧平台或心理测评仪器，政府可以租赁或购买。

这种模式也在很多社区得到应用，社区与民非组织、社会心理咨询机构合作，为社区居民提供专业化、标准化的心理健康服务。该模式主要具有以下优势。第一，专业性较强。政府购买的服务通常由专业心理健康服务机构提供，心理健康服务质量较高。第二，标准化程度较高。政府购买服务通常有一定的规范和标准，确保服务的质量和效果。第三，财政支持较稳定。政府购买服务能够通过财政资金支持，保障服务的稳定性和持续性。该模式的主要局限在于以下几个方面。第一，资源限制。政府购买服务受到财政资金限制，导致服务范围有限，无法满足所有社区居民的心理健康需求。第二，缺乏灵活性。政府购买服务通常较为刻板，机构只能提供合同规定的心理服务，在应对复杂的心理健康问题时可能缺乏灵活性。第三，时效性短。政府购买服务往往缺乏对居民的长期心理支持，使得心理健康服务缺乏持续的跟踪和长期效果。这种短期内看似高效的服务模式，长远来看可能无法满足居民持续发展的心理健康需求。

（2）社区自助服务模式

此种模式下，社区培育或引进专业心理社工，鼓励他们牵头成立心理服务工作站（室），负责社区心理服务工作，并允许该类工作室向社会开放，工作人员在非工作时间通过提供心理服务适度赢利。案例 4 即属于该模式。社区心理服务工作站（室）主要通过申请政府公益项目、政府投资、在非工作时间提供心理服务适度赢利等途径获取运营资金。工作站（室）的人员构成包括从现有社工中发展的“项目社工”或面向社区招募的志愿者。

社区自助服务模式可以更好地针对社区的具体需求提供个性化的心理健康服务，能够有效利用社区资源，提供低成本的心理健康服务。但对社区专业人员的配备要求高。同时，有些社区可能因为人手不足或管理能力不足，无法平衡社区心理健康服务和其他工作之间的关系，例如，案例 4 的社区工作人员需要将大量时间和精力投入其他行政事务中，在心理健康服务并未纳入社区考核指标的情况下，很难保证社区心理健康服务的稳定性和常态化。

采用社区自助服务模式提供心理健康服务对社区提出了更高的要求，完全采用这种模式的社区较少，案例 4 在社区自助心理健康服务方面进行了有益尝试。为了解决专业性的问题，社区自助服务往往会与政府购买服务相结合，从而形成一种综合模式。

（3）综合模式

综合模式是指社区自助服务和政府购买服务相结合，以发挥二者的优势，弥补各自不足的一种模式。社区设置有全日制专职心理服务专业人员岗位，由其承担部分心理服务工作，对于一些需要高投入或专业技术要求更高的心理服务工作，通过政府购买服务的方式吸引专业机构和人员参与。案例 2 采用的社区心理健康服务模式即综合模式。

综合模式可以更有效地利用资源，提高服务的成本效益。政府购买服务可以确保服务的基本水平，而社区自助服务则可以在此基础上提供更具针对性和个性化的服务，满足社区不同居民的需求。从案例 2 社区的心理健康服务效果来看，社区工作人员的工作满意度和社区居民对心理健康服务的满意度都较高。然而，社区自助服务和政府购买服务这两种服务模式之间可能存在服务重叠的现象，需要社区的积极配合和调节。另外，该模式需要社区在购买服务的同时配备心理健康服务场所和具备心理服务资质的专业人员，对社区的场地要求、专业人员要求及资金要求都较高。

2. 社区心理健康服务模式取得的实际成效

以上三种模式，是经过实践探索与检验的具有区域特色的、因地制宜的、可有效落地实施的可行性方案。

（1）服务规范性提升

通过各级政府把心理服务体系建设工作经费列入区、街道以及部门财政预算，聘请专业机构或组织、构建全日制专责岗位开展社区心理健康服务，有效提升了服务工作内容的规范性。一般来说，社区心理健康服务主要方式需要包含心理健康宣传教育与心理健康咨询两种。前者以展板宣传、现场测量、专家讲座等形式开展，旨在让社区居民了解心理障碍预防、心理自助及危机干预等相关知识，提高居民心理健康素养，促进和谐社会建设。后者针对常见心理问题、心理疾病康复等进行一对一咨询、现场心理咨询、网络心理咨询、电话咨询、团体心理辅导，以及举办面向特殊人群的主题工作坊，旨在帮助社区居民解决常见的心理问题，提高心理健康水平，改善人际关系，增强社会适应力。

要完成这些工作，就需要有具备相当专业水平及充足时间的专职人员。研究显示，规范化程度不高、人员配备不足、全职率低是导致社区居民乃至部分社区工作人员对服务效果不认可的主要因素（王琰等，2018；张瑞凯等，2010）。通过案例分析的实践探索可以发现，发挥党委和政府的领导、主导作用，在政府主导下进行资源的协调、整合与共享，引导多方参与、合作，能够显著提升心理健康宣传教育与心理健康咨询这两大社区心理健康服务主要工作的规范性和完成度。专业人员及全日制专职人员的参与，在很大程度上提高了社区心理健康服务的规范性，是经过实践检验的、有效的社区心理健康服务实践路径。

（2）服务专业性增强

案例中，政府购买服务的共性特质在于对合作机构选拔要求高、考核严，同时有针对服务内容的细致、明确的设置。该模式的实施在服务专业性上呈现明显的提升，展示出独特的优势。政府购买服务的主要内容包括心理知识科普、心理讲座、心理测量、心理帮扶（如个体咨询、团体心理咨询、心理健康教育）、心理问题转介等。服务的主体一般包括专业心理咨询师、医护人员（如精神病院或精神卫生中心医护人员、综合医院内的精神科或心理科医护人员及其他科室受过心理服务专业训练的医护人员）、受过相关专业培训的社会工作者、心理学工作者、心理学爱好者等。社区心理健康服务的对象主要关注普通居民群体，处理一般心理问题，注重短期疗效，以缓和不良心境、增加正性情绪、排解心理困扰等目标为主。

这些专业工作，绝非一般的心理学爱好者、短期培训上岗人士、心理学及社会工作专业本科实习生、短期兼职的专业人员、全职但未接受相关培训的社区工作人员所能胜任。由专业、有经验的人员来带领、驻扎、教学、长期且持久地开展工作，对于做好社区心理健康服务至关重要（徐华春，黄希庭，2007）。而上述人群是社区心理健康服务工作人员的主要组成部分（何华敏等，2011；卢雪，2023；辛自强，2018）。提高社区心理健康服务从业者的专业技术水平，可有效提升社区居民的心理健康水平，提升社区心理健康服务效能（孙倩，卓东玲，2019）。政府购买服务、社区自助服务及二者综合这三种模式下的新型社区心理健康服务模式，通过严格筛选、优中选优的标准，淘汰及规避掉了大量资质不达标、专业不过关、质量无保障的社会机构，在很大程度上提高了从业人员的专业水平。同时，对合作机构的服务内容设置明确的规范和标准，并进行间歇性抽查与考核，显著提升了服务质量，保证了服务效果。

（3）服务供需差减弱

近二十年来，大量专家学者关注并研究了社区居民心理卫生服务需求与社区心理健康服务供给之间的差距问题。在社区心理健康服务建设初期，吴均林等（2004）测量了深圳市社区居民对社区心理卫生服务的需求，高达 86%的被试表达了强烈需要，但彼时社区心理健康服务建设还未引起足够关注，尽管当地社区医护人员数量基本上能满足增设该服务的需要，也因缺乏必要的设施及培训未有开展，社区心理健康服务供需差距很大。刘影和张灵聪（2010）调研经济较发达的 6 个中国沿海大中城市社区居民心理服务需求发现，近六成人需要心理服务支持，但社区工作者难当重任，其整体学历、能力、知识结构等都与社区建设发展的需求不匹配，虽然社区心理健康服务工作已有开展，但很不到位，存在供与需的显著差异。潘孝富和朱新田（2012）调查了全国 16 省市社区居民的心理健康服务需求，与汪依帆等（2014）、张斌和杨凤池（2016）针对上海、北京城市社区居民的调查结果相似：社区居民对开展心理健康服务有强烈的需求，但满意度不高。整体来说，近二十年来面向中国各地社区居民的心理健康服务需求调查结果显示，社区心理健康服务工作亟待开展，在社区现有医疗体系中引入心理健康服务的内容已成为当务之急（方芳，杨沛樱，2021；麻超等，2016；宋秀丽，2020；韦志中等，2019；张曼华等，2013）。本文案例中，参与了社区心理健康服务的企业、社会组织、社会工作者、志愿者、社区居民，在社区心理健康服务效果及满意度方面都表达出较高的评价，说明通过政府主导，由社区落实心理健康服务提供的模式，有效提升了社区心理健康服务的普及性、普惠度和民众对其的认同感。本文案例中的社区心理健康服务模式以预防和干预导向为主，主动贴近社区居民，营造良好的社区心理支持资源环境，聘请专业人员提供咨询，使服务有效地贴近和到达社区居民，帮助提升其心理健康水平，符合人民群众对社区心理健康服务的需求。

3. 不同社区心理健康服务模式面临的共同问题

社区心理健康服务虽然取得了一定的成绩，但总的来说，尚处于初步探索与模式构建的阶段。本文分析的三种模式各有优势和短板，同时也面临一些共性问题。

（1）活动经费不足

虽然各级政府把心理服务体系建设工作经费列入区、街道以及部门财政预算，但社区心理健康服务仅为社会心理服务的一部分。承担社区心理健康服务的机构或组织认为政府所给经费不能完全满足居民的心理服务需求，特别是个体心理咨询服务方面。在对杭州三个社区工作人员的访谈中，他们都提到了资金的问题。即使在政府资金支持较为充足的社区，如案例 3 社区，通过技术公司配备了先进的社区心理服务平台系统，但与该社区合作的民非机构工作人员依然提到，如果仅靠政府资金，民非机构的心理服务工作很难往深处和广泛开展，甚至机构本身的存续都会面临困难。他们希望政府加大投资力度或鼓励社区心理健康服务商业化，将政府资助和居民自费相结合，并拓宽资金支持渠道，以提升社区心理健康服务的可持续性和效果。

在资金不足的情况下，职员很难保持必要的合作精神和服务质量，从而影响整体服务效果，这与以往研究结果是一致的（陈传锋等，2007）。但与此同时，也应警惕外包机构为追求利益最大化，服务方向偏离居民真正需求。如何确保服务真正符合居民的需求，防止商业化导致的服务偏差，同样是需要重点关注的问题。

（2）专业人员缺乏

案例 4 中社区工作人员提到，社区缺乏心理服务的专门编制和岗位，缺少专门从事这一工作的体制内社工。在心理健康服务未纳入社区考核指标的情况下，社区对配备具有心理学专业背景的社工和对普通社工培训的积极性都不足，重视程度不够。从事心理健康服务的项目社工通常还要负责其他社区事务，导致心理健康服务人员流动快，无法形成稳定的工作机制。社区引进的专业人员数量有限，对其他兼职心理健康服务人员也缺少必要的系统培训。有的社区心理服务站甚至只是挂牌，并无相关专业人员。

相关文献研究也表明，服务专业性配备不足会导致社区居民乃至部分社区工作人员对心理健康服务效果的不认可。具体原因往往与全日制从事社区心理健康服务的人员少、从业人员专业化和规范化程度不高等有关（王琰等，2018）。不同社区在实践中共同指出，专业人员的缺乏是影响社区心理健康服务持续性和长效性的核心因素。外包的心理服务往往缺乏对居民的长期心理支持，使得心理服务缺乏持续的跟踪和长期的效果。这种短期内看似高效的服务模式，长远来看可能无法满足居民持续发展的心理健康需求，也使心理健康工作缺乏可持续发展的力量。

（3）社区居民对心理健康的认知不足

当前的社区心理健康服务中，居民对心理健康的认知普遍不足，这导致了对心理健康问题的忽视和误解，也加剧了相关的误解和污名化。虽然居民对心理健康服务的需求整体偏高且呈日益增长趋势，但对于何时寻求帮助以及如何获取服务的了解相对较少。此外，研究还发现只有少数居民能够正确评价自身的心理健康状况，而大多数人对心理健康问题的理解不足，这与以往研究结果相一致（张澜，牛思源，2024）。这种信息缺口现象的普遍性在很大程度上降低了社区心理健康服务的有效性和普及性。

另外，心理健康问题的污名化是社区心理健康服务面临的一个重要挑战。污名化不仅影响社区居民寻求心理帮助的意愿，还影响他们对心理健康服务的态度和支持。虽然心理健康知识普及是社区心理健康服务的两大核心任务之一，但要改变民众的心理健康观念，仍需要时间和努力（甘义等，2019）。

（4）社区基层组织配合度不高

基层组织作为社区心理健康服务的直接实施者，其配合度直接影响到服务的覆盖面和效果。然而，案例分析调研结果显示，在实际操作中，其配合度往往不高。不同社区的心理公益项目承担者共同反映的情况包括：他们到一些社区从事心理服务工作时，社区工作人员并不愿意提供场地，也不愿意帮助宣传或组织居民参加，因为这对社工而言是额外的工作量，会增加他们的工作负担。所以，一些社区自己无法提供心理健康服务，而对由政府出资的“免费服务”又不配合。通过调研了解到，其原因主要有以下三点。第一，资源配置不足。社区基层组织常常缺乏必要的资金、人员和场所，使其难以承担起提供心理健康服务的责任，这与徐砺和唐海波（2021）的研究结果一致。第二，态度和认知问题。社区工作人员认为这些被认知为“分外之事”的社区心理健康服务工作不与任何激励与奖励绑定，因此缺乏动员社区居民参与的积极性。这种态度直接影响了社区心理健康服务的推广和居民的参与度，许多可能受益的社区居民失去了接触和应用社区心理健康服务资源的机会，这在一定程度上加剧了社区居民对心理健康问题认识的不足和污名化。第三，标准化和专业化不足。社区心理健康服务在大部分基层社区中才刚刚起步，标准化和专业化程度不足，服务往往与居民期待存在差距。部分社区场所和设备比较简陋，无法满足专业心理健康服务的需求（张斌，杨凤池，2016）。这不仅降低了服务的专业性，也影响了居民对社区心理健康服务的信任和依赖。

上述问题是我国社区心理健康服务发展尚处于初级阶段所带来的，是发展过程中的正常现象。为了更好地响应党和国家加强社会心理服务体系建设的要求，更快地推动社区心理健康服务工作发展，探索符合国情和当前社区特点的社区心理健康服务模式已成为当务之急。

三 社区心理健康服务模式未来发展路径

如何提升心理服务的专业水平，以及如何在政府出资的前提下实现合理的市场化盈利，以使心理服务能持续健康地发展，是进一步完善社区心理服务必须思考的问题。通过现场调研和文献梳理，发现构建以政府为主导、社区为主体、社会心理服务机构为辅助的社区心理健康服务模式，是提升社区心理健康服务水平的有效路径（见图1）。

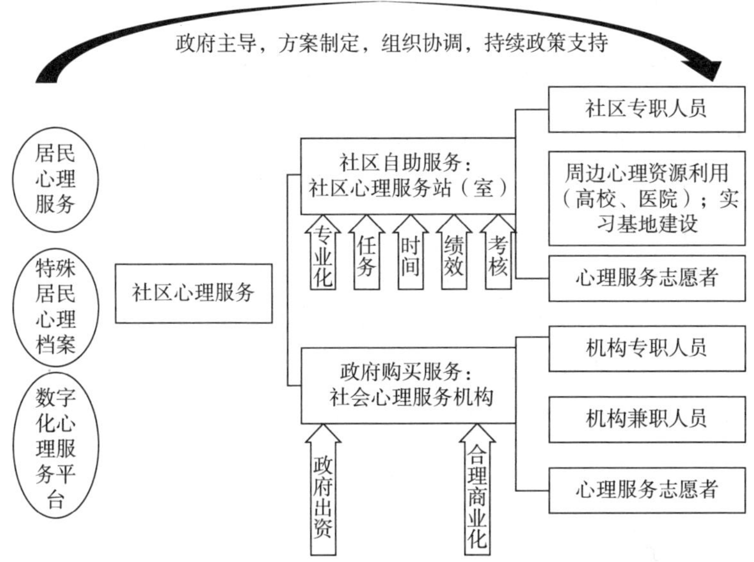

图 1　社区心理健康服务未来发展路径

（一）发挥政府主导作用，保证持续的政策和资金支持

结合文献研究来看，学界也普遍认为政策支持是社区心理健康服务发展的重要保障。尽管中国政府已开始重视心理健康领域的政策制定，但相关政策的实施效果和社会支持体系的完善程度不足（马含俏，张曼华，2020；王大华等，2014）。研究通常指出，缺乏持续的政策支持和资金投入是制约社区心理服务发展的主要因素（陈颜璋等，2017）。

无论是社区自助服务模式还是政府购买服务模式，都离不开政府的主导。政府主导的意义在于：一是可以通过政府力量引导社区基层组织对心理服务工作的重视；二是可以明确牵头单位以利于工作的组织和开展；三是可以把握社区心理健康服务的正确方向。政府主导及持续的政策支持有利于社区心理健康服务的持续发展，直至社区心理健康服务真正融入社区工作，成为社区工作必要的一部分，列为社区工作考核指标的重要内容之一。政府应扮演社区心理健康服务工作的监督者和指导者的角色，建立管理和监督体系，确保服务的质量和效果；政府应出台政策，吸引并引导具有心理学及相关专业背景的人才加入社区心理健康服务行业；政府应建立有效的激励机制，为社区心理健康服务人员提供明确的职业发展路径和晋升机会，提升其职业归属感和心理服务的积极性。

（二）创造条件，加快心理社工专业化进程

心理社工专业化意味着社区工作人员具备心理健康服务所需的专业心理学知识和技能，能够更好地开展心理健康服务工作，提升服务质量，更有效地帮助社区居民解决心理问题。心理社工专业化需要基层组织和政府重视社区心理健康服务，在编制相对紧张的情况下能引进具有心理服务相关资质的专业人员或投入必要的资金为现有社工提供持续的专业培训。同时，社区需要明确心理健康服务的相关工作任务和具体工作时间，保证心理健康服务不受社区其他事务影响。此外，还需明确工作绩效，完善激励机制，以提高心理社工的工作积极性。

（三）加强协作，进一步引进社会服务力量

社区应充分利用周边高校、医院的心理学专业力量，以弥补自身专业力量的不足。相关专家、医生和教师可以为社区提供专业的学术支持和咨询服务，协助社区开展心理健康讲座、工作坊等活动。高校还可以鼓励心理学专业学生到社区实习，一方面提高学生实践能力，另一方面为社区补充专业力量。医院的心理科或精神科可以提供临床支持，如诊断和治疗严重心理疾病，为社区提供转介服务。社会心理服务机构可以为社区提供心理咨询、心理评估等专业的心理服务，与社区心理健康教育活动形成互补。此外，社区还可以充分吸收社会公益组织、社会慈善组织、心理服务志愿者等社会力量，形成社区心理服务专业团队。

（四）解放思想，推动社区心理健康服务合理商业化

从全国社区心理健康服务的现状来看，政府出资是社区心理健康服务的主要资金来源。随着社会发展和社区心理健康服务工作的深入开展，应允许或鼓励相关心理服务机构在为社区居民提供额外的高质量心理服务的前提下进行合理的收费，使心理服务机构能更好地生存和发展，从而进一步促进社区心理健康服务持续健康地发展。这也是未来社区心理健康服务发展的趋势之一。

社区心理健康服务的发展是一个系统工程，需要各方共同努力。通过

不断探索和创新，未来的社区心理健康服务将会更加完善，将为广大社区居民提供更多更优质的心理健康服务，并为促进社区和谐和民众幸福做出更大的贡献。

作者贡献和利益冲突声明：马建青负责研究的构思、设计，提供了其2022年在全国社区心理学年会上的报告《中国社区心理服务发展的模式与未来路径》的PPT文稿，并对整个写作过程进行指导，对全文进行修改、润色；杨幸负责文献综述与论文理论部分的主要撰写工作，并负责论文内容与格式的校对；李晓娟负责数据的收集、分析、解释和论文实证部分的主要撰写工作。马建青、李晓娟参与典型案例的访谈。本文所有作者均无利益冲突。

参考文献

陈传锋，武雪婷，严建雯 .（2007）. 国外社区心理健康服务研究综述 . *宁波大学学报（教育科学版）*，（5），10-15.

陈颜璋，余祖伟，杜伟珊 .（2017）. 近十五年国内社区心理健康服务研究现状及展望 . *钦州学院学报，32*（9），90-95.

方芳，杨沛樱 .（2021）. 基于居民需求的社区心理健康服务体系构建 . *沈阳大学学报（社会科学版），23*（2），179-184. doi：10. 16103/j. cnki. 21-1582/c. 2021. 02. 011

甘义，凌辉，张建人，刘佳怡，林红，申改华，彭双 .（2019）.“由心而服”的社区心理健康网格化服务体系初探 . *社区心理学研究，7*，45-63.

国家卫生计生委、中宣部、中央综治办、民政部等 22 个部门 .（2016-12-30）. *关于加强心理健康服务的指导意见* . http://www. nhc. gov. cn/jkj/s5888/201701/6a5193c6a8c544e59735389f31c971d5. shtml

何华敏，胡春梅，胡媛艳 .（2011）. 重庆市不同地区居民社区心理健康服务现状评价 . *中国公共卫生，27*（3），293-296.

何艳丽，张瑞星 .（2018）. 老年人群心理健康现状及服务模式分析与思考——以河南省调查为例 . *河南社会科学，26*（9），89-93.

李荐中 .（2007）. 我国社区心理咨询工作开展现状及改进策略 . *中国全科医学*，（11），871-873.

刘影，张灵聪 .（2010）. 中国沿海大中城市社区心理健康服务需求现状调查 . *内江师范学院学报，25*（6），88-91.

卢雪 .（2023）. 开封市社会心理服务体系建设初探 . *开封大学学报，37*（4），28-30.

马含俏，张曼华 .（2020）. 我国社区心理健康服务体系研究 . *医学与社会，33*（8），67-72.

麻超，骆丹，周旭峰，张天文，胡亮，向英 .（2016）. 石河子市社区老年人的心理服务需求分析 . *兵团教育学院学报，26*（2），31-35.

潘孝富，朱新田 .（2012）. 城市社区居民心理健康服务需求状况分析 . *湘南学院学报，33*（4），28-31.

宋秀丽 .（2020）. 承德市社区居民心理健康服务的供需现状与对策研究 . *高等继续教育学报，33*（2），54-58.

孙倩，卓东玲 .（2019）. 广州市社区心理健康服务开展情况调查 . *社区医学杂志，17*（11），627-630. doi：10. 19790/j. cnki. JCM. 2019. 11. 02

孙海法，朱莹楚 .（2004）. 案例研究法的理论与应用 . *科学管理研究，22*（1），116-121.

孙海法，刘运国，方琳 .（2004）. 案例研究的方法论 . *科研管理，25*（2），107-112.

王大华，肖红蕊，祝赫 .（2014）. 老年人心理健康服务模式探讨——社区层面的实践与解析 . *老龄科学研究，2*（12），59-65.

王琰，李小平，范鑫 .（2018）. 上海市心理卫生机构开展心理健康服务的发展现状 . *中国心理卫生杂志，32*（2），95-100.

汪依帆，王伟，何燕玲，严非，刘萍，缪栋蕾 .（2014）. 上海市社区就诊居民心理健康服务需求调查 . *医学与社会，27*（4），82-85.

韦志中，邓伟平，卫丽 .（2019）. 东莞市社区居民的心理健康服务需求与积极心理资本的关系研究 . *保健医学研究与实践，16*（4），36-41+46.

魏淑华 .（2013）. 社区心理健康服务的现状与发展策略——以山东省济南市为例 . *济南大学学报（社会科学版），23*（4），76-80.

吴均林，周指明，巫云辉，陈劲，何艳，李森 .（2004）. 城市社区心理卫生服务现状研究 . *中国公共卫生管理*，（4），389-390. doi：10. 19568/j. cnki. 23-1318. 2004. 04. 061

伍麟，曾胜 .（2022）. 社会心理服务体系建设的治理逻辑与实践路径 . *学习论坛*，（3），88-95. doi：10. 16133/j. cnki. xxlt. 2022. 03. 010

辛自强 .（2018）. 社会心理服务体系建设的定位与思路 . *心理技术与应用，6*（5），257-261. doi：10. 16842/j. cnki. issn2095-5588. 2018. 05. 001

徐华春，黄希庭 .（2007）. 国外心理健康服务及其启示 . *心理科学*，（4），1006-1009.

doi：10. 16719/j. cnki. 1671-6981. 2007. 04. 049

徐砺，唐海波 .（2021）. 四川省城市社区心理健康服务现状调查 . *绵阳师范学院学报，40*（12），147-152+155. doi：10. 16276/j. cnki. cn51-1670/g. 2021. 12. 024

徐莲英，刘蕾，陈翠萍，陈娟 .（2020）. 以护士为主导的医院-社区精神心理健康服务模式的构建与实践 . *护理学杂志，35*（1），1-4.

杨宇琦 .（2023）. 社会心理服务：城市民族社区治理的路径创新 . *民族学刊，14*（10），77-87+155.

张斌，杨凤池 .（2016）. 北京城市居民社区心理健康服务需求及满意度调查 . *中国全科医学，19*（7），848-852.

张澜，牛思源 .（2024）. 健康中国视角下社区心理健康服务体系建设路径研究 . *成都大学学报（社会科学版）*，（3），117-128.

张曼华，张婉奇，刘婷，杨凤池 .（2013）. 北京市农村社区心理健康服务需求分析 . *医学与社会，26*（12），77-80.

张瑞凯，戴军，李红武 .（2010）. 社区心理健康服务实施现状及发展困境——基于北京164 个社区的实证研究 . *社会工作（下半月）*，（5），42-45.

Exploring Community Mental Health Service Models and Future Development Pathways: A Case Study Approach

Ma Jianqing, Yang Xing
(School of Marxism, Zhejiang University,
Hangzhou, 310058, China)

Li Xiaojuan
(Mental Health Education Centre, Zhejiang University of
Finance and Economics, Hangzhou, 310018, China)

Abstract: Communities are the bedrock of social governance, and the formulation of community mental health service models is essential for enhancing the efficacy of community governance. This study builds upon a historical examination of these models to explore their various forms, features, and prospects for future optimization. Through a meticulous process of literature review, expert consultations, and field visits to exemplary community settings, this paper investigates and deeply analyzes their mental health service models. Findings suggest that current community mental health services predominantly consist of three models: government-purchased services, community self-help services, and an integrated approach, each presenting unique advantages and facing distinct challenges. The common challenges include a shortage of mental health professionals and inadequate funding. Elevating the professionalism of mental health services and fostering market-driven profitability in communities, underpinned by governmental support, are key to the enhancement and sustainable growth of community mental health services. Establishing a service model governed by the state, driven by the community, and supported by social psychological service agencies emerges as a potent approach to elevating the standards of community mental health services.

Keywords: Community; Community Mental Health; Service Model; Case Study Method

乡村基层群众的社区参与及其心理机制：基于风险关联日常的视角*

尹可丽**

（云南师范大学教育学部）

杨若婷

（大理大学学生工作处，云南师范大学教育学部）

摘　要　社区参与是基层群众自治机制健全和运作良好的重要指标，提升乡村社会治理水平需要促进基层群众的社区参与。本研究通过问卷调查考察白族、傣族的村民、村干部在新冠疫情风险情境中的社区抗疫参与行为，分析社区感、集体效能感等因素与社区参与的关系；通过访谈白族村民日常情境中的社区参与行为，讨论日常情境与风险情境社区参与行为的关联性。结果显示：社区感是新冠疫情风险情境中，白族与傣族村民社区参与的"启动器"，其能增强集体效能感进而间接影响村民的社区参与。日常情境的社区参与为风险情境的社区参与提供了组织行为基础和情感基础，是乡村社会基层群众自治的关键要素。

关键词　社区参与　社区感　集体效能感　基层自治机制

社会治理是新时代中国式现代化进程中，国家安全和社会稳定的重要保障。当下中国的社会治理更加关注基层群众自治力量。党的二十大报告指出，"积极发展基层民主。基层民主是全过程人民民主的重要体现。健全基层党组织领导的基层群众自治机制"，完善社会治理体系。党的十九大报

---

* 本文受到国家自然科学基金地区基金项目（项目编号：72061012）的资助。

** 通讯作者：尹可丽，云南师范大学教育学部教授，E-mail：yinkeli@ ynnu. edu. cn。

告提出“打造共建共治共享的社会治理格局。……加强社区治理体系建设，推动社会治理重心向基层下移，发挥社会组织作用，实现政府治理和社会调节、居民自治良性互动”。从强调政府、社会、居民良性互动的社会治理，到要求健全完善基层群众自治机制，当下中国城乡社会治理重心进一步下移。如何增强社区群众自我管理、自我服务、自我教育、自我监督的实效，成为社会治理研究的重要课题。

社区参与是指个人参与到对之产生影响的组织、项目和环境的决策过程（Wandersman，1984），因其涉及自我管理、服务、教育与监督等，是基层群众自治机制健全和运作良好的重要指标。基层群众的社区参与不仅对国家安全、社会稳定有重要意义，对群众自身的心理健康也有独特价值。然而，由于务工人口外流和农村文化生活式微，农村社区群众自治遇到了诸多困难。较多研究主张将新乡贤视为解决乡村社会治理问题的重要参与者、推动者（张军，2023）与协同力量（曾凡木，2022）。一项对丹巴县藏族群众行使参与权的研究说明，基层群众行使参与权是创新社会治理模式的积极因素（黄微，周良艳，2015）。我们认为，村民作为乡村基层群众的主要组成部分，其社区参与的心理机制和行为方式在很大程度上影响着社区治理成效，是基层党组织引领、新乡贤嵌入村民实现自治的关键要素。

乡村社区基层自治机制的健全完善，需要充分研究乡村基层群众自治的社会文化心理，深入调查和分析基层村民社区参与的心理机制。2020 年新冠疫情肆虐，我们得以从风险情境视角考察村民的社区抗疫参与及其与社区感、集体效能感的关系。进一步地，为了解释风险情境中社区抗疫参与行为，又将风险情境与日常情境联系起来，考察日常情境中的社区参与行为给风险情境中的社区参与行为提供了什么样的支撑。基于此，本研究以村民在日常情境和风险情境中的社区参与为研究视角，选取了文化传统保存较为完好的白族和傣族村庄作为研究对象。通过问卷调查和深度访谈，深入了解民族地区乡村基层群众社区参与的现状及其影响因素，进而为完善乡村基层群众自治机制提供心理学的理论依据和实证支持。

一　社区参与相关研究及问题提出

社区参与是指社区成员积极参加有关社区生存、发展等公共事务的义务社会行为，包括身体体验、心理体验、社会体验和社区体验（Millner et al.，2019）。乡村基层群众的社区参与是指村民在村干部的带领下参与到村庄生存、发展等公共事务的义务社会行为。社区参与的主体是村庄居民，社区参与不仅包括日常情境下村务活动的参与，还包括在风险情境中，即新冠疫情时期的社区抗疫参与行为。

（一）社区参与的影响因素

影响居民社区参与的因素较多。比如，社区治理中的多元主体之间的关系会影响居民进行社区参与（吴晓林，郝丽娜，2015）。另外，受地方性知识的影响，传统的家庭本位关系、社区认同度及传统文化习俗等方面都会影响村民的社区参与（贾春，2019）。对河南部分农村居民的调查显示，农村居民社区治理的参与度普遍较低，政治参与度不高、文化参与严重不足、网络参与处于初级阶段（韩江风，2019）。农村居民社区参与不足，是农村社区自治发展的障碍。本研究重点考察影响社区参与的心理变量，聚焦探索社区感与集体效能感对社区参与所具有的积极作用。

1. 社区感与社区参与的关系

社区感是围绕成员或归属的凝聚力，特别是基于共同的历史、兴趣或关切而建立的情感联系（Perkins et al.，2002）。Sarason（1974）首次提出社区感的概念，并将其定义为觉察到与他人的相似性，认同与他人的相互依赖关系，给予他人所需要的帮助，愿意共筑一种相互依赖的关系，将自己认知为从属于大型的、可依靠的、稳固的团体中的一员而产生的情感。成员资格、影响力、需要的整合与满足、共同的情感联结是社区感形成和发展的四个关键因素（Chavis & Wandersman，1990）。尽管一些研究者对这一四因素模型存在争议，但它仍是研究社区感的基本理论框架。许多研究证实社区感与人们的社区参与行为呈正相关，人们对社区的责任感使他们更积极地参与到社区志愿服务中来（Omoto & Snyder，2002）。一项元分析指出，社区意识和社区参与之间存在中等强度的正相关关系（Talò et al.，2014）。

2. 集体效能感与社区参与的关系

以实现自治为目标的社区参与往往具有集体行动的特征，需要有组织、有一定规范来推动进行。因此，对一个群体是否具有参与社区自我管理的能力和信心的体验，即集体效能感这一问题就凸显出来。集体效能感是公民对集体行动在改善社区生活方面可以发挥的作用的信念（Long & Perkins, 2003）。集体效能感代表了个体对群体促进变革能力的信念，是居民对有组织的社区行动效力的信任，是居民相信集体行动会对改善社区生活发挥作用的信念（Bandura, 1982）。仅凭批判意识和行为技巧是不会使居民参与到社区事务中来的，人们只有相信集体行动并依靠集体行动，才会有积极性的改变（Zimmerman & Zahniser, 1991）。因此，集体行动效力的感知对于倡导和维持社区组织中的社区参与是很重要的（Perkins & Long, 2002）。

3. 社区感通过增强集体效能感促进社区参与

Chavis 等（1986）的研究表明，社区感对集体效能感有积极作用。当居民了解到自己在所属社区中的作用，认识到自己在所属社区中负有责任和义务，认识到自己作为社区的一员应该为社区治理做出贡献时，他们就会自觉地承担责任，并自愿参与到社区公共事务中来。社区感促使居民产生参与集体行动的信心和能力。Sampson 等（1997）发现邻里集体效能感与组织参与、邻里关系、邻里服务存在正相关关系。这些研究说明，社区感对社区参与的影响，可能存在集体效能感的中介作用。

（二）研究问题的提出

社区感、集体效能感均被证实与社区参与有密切关系。然而，较多相关研究是在西方国家的社区中完成的。对于中国社区，特别是乡村社区居民的社区感、集体效能感等状况缺乏实证研究证据。另外，社区感、集体效能感是否单独对社区参与发挥作用呢？先前的研究并未区分日常生活情境下的社区参与和风险情境下的社区参与。2020 年至 2022 年的新冠疫情，使全社会陷入与日常生活不同的特殊状态之中，乡村也未能幸免。我们需要对风险情境与日常情境下的社区参与、影响因素，以及两种情境中的社区参与的关联性进行深入分析，才能较为完整地理解村民社区参与的特征及条件，进而更深入地把握村民社区参与的心理机制，为村民自治实践提供参考。

二　风险情境中村民的社区参与及影响因素

Khongsai 等（2021）调查了在新冠疫情时期的社会干预和参与，确定了 5 个 S，即隔离（Segregation）、敏感化（Sensitization）、社交围栏（Social Fencing）、团结（Solidarity）和社会服务（Social Services）。本研究将社区抗疫参与行为确定为村民在风险情境下社区参与的一种具体形式，通过问卷调查，考察白族、傣族村寨村民的社区抗疫参与行为，以及社区感、集体效能感对这一行为的影响。

（一）研究对象

访谈对象：云南省大理白族自治州白族村寨的 50 名村民、西双版纳傣族自治州傣族村寨的 30 名村民，其中有 20 名为村干部。

问卷调查对象：采取方便抽样的方法，2021 年 5 月，以大理白族自治州白族村寨、西双版纳傣族自治州傣族村寨的常住村民为被试，总计发放《村民社区抗疫参与行为问卷》1300 份，最后获得有效问卷 1140 份。男性 544 人，女性 596 人，年龄分布在 18~72 岁（$M=37.87$，$SD=8.14$），其中 18~30 岁年龄阶段为 157 人（占 13.77%），31~40 岁年龄阶段为 622 人（占 54.56%），41~50 岁年龄阶段为 282 人（占 24.74%），51~72 岁年龄阶段有 79 人（占 6.93%）。傣族 390 人，白族 429 人，汉族 240 人，其他民族 81 人。

（二）研究工具

访谈提纲：访谈围绕“在新冠疫情最严重的时期，村里采取了哪些管理村民的方法？为什么要采取这些方法？”等问题。

自编《村民社区抗疫参与行为问卷》：该问卷有 18 个题项，包括帮助与支持、防控宣传、限制与排查三个维度，5 点计分，1~5 分别对应“非常不符合、不太符合、不确定、比较符合、完全符合”。该问卷的 Cronbach α 系数为 0.90。

简明社区感指数问卷（Long & Perkins，2003）：包含社会关系、相互关注、社区价值观三个维度，共 8 道题目，5 点计分。Cronbach α 系数为 0.61。

集体效能感量表（Perkins & Long，2002）：该量表为单维度量表，6 道题目，5 点计分。Cronbach α 系数为 0.83。

（三）研究程序

2021 年 3 月开展访谈。访谈结束后，先将访谈资料转为文字，然后对文本信息进行编码与分析，参考 Khongsai 等（2021）所提出的社会干预和参与 5S，通过对半结构式访谈结果的梳理，我们提出白族和傣族村寨村民的社区抗疫参与行为主要有五个维度：宣传、限制、排查、隔离、帮助与支持。

根据访谈结果编制了 40 道题目，经过与当地 2 位村民和 1 位心理学教授的讨论，对题项内容的适切性和表达的准确性进行审核与修订。最终确定了 36 个题项，形成《村民社区抗疫参与行为问卷》。问卷计分方式为李克特 5 点计分，1～5 分五个分值分别对应“非常不符合、不太符合、不确定、比较符合、完全符合”。

2021 年 7～9 月，开展问卷调查。收集问卷的形式包括入户调查和请村主任、村干部帮助发放、回收。

对问卷结果进行了共同方法偏差检验、描述性统计分析、相关分析和中介模型分析等。

（四）结果与分析

1. 村民社区抗疫参与行为的维度

对编制的《村民社区抗疫参与行为问卷》进行项目分析、探索性因素分析。通过多次探索之后，最终保留 18 个题项。问卷 KMO＝0.92，Bartlett 球形检验卡方值为 8895.77，自由度为 153，$p<0.001$，问卷题项均适合进行因素分析。18 个题项的载荷为 0.42～0.85，抽取出三个维度——帮助与支持、防控宣传、限制与排查，解释了总方差的 55%。

维度一：帮助与支持，包括村干部帮助正在进行居家隔离的人家添置生活用品，党员帮助正在进行居家隔离的人家添置生活用品，党员帮助正在进行居家隔离的村民倒垃圾，村干部帮助正在进行居家隔离的村民倒垃圾，村民自愿为村口值守工作人员捐赠物资等 5 种典型行为。

维度二：防控宣传，包括村干部入户宣传此次疫情的严重性，在村庄的宣传墙上张贴疫情防控通告，通过广播宣传新冠疫情的传染性，由诊所医生向就诊村民宣传新冠疫情防护知识（例如，宣传新冠病毒的相关信息、戴口罩的重要性、日常消毒等防护知识），村干部向每户村民发放新冠疫情防控纸质版的提示书，通过广播宣传新冠疫情的相关防护方法。

维度三，限制与排查，为防止本村人出村以及外村人进村，发动村民在村庄入口看守，村干部在村庄巡逻，发放通行证限制出行时长与次数，严禁从外地拉货物（比如蔬菜、生活用品等）进入村庄售卖，要求返乡人员自觉向村委会进行报备等。

2. 风险情境中村民社区参与及其影响因素

表 1 列出了村民社区抗疫参与行为、集体效能感与社区感的相关分析结果。社区感与集体效能感、社区抗疫参与行为的相关分析结果显示：除了村民社区抗疫参与行为中帮助与支持和社区感中的社会关系维度相关不显著（$p>0.05$），其他各维度均两两呈正相关（$p<0.01$）。

表 1　村民社区感、集体效能感与社区抗疫参与行为的相关分析

变量	1	2	3	4	5	6	7
1. 帮助与支持	1						
2. 防控宣传	0.49**	1					
3. 限制与排查	0.56**	0.63**	1				
4. 社会关系	0.04	0.16**	0.15**	1			
5. 相互关注	0.15**	0.23**	0.28**	0.26**	1		
6. 社区价值观	0.26**	0.36**	0.39**	0.20**	0.39**	1	
7. 集体效能感	0.39**	0.44**	0.50**	0.17**	0.36**	0.50**	1

注：** $p<0.01$。

为了考察集体效能感是否在社区感与社区抗疫参与行为之间有中介效应，运用潜变量结构方程建模来检验中介效应。以村民社区感作为自变量，集体效能感作为中介变量，社区抗疫参与行为作为因变量构建中介模型。结果表明，该模型各项拟合指数良好：$\chi^2/df=3.547$，CFI = 0.997，NFI = 0.980，RFI = 0.966，GFI = 0.989，AGFI = 0.975，RMSEA = 0.047。说明村民社区感通过集体效能感对社区抗疫参与行为产生正向作用，集体效能感在其中起到部分中介作用，中介效应量为 0.22。中介模型如图 1 所示。社区感对村民社区抗疫参与行为的影响是间接的，它通过增强集体效能感，进而促进社区抗疫的参与。

上述结果表明，村民的社区感与社区抗疫参与行为有正相关关系，即村民社区感越高，则会越多地参与到社区抗疫中来。社区感直接影响社区抗疫参与行为，同时可通过村民的集体效能感间接影响社区抗疫参与行为。

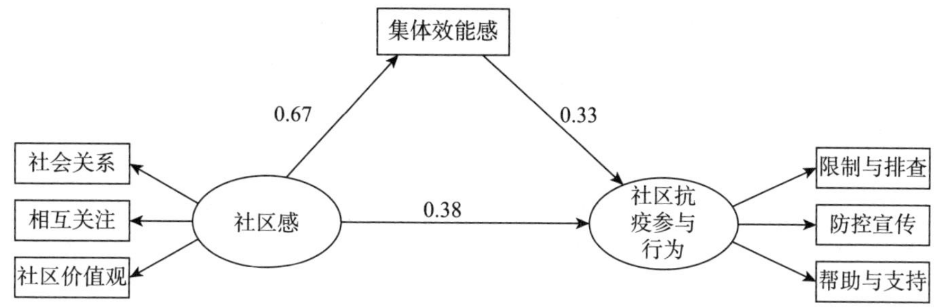

图 1　社区感影响社区抗疫参与行为：集体效能感的中介机制模型

这是因为社区感高的个体对邻里的情感依恋更强，并且更容易在内心发展出“团聚的感觉”和“集体意识”（Sarason，1974），从而这些与“我们”相关的情绪会积极影响集体效能感。集体效能感高的村民对他们所在的村寨抗击新冠疫情的能力充满了信心，从而积极主动地参与到社区抗疫的工作中来。

社区感的培养是一个需要时间的过程，其源于个体将自己视为一个可靠、稳定的团体的一部分而产生的情感认同（Sarason，1974）。此外，由社区行动的效力和集体行动改善社区生活的信念（Perkins & Long，2002）组成的集体效能感，也是个人在经历集体事件之后逐渐建立起来的。然而，社区感和集体效能感对社区抗疫参与行为的影响是暂时性的，还是基于长期积累？为了回答这个问题，我们进一步研究了日常情境中社区参与和社区感、集体效能感之间的关系。

三　日常情境中村民的社区参与及影响因素

为了考察日常情境中社区参与的类型、特征及影响因素，2021 年 9 月我们通过入户调查，选取了 22 名大理白族自治州 L 村、Y 村和 H 村三个白族村寨的常住村民作为访谈对象，其中村干部 5 名，村民 17 名，男性 17 名，女性 5 名，常用语为白族话和本地方言。通过开放式提问来了解村民参加村务活动的情况。访谈的问题强调参加村务活动的时间不是疫情期间而是之前。比如，“疫情前，您参加过村庄的村务活动有哪些？在参与这项活动的时候，你具体干了些什么事情？”。对访谈获得的资料进行主题分析，结果如下。

（一）村民在日常情境中参与社区活动的类型

白族村民的社区参与包括日常人际活动、老年群体自我管理以及村民议事与干事等村务参与活动（见表2）。

表2 白族村寨日常情境中村民参与社区活动的类型

类型	基本内容
日常人际活动	亲朋好友茶余饭后互访、晚辈探望老人、节日节庆亲朋好友聚餐、拜年
老年群体的自我管理	公共活动空间：老年活动中心 社区参与活动：聚餐、跳舞、棋牌娱乐活动 互助活动：慰问80岁以上的老人，给慰问金200元；看望生病老人，给200元互助费 资金来源：老年协会成员每年交100元的会费 资格：60岁以上可以参加老年协会，但如果不加入老年协会，就没有资格获得慰问、互助福利
学习培训及文体活动	组织村民参加旅游技能培训类的课程，鼓励村干部和党员干部外出参观学习，自发组织的文化表演队定期排练、演出
村民议事与干事	规则：村民事、村民议、村民干 参加会议：需要村民参与进来的会议主要有人大代表换届选举、户主大会、村民代表大会等 建议与规划：村民积极提出关于农田保护、集体经济发展等方面的建议。一旦好的建议通过实施产生了积极的影响，村里会给予提议者奖励。村民也可以提反对意见，也会通过不配合、找村干部闹事的方式对个人认为不合理的现象进行抗议 村集体经济资金使用表决：关于集体经济的使用权以及如何分配，需要村干部召开村民代表大会举手表决或者以签字的形式表决，才可以进行使用与分配，并有详细的会议记录。一千元以上的集体经济资金的使用都需要征得村民的同意。村里的公益设施破损、助残助贫、慰问老年人等支出要每家每户签字认可才可以
治理环境"脏乱差"	L村、Y村和H村广泛发动广大村民参加洱海源头保护治理专项行动，着力解决"脏乱差"的问题。村里设保洁员，负责公共区域卫生，各家各户有"门前三包"责任，自行负责房前屋后的扫地、清垃圾、清厕所、整理柴火等。L村全村人参与此碧湖畔种荷花活动，村庄的环境变得更加美好
传统文化活动	参与本地民俗文化节日，譬如每年农历六月二十五日火把节、此碧湖海灯会、农王庙会等。50岁以上的妇女，参加会期供会（观音会、地母会、腊八会、太阳会、龙王会）。婚丧嫁娶，尤其是丧事，每家每户都会派人手出来帮忙等
农业生产村务活动	每年灌溉水稻前，L村、Y村都遇到灌溉的问题。灌溉沟道狭窄，田与田之间的灌溉沟道会被一些杂草等堵塞，影响农民灌溉。村庄每年都需要增派大量人手去疏通农田两侧的沟道，每家每户出一个人去清沟，要让水沟畅通

（二）村民在日常情境中社区参与的影响因素

影响村民参与到村务活动中来的因素主要有：村民的社区感、集体效能感以及个人的年龄、性别等方面的特征，村干部的工作能力及工作态度，村务活动的适宜性、新颖性、多样化性质等。

1. 村民的社区感、集体效能感影响社区参与

社区感被村民提及次数最多。常年在村庄生活是村庄成员资格的重要标志。大部分村民认为对村庄的归属感会促使自己参与到村务活动中来，并且谈到自己的出生地在这里，生活在家乡使自己特别舒心，有强烈的归属感与认同感。部分不经常生活在村庄的村民、婚嫁过来的、不熟悉村里的人和事务者几乎不会参与村务活动。个人对村庄的投入使成员有强烈的团体感，让人感觉在团体中赢得了一席之地，作为个人投入的结果，成员资格会更有意义和价值。

影响力是社区感的第二个维度，“影响力”指成员不仅能够影响社区发展，而且也受到社区的影响。不管是村干部还是村民，都希望自己能对村庄产生影响，村民参与到村务活动中来主要是想通过自己的努力使其村庄往好的方面发展，反过来村庄这个“团体”也能影响村民参与到村务活动中来。具体表现在当参加某些村务活动的时候，大家都去参加你不参加“面子上会过不去”。人们认为村干部作为村庄的“领头羊”，其作用将直接影响村庄的发展，而村民的作用虽然小，但也努力地在为村庄做贡献，影响村庄的发展。如果村庄无“影响力”，就会导致村民不愿积极地参与村务活动。村庄的“影响力”需要有能力与领导力的“带头人”来统一大家的思想，从而使大家齐心协力地参与到村庄的事务中来。但是要当带头人并不容易，要统一全村人的思想是很难的。

需要的整合与满足。人们能够从成员资格中获得利益，任何团体要保持积极的团结感，必须为其成员提供奖励。5 位村干部以及 17 位村民都谈到，只有让村民从中获取到相应的利益，他们才会积极地参与村务活动。这些利益主要包括物质上的回报，比如劳动所获得的报酬、政府补助；精神上的满足，比如体会到开心等积极情绪、个人身体健康的维持等。

共享的情感联结强调基于共同的历史、相似的经历等建立的社会联系，具体指的是社区成员的互助精神和彼此相连的情感状态。参与村务活动不需要督促也不需要有任何报酬，尤其是参与人情方面的事务。这种“互助”精神在村民看来，是祖祖辈辈传承的理念、规则和风俗习惯，这是“墨守成规”的，这种互助的精神一直支持着村民参与到这些活动中来。

村庄的集体效能感主要体现在村民间互相帮助，为了改善村庄的环境卫生上山灭火、抗击新冠疫情、征地修路等情境中。几位被访者都谈到，作为一个村集体的成员，当别人有难时，会有一种信念促使自己去帮助他人。村民的社区感激发了集体效能感，从而促进了村民这种互帮互助的参与行为。在村庄中大家都会有一种“齐心协力”的信念去克服困难，这种“信念”即村民相信通过集体的行动能够对改善社区生活发挥作用。

2. 影响村民社区参与的其他因素

个人因素影响社区参与，如年龄、性别、个人品质等。在个人因素中，年龄是一个重要的因素，60 岁以上的老人基本不用参与村里的公益劳动。但老年人往往会被视为“村里经验丰富的人”。当村里有什么大大小小的事情时，都会提前问一下老年人的建议。比如，L 村在湿地公园种荷花，就是在好几个老人的指导下成功的。村里发生一些矛盾冲突的时候，老年人会出面做协调工作，因为老年人说话“会有用一点”。此外，村里开大大小小的会议，都会邀请老年人去参加，提供看法与建议。不同性别的村民所参与村务活动的情况也不同，在村里男性都会去参加一些需要“劳动力”的活儿，女性负责一些“轻巧活路”以及偏文娱性的活动。

个人品质对村民的社区参与也有一定的影响，当不涉及一些经济利益的时候，参加村务活动是看“个人的素质与修养”。此外，一个人的性格品质也是参加村务活动的驱动因素。比如 L 村里的一位护林员是退役军人，对村里的事务非常关心，并且为人也踏实肯干，与人相处友好，不会与他人起冲突，正是由于他身上的这些优良品质，村里的一些派遣类的活动常会派他去。

村干部的“官”小，影响大。村干部是否公平公正、听取民声、一心为民、踏实做事直接影响了村民是否能够积极地参与到社区治理中来。一位全心全意为村民考虑，切切实实去帮助村民解决一些问题的“好村主任”，会得到村民发自内心的接受，从而使村民积极地参与到村务活动中来，否则就是村民心中不被认可的“没有魄力、没有担当、没有能力”的村主任，这样村民也不会响应村干部的号召参与村务活动。村民的社区参与还受到活动本身的性质，如活动的新颖性、时长等，以及时间因素、家里是否有特殊的事情、政府的支持、村庄的基本条件等影响。

四　乡村基层群众社区参与的心理机制

通过上述研究，我们检验了一个由社区感、集体效能感和社区参与构成的中介机制模型，并获得了这一机制如何在日常情境与风险情境中运作的证据。由自己是村庄一员的资格、影响力、需要、情感联结等构成的社区感，不仅直接促进了村民的社区参与行为，还会因为增强了村民对村庄条件改善、有更好的服务、有更多的相互帮助、获得更多信息等的信心，即集体效能感，而使村民更多地参与到社区活动中。老年人的影响力、村干部的能力与号召力等在社区感、集体效能感影响村民社区参与的心理过程中，起到了关键的强化作用。本项研究揭示，如果没有日常时期的社区参与基础，风险时期的社区参与很难迅速开展，更难以获得全村人的心理、行动、物质、人力方面的高效的投入。这是乡村基层群众自治的一个十分重要的问题。

基于上述分析，我们发现在风险情境中村民的社区抗疫参与行为与日常情境中的社区参与存在关联。

（一）日常情境的社区参与为村民应对风险情境时的社区参与奠定了组织行为基础

组织行为主要指村寨群体在社区参与过程中所形成的规范与规则。风险时期，防控宣传是最为核心的工作。为什么宣传是村寨抗疫中最重要的问题，村干部的答案是，要宣传到位，统一全村人的思想，让所有的村民自觉地履行，减少隐患。这种做法在日常情境中有所体现，比如，一位老村长谈道，要积极与村民沟通做这件事的目的是什么，能给村民带来哪些利弊，村民只有了解清楚了，权衡之后才会愿意来参加。在日常情境中，不管大大小小的事务，只要村干部愿意耐心地与村民沟通，就与村民建立了积极的沟通习惯。

日常情境中的积极沟通方式，使得村民积极地参与到抗疫行动中。日常情境中，当村寨有需要每家每户派人出来的情况，比如，防洪、上山灭火、清理农田的沟道、村里有白事抬棺材等这一类公益性的事务时，每家每户派人规则都是派家中年轻力壮的成年男性，因为这些事务都属于“体力活”，参与者还要具备“有担当”“乐于奉献”的品质。而疫情期间，村寨采取了设卡堵路的措施，设卡处也是由每家每户派男人出来进行 24 小时轮流值守。派人的规则与日常情境中的规则一致，“男的态度要强硬一点”，在值守的时候会遇到许多冲突性的状况，如有村民不遵守设卡处规则，这个时候男性在那里的话态度会更强硬，也更有话语权。

在白族村寨，村民会普遍参与各种正式组织与非正式组织的活动。家族组织、莲花池会、老年协会等组织的出现在很大程度上弥补了农村文娱设施的不足，并且通过这种方式将村民组织起来，可以培养村民的政治意识和参与意识，在增强村民利益表达能力的同时，也加强了对村组干部处理村务的监督。另外，村寨非正式组织对村民为实现村寨的目标而行动有着积极的影响（尹可丽，2005）。因此，在日常情境中，正式组织与非正式组织活动的有序开展，使得村民参与这些活动变成生活中必不可缺的一种习惯。因此，在应对风险情境时期，正式组织与非正式组织才能有效地组织村民参与并发挥较大的作用。

（二）日常情境的社区参与为风险情境的社区参与提供情感基础

村民对村庄产生的依恋、人情关系等均可为村寨应对新冠疫情这种公共危机事件提供情感基础。归属感、依恋感以及认同感等积极情感都属于社区感的范畴（Hill & Murray，2020）。人们在社区组织内的参与有助于提高自身的社区感，之后社区参与也成为提升社区感的有利外因（Colombo et al.，2001）。对村民的访谈表明，即使没有利益上的因素，村民也会积极参与到村寨的活动中来，这源于对家乡的热爱以及归属感。此外村寨一直秉持着祖辈传下来的“互助精神”，村里一旦有需要帮忙的地方，大家都会放下家中的事情，积极地来帮忙，这些都是村里的惯习。村民在日常情境中积极的社区参与，培养了良好的社区感，从而促进社区抗疫参与行为。

五　结语

本研究得到的结果主要基于对白族村民社区参与行为及其影响因素的考察，仅为中国广大乡村基层群众参与社区治理提供了一个样本。而且，乡村基层群众社区参与的心理机制除了社区感和集体效能感的作用，可能还有其他心理因素也发挥着重要作用，比如村干部的人格与组织管理能力、利益驱动等。另外，乡村群众的社区感，与 Chavis 等（1986）所描述的社区感可能存在文化差异，这些都需要进一步的研究来回答。通过探索，本研究得到了以下有待更多研究证实及推进的启示。

乡村基层群众自治更多以日常情境中村民的社区参与行为体现出来，日常情境中的社区参与水平决定了风险发生的情形下村庄能否快速运作人力和物力资源。本研究为提高日常村民的社区参与水平，健全基层群众自治机制提供了一些启示。其一，老年人是联结村庄的历史记忆和情感的重要群体，老年人的自治群体是村庄群众自治的关键群体。要重视和加强老年带头人和自治群体的影响力。这不仅是健全自治机制的需要，更是延续中国乡村传统文化的需要。其二，要关注村民社区感的培育以提高社区参与度，社区感是社区参与的内在动力之一，而积极有效的社区参与反过来又能提升社区感。这就需要社区基层干部加强社区文化建设，完善社区公共基础设施，增加文体活动的种类，使活动多样化，促进全民参与进来，从而提高社区感。其三，要增强全村的集体效能感和凝聚力。利益是激励村民参与的重要内在因素，村务活动与个人利益的联系越紧密，村民参与的意愿就越强烈。在实践中，以解决村民最关心、最迫切的利益为出发点，增强集体效能感是提升村民自治水平的有效路径。

作者贡献和利益冲突声明：尹可丽负责研究的构思与设计，指导数据的收取，数据的分析、解释以及论文撰写等；杨若婷负责数据收取、分析、解释和论文撰写。本文所有作者均无利益冲突。

参考文献

韩江风．(2019)．农村社区治理中居民参与的现状及其影响因素——基于河南省部分农村社区的调查．*湖北经济学院学报*，(6)，68-76.

黄微，周良艳．(2015)．藏族群众行使参与权对创新藏区社会治理模式的作用和启示——以甘孜藏族自治州丹巴县几起事例为据．*民族学刊，6*（4)：85-90+126-

128. doi：10. 3969/j. issn. 1674-9391. 2015. 04. 12

贾春 .（2019）. 激活社区治理内生动力 . *群众*，（23），55-56.

吴晓林，郝丽娜 .（2015）.“社区复兴运动”以来国外社区治理研究的理论考察 . *政治学研究*，（1），47-58.

尹可丽 .（2005）. 傣族村寨的组织管理模式及社会取向 . *云南民族大学学报（哲学社会科学版）*，（4），33-35. doi：10. 3969/j. issn. 1672-867X. 2005. 04. 006

张军 .（2023）. 新乡贤的嵌入与乡村治理结构的转型——基于两个村庄的比较分析 . *社会发展研究，10*（1），191-206+245-246.

曾凡木 .（2022）. 制度供给与集体行动：新乡贤参与社会治理共同体的路径分析 . *求实*，（2），84-96+112. doi：10. 3969/j. issn. 1007-8487. 2022. 02. 007

Bandura，A. J. A. P.（1982）. Self-efficacy mechanism in human agency. *The American Psychologist*，*37*（2），122-147. doi：10. 1037/0003-066x. 37. 2. 122

Chavis，D. M.，& Wandersman，A.（1990）. Sense of community in the urban environment：A catalyst for participation and community development. *American Journal of Community Psychology*，*18*（1），55-81. doi：10. 1007/bf00922689

Chavis，D. M.，Hogge，J.，McMillan，D.，& Wandersman，A.（1986）. Sense of community through Brunswick's Lens. *Journal of Community Psychology*，*14*（1），2440. doi：10. 1002/1520-6629（198601）14：13. 0. CO；2-P

Colombo，M.，Mosso，C.，& De Piccoli，N.（2001）. Sense of community and participation in urban contexts. *Journal of Community & Applied Social Psychology*，*11*（6），457-464. doi：10. 1002/casp. 645

Hill，N.，& Murray，K.（2020）. Psychological sense of community and values：Understanding attitudes towards people seeking asylum and Australia's First Nations People. *Australian Psychologist*，*55*（4），349-362. doi：10. 1111/ap. 12459

Khongsai，L.，Anal，T.，A S，R.，Kh，T. S.，Shah，M. K.，& Pandey，D.（2021）. Combating the spread of COVID-19 through community participation. *Global Social Welfare: Research*，*Policy & Practice*，*8*（2），127-132. doi：10. 1007/s40609-020-00174-4

Long，D. A.，& Perkins，D. D.（2003）. Confirmatory factor analysis of the sense of community index and development of a brief SCI. *Journal of Community Psychology*，*31*（3），279-296. doi：10. 1002/jcop. 10046

Millner，U. C.，Woods，T.，Furlong-Norman，K.，Rogers，E. S.，Rice，D.，& Russinova，Z.（2019）. Socially valued roles，self-determination，and community participation among individuals living with serious mental illnesses. *American Journal of Community Psychology*，*63*（1-2），32-45. doi：10. 1002/ajcp. 12301

Omoto, A. M. , & Snyder, M. (2002). Considerations of community the context and process of volunteerism. *American Behavioral Scientist*, *45* (5), 846-867. doi: 10. 1177/00027642 02045005007

Perkins, D. D. , Hughey, J. , & Speer, P. W. (2002). Community psychology perspectives on social capital theory and community development practice. *Journal of the Community Development Society*, *33* (1), 33-52. doi: 10. 1080/15575330209490141

Perkins, D. D. , & Long, D. A. (2002). Neighborhood sense of community and social capital: A multi-level analysis. In Bess, K. D. , Fisher, A. T. , Sonn, C. C. , & Bishop, B. J. (eds.) *Psychological sense of community: Research, applications, and implications* (pp. 291-318). Boston, MA: Springer US.

Sampson, R. J. , Raudenbush, S. W. , & Earls, F. (1997). Neighborhoods and violent crime: A multilevel study of collective efficacy. *Science*, *277*(5328), 918-924. doi: 10. 1126/science. 277. 5328. 918

Sarason, S. B. (1974). *The psychological sense of community: Prospects for a community psychology*. Jossey-Bass.

Talò, C. , Mannarini, T. , & Rochira, A. (2014). Sense of community and community participation: A meta-analytic review. *Social Indicators Research*, *117* (1), 1-28. doi: 10. 1007/s11205-013-0347-2

Wandersman, A. (1984). Citizen participation. In K. Heller, R. Price, S. Reinharz, S. Riger, & A. Wandersman (eds.), *Psychology and community change: Challenges of the future* (2nd ed. , pp. 337-379). Homewood, IL: Dorsey Press.

Zimmerman, M. A. , & Zahniser, J. H. (1991). Refinements of sphere-specific measures of perceived control: Development of a sociopolitical control scale. *Journal of the Community Psycholgoy*, *19* (2), 189-204. doi: 10. 1002/1520-6629 (199104) 19: 2

Community Participation of Rural Grassroots People and Its Psychological Mechanism: Based on the Perspective of Risk Related Day-to-day

Yin Keli,
(Faculty of Education, Yunnan Normal University, Kunming, 650500, China)
Yang Ruoting
(Student Affairs Office, Dali University, Dali, 671003, China; Faculty of Education, Yunnan Normal University, Kunming, 650500, China)

Abstract: Community participation is an important ind icator of the sound and functioning of the self-government mechanism of the grassroots. To improve the le-vel of rural social governance, it is necessary to promote community participation of the grassroots. This study investigated the community anti-epidemic participation behaviors of Bai and Dai villagers and village cadres in the risk situation of COVID-19, and analyzed the relationship between community sense, collective efficacy, and community participation. Through interviewing Bai villagers' community participation behaviors in daily situations, the correlation between daily situations and community participation behaviors in risk situations is discussed. The results show that the sense of community is the "starter" of community participation in the COVID-19 risk situation of Bai and Dai villagers, which can enhance the sense of collective efficacy and indirectly affect the community participation of villagers. Community participation in daily situations is the key element of grassroots autonomy in rural society and provides the basis of organizational behavior and emotion for community participation in risk situations.

Keywords: Community Participation; Sense of Community; Collective Efficacy; Mechanisms for Grassroots Self-Governance

修身立德，笃行致远：中庸思维与公共服务动机的关系研究*

于海涛** 原 悦

（温州大学教育学院）

徐 凯

（洛阳师范学院教育科学学院）

摘 要 儒家的修身之道为个人发展提供了重要指导，是自我完善和道德发展的基石。本研究从修身视角出发，探究中庸思维与公共服务动机的关系以及自我意识和道德同一性在二者之间的中介作用，采用问卷调查对其进行实证检验。结果显示，中庸思维、公共服务动机、自我意识与道德同一性之间均存在显著正相关，基于私我意识和公我意识的链式中介效应显著，以私我意识为中介的链式中介效应量更高。本研究丰富了中国文化背景下的公共服务动机研究，对进一步了解和提升大学生公共服务动机有一定促进作用。

关键词 中庸思维 公共服务动机 私我意识 公我意识 道德同一性

一 引言

（一）研究背景

Perry 和 Wise（1990）将公共服务动机（Public Service Motivation）定义

---

* 本文受到浙江省哲学社会科学规划重大项目（项目编号：21XXJC04ZD）和浙江省普通本科高校“十四五”教学改革项目（项目编号：jg20220505）的资助。

** 通讯作者：于海涛，温州大学教授，E-mail：20190011@ wzu. edu. cn。

为“个人对重要或特有公共服务部门和组织的倾向性反应”，是一种甘愿为公共利益牺牲的利他动机。在跨文化的公共服务动机相关研究中发现，由于文化背景不同，公共服务动机的概念解释和分析框架存在差异，研究文化本位的公共服务动机为大势所趋。儒家文化中的“仁、义”囊括了公共服务动机的基本特征，也就是内部情感的“善”和外部规范的“善”，“仁义”和私利之间起冲突时，通过自我调控能够使二者变得和谐（李明，2014；杨宜音，2014）。中庸强调多方协调和整体性，是儒家文化的核心概念，拥有中庸思维的个体在协调冲突方面更具优势，能够更好地理解公共服务的意义和价值，从而提升公共服务动机。以往研究大多侧重于考察公共部门人员的公共服务动机（邓帅，2023；杨开峰，高灿玉，2023），对更广泛群体下的公共服务动机提升研究较少。中国学者曾军荣（2008）强调，公共服务动机是在文化、制度和社会价值的影响下，人们积极投身于公共服务事业，并注重自我道德修养，在维护公共利益的同时实现个人价值的一种内在动机。这种动机具有利他性与普遍性，并不仅仅存在于公共部门。大学生作为即将步入社会的预备军，公共服务动机可以促进他们参与社会公共事务，从中提高组织能力和协调能力，明确自己的职业方向和社会责任，进而更好地实现自我价值。因此有必要对大学生公共服务动机进行研究，同时也对公共服务动机本土化提出挑战：在中国文化情境下应如何为“公”？如何提升大学生公共服务动机水平？本研究结合大学生的发展特点建构中国文化背景下的公共服务动机提升路径。

（二）中庸思维与公共服务动机的关系

文博和陶磊（2022）探究中国情境下的公共服务动机理论建构时，提出公共服务动机受到所处文化的影响，在不同的文化背景下，学者们对公共服务动机的研究不尽相同。在国外，当涉及文化对公共服务动机的研究时，大多基于宗教信仰、个体文化（Kim et al.，2022），与中国的文化价值观存在差异，中国文化强调集体主义和团队合作，公共服务动机通常与社会利益和集体目标相关联。这种价值观受中庸文化影响，中庸强调整体性与和谐性，在为人处世时倾向于与外界保持一致，能够为维护公共利益做出适当让步，出现集体主义行为（杜旌，姚菊花，2015）。若自我利益和社会利益产生冲突，人们秉承“和”的思想，通过权衡利弊，找到一个相对平衡的解决方案，在维护社会利益的同时也能够满足个人利益，或是将社会或集体目标视作自己的目标，达到“天人合一”的境界，做到这一点需要人们用中庸思维来为人处世（杨宜音，2014）。中庸强调整体性，在追求公共服务的利他动机和个人利益的利己动机之间能够找出一个平衡之道，从个人权利和公共义务、短期利益和长远发展等多个方面寻求平衡。通过这种平衡观念的培养，大学生可以更好地理解公共服务的意义和价值，从而提升公共服务动机。由此，我们假设中庸思维能够提升大学生公共服务动机。

（三）中庸思维与公共服务动机的关系：道德同一性的作用

个体中庸了之后就一定为公吗?《大学》中“修身齐家治国平天下”思想表明个体在做出一番大作为之前需要进行自我完善。儒家的“仁义”与公共服务动机内涵存在诸多相似，但更多的是对西方公共服务动机的超越。仁、义包含道德性，德是个体人格成长过程中践行公共服务的标准，道德形成需要修身，修得好则“济天下”，否则就“善其身”（李明，2014）。中庸个体可以在把握好道德自律的同时指导和规范道德实践，最后达到修身的最高境界——“慎独”，即人应言行一致、表里一致。这与西方的道德认同有异曲同工之妙（Aquino & Reed，2002），二者均含有将道德内化于一体之意。道德同一性是指一个人的自我概念与道德相融合的程度，Steven 和 Tobias（2016）发现道德同一性水平较高的个体会表现出更多的亲社会相关行为。Perry（1996）认为人的道德和环境的交替刺激会使公共服务变得“道德化”，从而产生义务感和承诺。也就是说，个人的道德感是公共服务动机的一个重要内驱力。道德感水平高的人拥有更坚定的信仰，能够超越自身利益服务公众。道德同一性便是将道德融入自我同一性中，Nasir 和 Kirshner（2003）认为道德同一性是有关个体自我思考和愿意成为什么样的人的自我概念，是道德理想与个人自我同一性的整合。拥有道德同一性的个体其信念更加坚定连续，个体只有把自己的道德整合进自我同一性才更有可能引发道德信仰和道德行为（杨开峰，杨慧珊，2021；Hart，2005；Steven & Tobias，2016）。这无疑对个体的自我整合和目标意识提出更高的要求。在有关道德的自我整合中，人们不断在意识中心思考“我想成为什么样的人?”“我渴求成为哪一种‘我’?”等问题。

（四）中庸思维与公共服务动机的关系：公我意识与私我意识的作用

自我意识通常被视为“自我概念”的一个子概念，而道德同一性是个体的自我概念和道德相融合的程度。从 Hart（2005）的道德同一性模型中得出，道德同一性受个体因素和社会因素影响，这意味着自我意识在形成道德同一性时发挥着重要作用。自我意识能够使个体关注内在想法与感受，将道德放在自我概念的中心，对道德同一性的形成有促进作用。此外，道德自我也是由社会建构的，是在文化、机构和人际关系中形成的。这需要个体有意识地思考在社会和人际关系中自己是什么样的人，通过综合各个方面的评价并进行自我反思与整合，从而做出符合社会和他人期待的道德行为。Fenigstein 等（1975）将自我意识分为“公我意识”和“私我意识”，私我（private self）是他人所不能看到的隐秘一面的自我，公我（public self）则是与他人密切相关的自我部分。私我意识是指“个体关注自己的感受、自己的评价标准，如自身的感觉、态度和价值观等”；公我意识则是指“个体关注别人如何看待自己以及他人的评价标准”。研究表明，中国人的私我意识要高于公我意识（李娇等，2013）。吴佳辉和林以正（2005）认为，个体在运用中庸思维时，会通过不断自省调节自己的行动，以确定自身行动是否合乎“和”的目标，并且通过顾全多方利益的处世之道解决问题。换言之，在中庸思维的影响下，个体不仅要对内在自我进行觉察调整，还要根据外界环境约束和改变自身行为。这体现出儒家文化具有高度的道德理性，即通过内心修养和不断反思实现自身道德与外界相融合（施炎平，1994）。可以说，道德理性是在道德的基础上加入了能动性：私我意识高的人倾向于向内觉察，让行为符合自身道德准则；公我意识高的人更关注外界对自己的看法，行为更多受外界规范影响。因此，中庸思维对公共服务动机的影响通过自我意识和道德同一性发挥作用。

Fenigstein 强调，私我意识与公我意识同时存在于一个人身上，但是其大小程度和注意倾向不同（杨中芳，林升栋，2012；Fenigstein et al.，1975），所发挥的作用也可能不尽相同。倾向于私我意识的个体更关注自己的内心想法、感受，他们主要关注主观的我，通过注意和综合自身的信息内容，逐渐认识了解自己，进而达到同一性；倾向于公我意识的个体则更多关注他人对自己的看法或评价，他们会将自己看作一个社会客体，处理和整合在人际关系中表现出来的自身信息。二者虽都是自我关注，但整合的信息不同，因而将公我意识和私我意识作为两个变量分别探讨。

（五）研究假设

根据埃里克森的社会心理发展理论，大学是自我意识发展和完善的一个至关重要的阶段，其任务是确定社会角色并实现自我整合，这一整合过程即自我同一性的过程（Erikson，1963）。自我同一性整合完成较好的大学生具有较强的自我意识，能够通过整合自己和他人对自己的评价来客观认识自己、评价自己，并通过他人认可和社会接受的方式来实现自我（刘佳，2010）。在道德同一性形成的路径中，个体需要将道德放在意识中心，并对自身价值、信仰、本质等有一个较为统一完整的认识，这在客观上保证了自我概念与道德的有效融合，也就是说，自我意识是道德同一性形成的基础，它决定了客观的道德价值是否能够进入道德主体的认知中。因此关注主观我的私我意识能够促进道德同一性的形成（万增奎，2009）。中庸个体的思维从二元对立逐渐执中适度，在修身的过程中通过反省适时做出调整以达到内在和谐，逐渐形成自己的道德标准，完成道德同一性。若没有处理好，可能会陷入自我混乱的危机（埃里克森，1998）。在多元文化的冲突作用下，理想道德自我易分散、不够整合，从而出现道德自我扩散；若在外界灌输下短时间内接受一定的道德规范（例如，接受父母的价值观），却没有进行自我反省和思考，将会形成道德同一性早闭，这类个体在成长过程中遇到挫折更易半途而废，在与人交往时通常缺乏理解和包容。因此，过早确定道德同一性不利于个体后期发展，应避免出现早闭，在多方探索和思考后形成自己的道德同一性。拥有中庸思维的个体擅长协调各方、内外整合，相较于中庸思维低的个体，他们更有可能很好地完成道德同一性，达到道德知行合一，这促使个体产生公共服务动机并做出更多与道德相一致的利他行为（赵琛徽，翟欣婷，2020）。

公我意识倾向于关注客体自我，在道德同一性形成过程中同样发挥作用。例如，吴思和郭丹丹（2018）在研究游客不文明行为时指出，公我意识高的游客自我印象管理更强，会启动道德同一性使得内在道德标准更加突出，表现出更多的道德行为。换句话说，公我意识高的人往往更关注他人和社会对自己的评价，通过提高自我监控水平来提升外在道德标准与自身道德理想一致的水平，从而产生道德行为，因此，公我意识能够影响道德同一性。跨文化研究反映出，在儒家思想尤其是中庸思维的作用下，个体更注重自我与社会和谐（Ralston et al.，1992），通过提升个体公我意识，积极展示自我并进行印象管理（Lee-Won et al.，2014）。此时的个体更容易启动道德同一感，开拓出道德关怀视野，通过道德标准规范自己，激发自身的公共服务动机，做出更多公共服务行为。

综上，我们提出以下假设：中庸思维能够正向预测公共服务动机；私我意识/公我意识、道德同一性在中庸思维与公共服务动机中链式中介效应显著。

二　研究方法

（一）研究对象

本研究从多所高校选取 375 名在校大学生作为研究对象。收回问卷共 365 份，整理后有效问卷为 291 份。其中，男生 80 名（27.49%），女生 211 名（72.51%）；年龄范围在 17～24 岁，平均年龄为 20.51±1.541 岁；117 名居住在城镇（40.21%），174 名居住在乡村（59.79%）。本研究经温州大学伦理委员会审核通过。

（二）研究工具

1. 中庸思维量表

采用杜旌和姚菊花（2015）修订的中庸思维量表。单维度结构，共 8 道题，采用 5 点计分，题目如“为人处世时，要平衡（如平衡自己和环境）”。平均分越高代表中庸程度越高。本研究中 Cronbach α 系数为 0.89。

2. 大学生公共服务动机量表

采用包元杰和李超平（2016）参考 Kim 等（2013）的公共服务动机跨文化量表（Public Service Motivation Scale，PSMS）编制的短版中文公共服务动机量表（PSM-8）。共 8 道题，5 点计分，题目如“我愿意为了社会公益付出个人努力”，平均分越高代表公共服务动机越高。本研究中 Cronbach α 系数为 0.86。

3. 自我意识量表

采用 Fenigstein 等（1975）编制、蒋灿（2007）修订的自我意识量表。量表共 17 个项目，采用 5 点计分，其中 7 个项目测量“公我意识”，如“我常常担忧如何给别人留下一个好印象”；10 个项目测量“私我意识”，如“我在意自己的做事方式”。题目如“我从来不会反省自己”和“我一般很少意识到自己”为反向计分题，最后计算各维度总分和平均分。本研究中公我意识、私我意识维度的 Cronbach α 系数分别为 0.80、0.75。

4. 道德同一性量表

采用 Aquino 和 Reed（2002）编制、万增奎和杨韶刚（2008）修订的道德同一性量表（the Moral Identity Scale，MIS）。该量表中的特质有“关爱的、有同情心的、善良的、友好的、助人的、公平的、慷慨的、勤奋的、诚实的、孝顺的”，包括内在化道德同一性（internalization）和表征化道德同一性（symbolization）。量表共包括 10 个题项，采用 5 点计分，题目如“成为一个拥有这些特质的人对我来说很重要”。其中反向计分题包含“成为一个拥有这些特征的人将会使我感到羞愧”和“拥有这些特征，对我而言不是十分重要”两个题项。平均分越高代表道德同一性越高，本研究中 Cronbach α 系数为 0.73。

三　研究结果

（一）人口统计学变量上的差异检验

采用 t 检验或方差分析比较大学生的中庸思维、公共服务动机、自我意识、道德同一性在性别、居住地、就业意向等人口学变量上的差异，如表 1 所示。

表 1　大学生中庸思维、公共服务动机、自我意识、道德同一性的人口学变量差异比较（$M±SD$）

人口变量		人数（人）	中庸思维	公共服务动机	私我意识	公我意识	道德同一性
性别	男生	80	4.21±0.65	3.98±0.62	2.85±0.47	2.49±0.68	3.71±0.49
	女生	211	4.22±0.51	4.09±0.49	2.97±0.42	2.78±0.61	3.81±0.44

续表

人口变量		人数（人）	中庸思维	公共服务动机	私我意识	公我意识	道德同一性
t 值			-0.13	-1.59	-1.97	-3.42	-1.53
p 值			0.898	0.113	0.049	0.001	0.128
居住地	城镇	117	4.29±0.57	4.14±0.55	2.98±0.47	2.77±0.66	3.89±0.46
	农村	174	4.17±0.53	4.01±0.51	2.91±0.41	2.65±0.63	3.71±0.44
t 值			1.91	2.06	1.40	1.48	3.36
p 值			0.057	0.040	0.163	0.139	0.001
就业意向	公共部门	194	4.24±0.54	4.12±0.52	2.94±0.43	2.78±0.63	3.80±0.43
	非公共部门	97	4.18±0.57	3.96±0.53	2.93±0.45	2.55±0.64	3.74±0.51
t 值			0.89	2.46	0.25	2.86	1.19
p 值			0.377	0.015	0.806	0.004	0.236

（二）大学生中庸思维、公共服务动机、自我意识和道德同一性的相关分析

为考察大学生中庸思维、公共服务动机、自我意识和道德同一性及其各维度之间的关系，采用 Pearson 积差相关分析，结果显示，中庸思维、公共服务动机、自我意识两维度和道德同一性之间两两正相关。结果如表 2 所示。

表 2　大学生中庸思维、公共服务动机、自我意识和道德同一性的相关

	中庸思维	公共服务动机	私我意识	公我意识	道德同一性
中庸思维	—				
公共服务动机	0.56**	—			
私我意识	0.34**	0.39**	—		
公我意识	0.28**	0.28**	0.51**	—	
道德同一性	0.47**	0.55**	0.41**	0.40**	—
$M±SD$	4.22±0.55	4.06±0.53	2.94±0.44	2.70±0.64	3.78±0.46

注：** $p<0.01$。

（三）私我意识和道德同一性的链式中介模型检验

将中庸思维作为自变量，大学生公共服务动机作为因变量，私我意识

和道德同一性作为中介变量进行中介模型检验，变量间的回归分析结果如表 3 所示，中介效应分析结果如表 4 所示，变量之间的路径关系如图 1 所示。

结果发现，中庸思维能够显著正向预测私我意识；中庸思维、私我意识均能够显著正向预测道德同一性；中庸思维、私我意识、道德同一性均能够显著正向预测公共服务动机。私我意识、道德同一性为单一中介的效应显著。链式中介效应显著。由直接效应和各间接效应相加可得中庸思维对公共服务动机的总效应 0.56，总中介效应占总效应的 35.71%。

综上表明，大学生私我意识与道德同一性在中庸思维与公共服务动机中起部分中介作用。

表 3 链式中介模型中变量关系的回归分析（$N=291$）

回归方程		整体拟合指数					回归系数显著性		
结果变量	预测变量	R	R^2	SE	F	p	β	t	p
私我意识	中庸思维	0.34	0.11	4.14	36.46	0.000	0.34	6.04	0.000
道德同一性	中庸思维	0.54	0.29	3.86	60.02	0.000	0.38	7.14	0.000
	私我意识						0.29	5.45	0.000
公共服务动机	中庸思维	0.66	0.43	3.21	72.76	0.000	0.36	7.11	0.000
	私我意识						0.14	2.77	0.006
	道德同一性						0.32	6.03	0.000

表 4 私我意识和道德同一性的中介效应分析（$N=291$）

	Effect	Boot SE	Boot CI 下限	Boot CI 上限	相对中介效应（%）
直接效应	0.36	0.05	0.46	0.66	—
路径 1	0.05	0.02	0.01	0.09	8.93
路径 2	0.12	0.03	0.07	0.18	21.43
路径 3	0.03	0.01	0.01	0.06	5.36
总中介效应	0.20	0.04	0.13	0.27	35.71

注：Boot SE、Boot CI 下限和 Boot CI 上限分别指通过偏差校正的百分位 Bootstrap 法估计的间接效应的标准误差、95%置信区间的下限和上限。路径 1：中庸思维→私我意识→公共服务动机。路径 2：中庸思维→道德同一性→公共服务动机。路径 3：中庸思维→私我意识→道德同一性→公共服务动机。

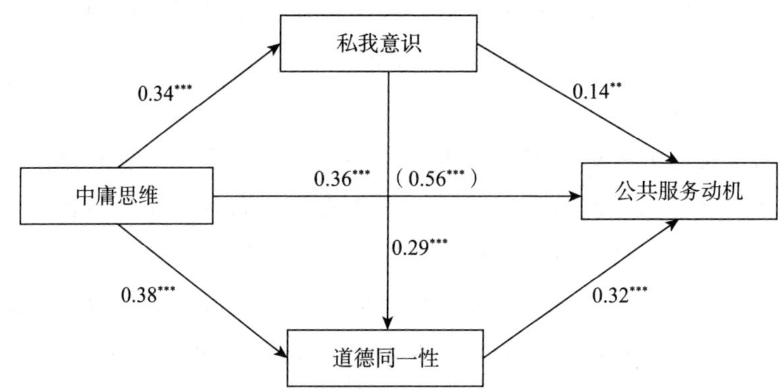

图 1　大学生中庸思维和公共服务动机的链式中介模型

（四）公我意识和道德同一性的链式中介模型检验

将中庸思维作为自变量，大学生公共服务动机作为因变量，公我意识和道德同一性作为中介变量进行中介模型检验，变量间的回归分析结果如表5所示，中介效应分析结果如表6所示，变量之间的路径关系如图2所示。

结果发现，中庸思维能够显著正向预测公我意识；中庸思维、公我意识均能够显著正向预测道德同一性；中庸思维、道德同一性均能够显著正向预测公共服务动机，而公我意识对公共服务动机没有直接预测作用。公我意识为单一中介的间接效应不显著。道德同一性为单一中介的间接效应显著。链式中介效应显著。由直接效应和各间接效应相加可得中庸思维对公共服务动机的总效应0.56，总中介效应占总效应的30.36%。

综上表明，大学生公我意识与道德同一性在中庸思维与公共服务动机中起部分中介作用。

表 5　链式中介模型中变量关系的回归分析（N=291）

回归方程		整体拟合指数					回归系数显著性		
结果变量	预测变量	R	R^2	SE	F	p	β	t	p
公我意识	中庸思维	0.29	0.08	4.33	24.24	0.000	0.28	4.92	0.000
道德同一性	中庸思维	0.55	0.30	3.84	62.11	0.000	0.39	7.58	0.000
	公我意识						0.29	5.74	0.000

续表

回归方程		整体拟合指数					回归系数显著性		
公共服务动机	中庸思维	0.65	0.42	3.25	68.55	0.000	0.39	7.51	0.000
	公我意识						0.03	0.55	0.586
	道德同一性						0.35	0.58	0.000

表 6　公我意识和道德同一性的中介效应分析（$N=291$）

	Effect	Boot SE	Boot CI 下限	Boot CI 上限	相对中介效应（%）
直接效应	0.39	0.05	0.28	0.49	—
路径 1	0.008	0.02	-0.03	0.04	1.43
路径 2	0.14	0.03	0.08	0.20	25.00
路径 3	0.03	0.01	0.01	0.05	5.36
总中介效应	0.17	0.03	0.12	0.24	30.36

注：Boot SE、Boot CI 下限和 Boot CI 上限分别指通过偏差校正的百分位 Bootstrap 法估计的间接效应的标准误差、95%置信区间的下限和上限。路径 1：中庸思维→公我意识→公共服务动机。路径 2：中庸思维→道德同一性→公共服务动机。路径 3：中庸思维→公我意识→道德同一性→公共服务动机。

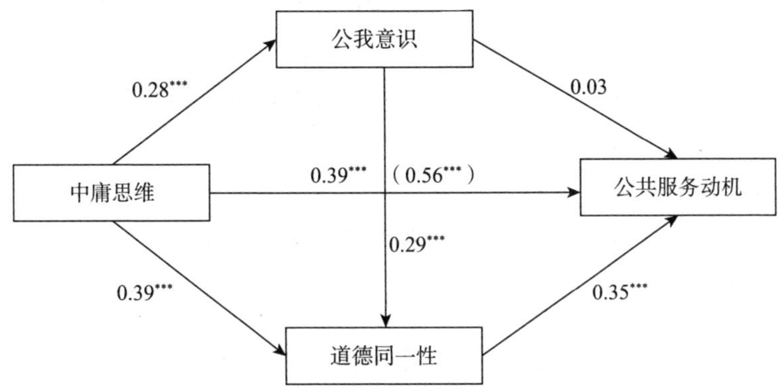

图 2　大学生中庸思维和公共服务动机的链式中介模型

四　讨论

（一）人口学变量差异分析

大学生公共服务动机在居住地上存在显著差异，具体表现为居住在城镇的大学生的公共服务动机显著高于居住在农村的大学生。根据马斯洛的需求层次理论，需求诱发动机，动机则是个体发展的内生力量（Maslow，1943）。城镇居民相较于农村居民而言，整体生活条件更好，因此生活在城镇的个体更容易实现对低层次需求的满足，转向追求更高层次的需求，进一步诱发内部动机，最后完成自我实现。在公共服务领域，若个体具有较强的自我实现需求，通常会产生强烈的公共服务动机，将自我理想与需求相关联，实现人生价值。

私我意识和公我意识均在性别上差异显著，并且女生的私我意识和公我意识均高于男生，这与大多数前人研究结果相一致。另外，从表 1 中可以看出想要去公共部门就业的大学生公我意识水平要高于想要去非公共部门就业的人（$t=2.86$，$p<0.05$）。结合中国当下就业环境和相关研究，这一现象可能是由于想要去公共部门就业的大学生认为“铁饭碗”有保障、有声誉，进入公共部门工作恰好能够帮助个体在一定程度上提升自身地位和形象，这一驱动力显然是外部利益，而非内驱力，符合自我展示理论（Lee-Won et al.，2014）。同时该结论也反映了道德同一性的必要性，公共服务动机的形成需要环境和道德相互作用，使公共服务变得“道德化”，从而产生一种义务感和承诺（Perry，1996）。也就是说，个人的道德同一性是公共服务动机一个重要的内驱力，道德感水平高的人拥有更坚定的信仰，能够超越自身利益服务公众。因此，在以公我意识为中介变量的模型中，仅仅通过公我意识到公共服务动机这一条路径是不显著的，容易以利弊衡量就业方向，只有增强自身道德同一性，才能促使个体做出承诺，进而形成公共服务动机这一内驱力。

（二）中庸思维对公共服务动机的影响分析

通过分析得知，中庸思维能够显著正向预测个体公共服务动机。具体来说，在高中庸思维取向下，个体的公共服务动机也会更强。从文化价值的角度讲，具有中庸思维的个体追求和谐性与整体性，有助于集体主义观念的形成，这种观念强调个体对集体利益的关注和贡献，而公共服务正是实现集体利益的重要途径之一。在“和”思想的影响下，人们将个人利益与社会公共利益相融合，能够做到在维护公共利益的同时也满足个人利益，由此激发个体维护公共利益的动机。从社会历史文化即制度因素来看，中庸作为中华文化的代表性思想，其所蕴含的管理智慧被历代反复挖掘，

“仁”“中庸”等传统儒家文化从古至今对中国的人民和政府官员影响深远（李明，2014），“内圣外王”和“修身齐家治国平天下”这些名言都强调人在成大事之前须修养自身品格、端正自己的思想品德，而后才能将美德彰明于天下。在这样的文化熏陶下，人们便潜移默化地形成了为国家为社会做出贡献的目标，公共服务动机也不断增强。

（三）大学生私我意识和公我意识的中介效应分析与比较

通过分析自我意识、道德同一性在大学生中庸思维和公共服务动机之间的中介作用，发现自我意识各维度与道德同一性在中庸思维和公共服务动机之间链式中介效应均显著，即中庸思维通过影响个体的自我意识来增强道德同一性，进而激发其公共服务动机，这与我们的研究假设相一致。其他研究也认为儒家的和谐观对公共服务动机有显著影响（Kim，2017），且个体对于价值和道德观的认同也与公共服务动机有积极的相关（Shim & Park，2018）。

在中国传统文化中，中庸作为儒家核心概念之一，是中国人特有的心理品质。中庸注重内省，强调为人处世时全面考虑，用和谐的思维方式解决冲突，可以通过牺牲小我以顾全大局的方式服务群众。中庸思维对公共服务动机的影响可以首先通过中庸思维的调和作用协调个人的内在情绪与外部环境，促进自我同一性发展，进而影响个体道德同一性（Hart，2005）。个体在道德认知的推动下会主动做出道德行为，从而激发公共服务动机。同时道德同一性能够为大学生转变为公务员后的职业道德奠基，进一步强化公共服务动机。这一路径与儒家传统中的“内圣外王”“修身齐家治国平天下”颇有相似之处。

进一步比较私我意识和公我意识的链式中介效应后发现，私我意识在中庸思维与公共服务动机中的链式中介效应较大。私我意识（关注自己想法、反思）高的个体能够将自身想法、价值观等放在意识中心，更可能修成慎独的境界，进而有能力实现“治国平天下”之愿景。相比之下，公我意识（关注外界对自己的看法）高的人往往会避免不合群，在与人交往时易受别人影响，可能会顺从大多数人的意见以符合情境需要（Froming & Carver，1981；Scheier，1980）。因此，倾向于公我意识的人在修成慎独时更多遵奉外界规范，所践行的道德可能是“从众”的，具有不确定性，或好或坏，没有很好地形成自己的道德价值观。不过道德的形成受环境影响，需要参照外部规范，由此来看公我意识在道德同一性形成中起到一定作用。从修身角度来讲，个体应加强自我整合与自我反省，不断修炼才能够形成好的道德，私我意识高的人更多关注自己内在的方面，他们追求绝对的真实，所以私我意识更能够促进道德同一性，从而提升公共服务动机水平。

（四）本研究的局限与展望

本研究存在一定的局限。首先，在研究中没有控制家庭相关因素对研究的影响，该因素在个体的个性成长和道德形成的过程中发挥着很大作用。其次，在被试选取方面存在一定缺陷，一是男女人数差异较大，可能会对数据结果产生一定影响；二是被试群体是大学生，其自我意识的发展与知识的吸收力正处于高盛期，中庸文化和其他外来文化可能都会对其自我意识的发展和同一性的建立产生潜移默化的影响。最后，在量表选取方面，目前没有十分契合中国文化背景的公共服务动机研究工具，这也在一定程度上对研究结果产生影响，本研究为进一步开发本土化研究工具提供参考和思路。今后研究文化与公共服务动机的关系时可以扩展到更广泛的群体，使其更具普适性；也可以结合实验研究、质性研究等进一步提供实证依据。

作者贡献和利益冲突声明：于海涛负责梳理论文思路和搭建写作框架；原悦具体执行研究设计、数据收集与分析和论文撰写；徐凯负责研究设计的指导和审阅。所有作者声明无利益冲突。

参考文献

包元杰，李超平．(2016)．公共服务动机的测量：理论结构与量表修订．*中国人力资源开发*，(7)，83-91. doi：10.16471/j.cnki.11-2822/c.2016.07.010

邓帅．(2023)．我国年轻干部公共服务动机缺失现象及其对策研究．*中国青年研究*，(11)，47-54+66. doi：10.19633/j.cnki.11-2579/d.2023.0138

杜旌，姚菊花．(2015)．中庸结构内涵及其与集体主义关系的研究．*管理学报*，*12* (5)，638-646. doi：10.3969/j.issn.1672-884x.2015.05.002

埃里克森 .（1998）. *同一性：青少年与危机*. 杭州：浙江教育出版社 .

蒋灿 .（2007）. *自我意识量表的初步修订及相关研究*. 硕士学位论文，重庆：西南大学 .

李娇，金一波，劳晓燕，严玉凤 .（2013）. 大学生害羞与自我意识情况的调查及其相关研究 . *中国健康心理学杂志，21*（8），1264-1267. doi：10. 13342/j. cnki. cjhp. 2013. 08. 029

李明 .（2014）. 公共服务动机的跨文化研究及其中国文化本位内涵 . *心理研究，7*（3），14-21.

刘佳 .（2010）. 用埃里克森自我同一性理论透视大学生自我意识的形成过程 . *高教发展与评估，26*（1），100-105+112. doi：10. 3963/j. issn. 1672-8742. 2010. 01. 016

施炎平 .（1994）. 道德理性主义：转变中的儒家人文精神——从孔子、宋儒到梁漱溟 . *华东师范大学学报（哲学社会科学版），26*（3），35-41+55. doi：10. 16382/j. cnki. 1000-5579. 1994. 03. 006

万增奎 .（2009）. 道德同一性及其建构 . *外国教育研究，36*（12），80-85.

万增奎，杨韶刚 .（2008）. 青少年道德自我认同问卷的修订 . *社会心理科学，23*（5），41-45+77.

文博，陶磊 .（2022）. 中国情境下公共服务动机的理论构建与绩效转换机制 . *心理科学进展，30*（2），239-254. doi：10. 3724/SP. J. 1042. 2022. 00239

吴佳辉，林以正 .（2005）. 中庸思维量表的编制 . *本土心理学研究，24*，247-300. doi：10. 6254/2005. 24. 247

吴思，郭丹丹 .（2018）. “到此一游”现象为何屡禁不止？——基于道德认同的视角 . *旅游学刊，33*（11），26-36. doi：10. 3969/j. issn. 1002-5006. 2018. 11. 009

杨开峰，高灿玉 .（2023）. 公共服务动机与改革态度：来自消防员的经验证据 . *上海交通大学学报（哲学社会科学版），31*（9），63-88. doi：10. 13806/j. cnki. issn1008-7095. 2023. 09. 005

杨开峰，杨慧珊 .（2021）. 公共服务动机量表的中国化 . *治理研究，37*（6），62-76+2. doi：10. 15944/j. cnki. 33-1010/d. 2021. 06. 006

杨宜音 .（2014）. 日常生活的道德意义和生命意义：兼谈中庸实践思维的构念化 . *中国社会心理学评论，8*，256-274+5.

杨中芳，林升栋 .（2012）. 中庸实践思维体系构念图的建构效度研究 . *社会学研究*，（4），167-186+245. doi：10. 19934/j. cnki. shxyj. 2012. 04. 011

赵琛徽，翟欣婷 .（2020）. 大学生公共服务动机的提升路径研究——基于道德认同和志愿服务经历的作用 . *江西社会科学，40*（3），221-233.

曾军荣 .（2008）. 公共服务动机：概念、特征与测量 . *中国行政管理*，（2），21-24. doi：10. 3782/j. issn. 1006-0863. 2008. 02. 006

Aquino, K., & Reed, A. (2002). The self-importance of moral identity. *Journal of Personality and Social Psychology*, (6). doi: 10. 1037//0022-3514. 83. 6. 1423

Erikson, E. H. (1963). *Childhood and society* (2nd edition). New York: Norton.

Fenigstein, A., Scheier, M. F., & Buss, A. H. (1975). Public and private self-consciousness: Assessment and theory. *Journal of Consulting and Clinical Psychology*, *43* (4), 522-527. doi: 10. 1037/h0076760

Froming, W. J., & Carver, C. S. (1981). Divergent influences of private and public self-consciousness in a compliance paradigm. *Journal of Research in Personality*, *15* (2), 159-171. doi: 10. 1016/0092-6566 (81) 90015-5

Hart, D. (2005). The development of moral identity. *Nebraska Symposium on Motivation*, *51*, 165-196.

Kim, S. (2017). National culture and public service motivation: Investigating the relationship using Hofstede's five cultural dimensions. *International Review of Administrative Sciences*, *83* (1), 23-40. doi: 10. 1177/0020852315596214

Kim, S., Vandenabeele, W., Wright, B. E., Andersen, L. B., Cerase, F. P., Christensen, R. K., Desmarais, C., Koumenta, M., Leisink, P., Liu, B. C., Palidauskaite, J., Pedersen, L. H., Perry, J. L., Ritz, A., Taylor, J., & Vivo, P. D. (2013). Investigating the structure and meaning of public service motivation across populations: Developing an international instrument and addressing issues of measurement invariance. *Journal of Public Administration Research and Theory*, *23* (1), 79-102. doi: 10. 1093/jopart/mus027

Kim, T., Kim, K., & Kim, S. (2022). Institutional correlates of public service motivation: Family, religion, and high school education. *Asia Pacific Journal of Public Administration*, *44* (3), 214-233. doi: 10. 1080/23276665. 2021. 1977968

Lee-Won, R. J., Shim, M., Joo, Y. K., & Park, S. G. (2014). Who puts the best "face" forward on Facebook?: Positive self-presentation in online social networking and the role of self-consciousness, actual-to-total friends ratio, and culture-science direct. *Computers in Human Behavior*, *39*, 413-423. doi: 10. 1016/j. chb. 2014. 08. 007

Maslow, A. H. (1943). A theory of human motivation. *Psychological Review*, *50* (4), 370-396. doi: 10. 1037/h0054346

Nasir, N. S., & Kirshner, B. (2003). The cultural construction of moral and civic identities. *Applied Developmental Science*, *7* (3): 138-147. doi: 10. 1207/s1532480xads0703_4

Perry, J. L. (1996). Measuring public service motivation: An assessment of constructreliability and validity. *Journal of Public Administration Research and Theory*, *6*, 5-22. doi: 10. 1093/oxfordjournals. jpart. a024303

Perry, J. L., & Wise, L. R. (1990). The motivational bases of public service. *Public Administration Review*, *50* (3), 367-373. doi: 10.2307/976618

Ralston, D. A., Gustafson, D. J., Elsass, P. M., Cheung, F., & Terpstra, R. H. (1992). Eastern values: A comparison of managers in the United States, Hong Kong, and the People's Republic of China. *Journal of Applied Psychology*, *77* (5), 664-671. doi: 10.1037/0021-9010.77.5.664

Scheier, M. F. (1980). Effects of public and private self-consciousness on the public expression of personal beliefs. *Journal of Personality and Social Psychology*, *39* (3), 514-521. doi: 10.1037/0022-3514.39.3.514

Shim, D. C., & Park, H. H. (2018). Public service motivation in a work group: Role of ethical climate and servant leadership. *Public Personnel Management*, *48* (2), 203-225. doi: 10.1177/0091026018806013

Steven, G. H., & Tobias, K. (2016). Does moral identity effectively predict moral behavior?: A meta-analysis. *Review of General Psychology*, *20* (2). doi: 10.1037/gpr0000062

Cultivating Moral Character for Achieving Greatness: The Relationship Between Zhong-yong Thinking and Public Service Motivation

Yu Haitao, Yuan Yue

(School of Education, Whenzhou University,

Whenzhou, 325035, China)

Xu Kai

(School of Educational Science, Luoyang Normal University,

Luoyang, 471934, China)

Abstract: The Confucian way of self-cultivation provides important guidance for personal development and is the cornerstone of self-improvement and moral development. From the perspective of self-cultivation, this study explores the relationship between Zhong-yong thinking and public service motivation, as well as the mediating role of self-consciousness and moral identity between the two, and conducts an empirical test through questionnaire survey. The results show that there is a significant positive correlation between Zhong-yong thinking, public service motivation, self-consciousness and moral identity. Both chains of mediating effects based on private self-consciousness and public self-consciousness are significant, and the chain mediating effect mediated by private self-consciousness is higher. This study enriches the research on the motivation of public service under the cultural background of Chinese culture, and has a certain role in promoting the further understanding and promotion of college students' public service motivation.

Keywords: Zhong-yong Thinking; Public Service Motivation; Private Self-consciousness; Public Self-consciousness; Moral Identity

社区心理服务

社区环境中孤独症儿童干预：思路与方法

陈虞滇　侯　爽　刘电芝*

（苏州大学教育学院）

摘　要　随着孤独症确诊人数的迅速上升，孤独症儿童在社区环境中的生活技能学习和社交参与程度存在的差异变大，如何整合社区资源来高效帮助孤独症家庭成为亟待解决的问题。本文旨在总结国内外有关研究，探讨了社区干预的特殊优势及可在社区范围内推广的干预思路和方法，具体包括：提炼出以家长为中介和以相互模仿为策略的社区干预思路，强调了家庭复原力和相互模仿训练的重要性；介绍了适用于社区的具体干预方法，即自然发展行为干预、团体游戏大社交干预、亲子互动疗法和基于视频反馈的家长培训。最后，结合当前社区干预存在的问题，提出了重视早期干预中的非言语提示、推动多学科人员服务与数据收集的整合、促进社区融合与神经多样性认知等可持续发展建议。

关键词　孤独症　社区干预　家长参与　早期干预

孤独症谱系障碍（Autism Spectrum Disorder，简称孤独症，ASD）是一种早期发病且终身持续的神经发育障碍，其核心症状主要包括持续的社会沟通和交往困难以及刻板重复的兴趣和行为。对孤独症群体的研究应优先关注如何培养他们的社交技能，提升其生活质量（Roche et al.，2021）。通常情况下，婴幼儿在早期确诊后应及时接受行为和社交功能干预，以提升共同注意力、语言沟通等基本技能。而当孤独症儿童进入青少年期，干预和治疗的重点应逐渐转向发展社交技能、处理问题行为和提升生活管理能力，以帮助其独立生活和顺利融入社会（Maggio et al.，2023）。采用适当的

* 通讯作者：刘电芝，苏州大学教授，E-mail：dianzhiliu@ foxmail. com。

干预方式与策略能促使其更早获得相应能力，有效减少发展延误。

在孤独症干预过程中，社区环境能够整合家庭系统和社会资源，为孤独症群体提供更全面、实用且便捷的服务和支持，成为孤独症儿童和家庭的重要支持网络。然而，近年来的国内数据显示，虽然已有不少孤独症儿童在社区中学习生活技能、参与社交互动以及接受特长培训，但仍存在一部分儿童很少参与社区活动（王芳，杨广学，2017），社区干预仍面临着诸多现实挑战。同时，国内社区还未充分发挥干预的作用，参与社区活动的孤独症儿童所接受的干预类型和强度也存在差异，甚至部分儿童还未接受任何干预（Cucinotta et al.，2022）。此外，社区环境下的干预模式与机构干预不同，就专业技能而言，社区干预的提供者通常不是孤独症研究专家，且受限于时间和资源等因素。因此，国内社区在努力推广相应的干预方式之前，必须考虑其可行性、家庭接受度以及资源利用效率。

随着全球孤独症确诊人数的快速增长，国内社区应如何及时整合社区资源、有效帮助孤独症家庭？本文分析了国内外社区的共同优势，探讨了基于社区的孤独症干预所发挥的独特作用；借鉴了国外社区的成功实践，提炼出适合我国社区干预的基本思路和具体方法；提出了一系列可持续发展社区干预的建议，旨在为国内社区孤独症干预服务提供指导和借鉴经验。

一　社区干预的独特作用

社区作为孤独症群体成长生活最易接触的环境之一，是个体整个生命周期中的重要支持系统（Dey et al.，2024），其独特作用主要体现在两个方面：便于早期诊断与干预以及为家庭单位赋能。

早期诊断对应对孤独症的挑战极为关键。孤独症确诊人数的迅速增加，使得确立清晰的诊断标准并进行快速诊断对早期干预措施的实施来说已经是必不可少的一个环节。在包括印度在内的一些国家中，社区健康访员在早期筛查和干预中发挥了积极作用，该模式也有望扩展到支持孤独症诊断（Naithani et al.，2022）。美国范德比尔特大学医学中心的研究人员开发并评估了一项针对普通儿科医生的孤独症诊断培训计划。这一计划的推广对社区的孤独症诊断和管理发挥了一定作用，有望提高孤独症早期诊断的覆盖率和准确性（Corona et al.，2024）。作为潜在孤独症人群最易接触到的群体之一，社区工作人员虽然可能缺乏高度专业的知识技能，但在早期诊断中扮演着关键角色。在社区中开展健康服务和家庭访问计划，可以及时发现孤独症迹象，尽早进行评估和干预。

除了早期诊断，大量研究也证实了早期干预对孤独症儿童发育改善的重要作用，尤其体现在语言、认知和适应行为方面（Reichow，2012；Smith & Iadarola，2015）。Waddington 等（2023）整合孤独症成人、家长和专家的观点发现，改变环境是早期干预的重要主题。与机构、医院等较为封闭的服务环境相比，社区为孤独症儿童提供了更多与各种人群互动的机会，使他们能够体验到更真实、丰富的环境刺激和社交团体，有助于促进儿童早期各种技能的发展，推进孤独症儿童与正常儿童的融合教育，帮助其真正融入社会。此外，社区通常能够提供各种资源，如图书教室、娱乐设施等，这些资源可用于孤独症干预中的教育和娱乐活动。

近年来，早期干预越来越重视孤独症儿童所处的家庭系统，以及帮助家庭克服由孤独症儿童引起的各种压力和逆境（Stahmer et al.，2020）。实际上，家庭不仅是孩子成长和发展的基本环境，也是社区的基本单位之一。社区的存在为家庭之间和社区成员之间的互动提供了天然平台。对于孤独症家庭而言，社区平台不仅有助于研究者和临床人员更好地了解其特殊情况，从而根据孤独症家庭的具体需求和能力提供更个性化、更有效的支持方案，而且便于孤独症家庭之间互帮互助，减轻家长的心理压力，减少家庭的社会隔离感，让孤独症家庭在现实生活中获得更多支持与关爱。

此外，社区是个体的终身支持型网络，社区干预带来的作用不仅是早期诊断与干预，还包括帮助孤独症成人战胜就业和独立生活的挑战。实际上，与其他社会弱势群体相比，孤独症成人的失业率仍然较高（Maggio et al.，2023），而社区干预可提供关键支持。由于孤独症的功能特征千差万别，社区干预项目可以基于个人优势，提供个性化支持方案。具体而言，这种方法更注重发掘和利用个体的优势和特长，而不仅仅是纠正错误行为。Genova 等（2023）的研究也表明，基于个体优势的就业干预可以帮助孤独症成人提高求职面试技巧，并更好地展现自己的特长。在这种干预中，他们可以通过反复的角色扮演练习来提高面试技巧。同时，这种干预也有助于他们发现和表现自己的个人优势，从而提高自我介绍能力及自信心。

二　社区干预的基本思路

尽管研究者们已经开发出了多种循证的干预方式，但其中只有少数被证明可以适用于社区环境。受到社区的客观条件限制，社区干预存在包括但不限于资源有限、人力不足且不够专业、服务覆盖不均等问题，传统的干预方式难以在社区中准确有效地实施和推广。为了更好地服务于孤独症儿童及其家庭，社区孤独症康复服务有必要充分发挥社区的独特优势，重新审视过去的干预方式，以厘清适用于社区的干预思路，并注重干预课程本身的易学性、实施性和持续性。

（一）提高每个家庭单位自身的能量，家长介入干预

众所周知，孤独症家庭面临各种不同寻常的挑战，但大部分家庭在面对这种逆境时能够展现出家庭系统的自我适应能力，即家庭复原力。家庭复原力是孤独症家庭所需要培育的内在动力，可以维持孤独症儿童的干预效果并使他们终身受益。Bayat（2007）调查了孤独症青少年的父母和其他主要照顾者，发现了这种家庭复原力存在的有力证据，即孤独症家庭能够整合资源以解决问题，能从逆境中获得积极的意义，家庭成员之间也会因为有一个孤独症孩子而变得更加亲密。

支持性社区的建设可以减轻孤独症家庭的压力，帮助他们更好地应对逆境，并提高家庭自身的复原力。Kapp 和 Brown（2011）的研究发现，孤独症青少年的母亲认为，社会支持是重要的家庭复原力资源，邻里支持作为家庭社会支持的潜在来源，能够显著提高家庭复原力。Whitehead（2017）也在孤独症家庭的研究中发现了这种关联，他利用 2007 年、2011 年和 2012 年的美国儿童健康调查数据考察了该人群中邻里支持与家庭功能之间的关系，发现那些认为邻居给予了支持的母亲，其相关数据反映了更好的家庭功能。此外，虽然邻里关系可能缺乏长期承诺，但邻里与孤独症家庭的地缘关系更近，易于成为孤独症家庭及时的支持性网络，如提供陪伴以及传播有关社区可用的服务信息。

社区提供康复服务的关键在于充分利用每个家庭的内在能量。家长介入干预可使孤独症儿童及其家庭受益，特别体现为有家长参与的早期干预

效果显著。有研究者将应用行为分析疗法（Applied Behavior Analysis，ABA）和家长介入相结合，由专业的临床医生教授家长 ABA 的理念原则和行为技能策略，然后鼓励家长独立地将这些策略应用于他们的孩子。这种家长介入的 ABA 干预是在社区环境中进行的，Sneed 等（2023）评估了其有效性，表明家长介入的干预能够显著提升孤独症儿童的适应能力和沟通技能。

在家长介入的情况下，社区干预的目标与常规的机构干预有所不同。社区干预的主要目标之一是提供培训、资源和支持（Stahmer et al.，2020），传授并帮助家长在日常生活中应用干预策略，以促进孤独症儿童的发展和适应。这种方法不仅可以减轻家庭的负担，还可以增强家庭的功能和弹性，为孤独症儿童的干预和发展创造更有利的环境，同时维持更长久的效果。因此，调动家长参与、以家长为介导是社区干预的首要切入点，也是体现社区干预持续性的重要方面。

（二）发挥社区优势，进行相互模仿干预

由于许多客观因素的限制，大多数需要长期培训、成本高且强度大的干预方法在社区环境中难以实施，同时考虑到社区具有聚集童年伙伴的特征，模仿干预训练成为一个可行的选择（Ibañez et al.，2021）。模仿能力本身是孤独症儿童的重要缺陷领域，是需要通过干预来习得的关键技能。培养孤独症儿童的模仿技能，能为他们在学习、社交、游戏等多种环境中互动建立基础。通过模仿，孤独症儿童可以学习和应用简单的技能和策略，而不需要过多的专业知识或培训。

对中低支持需求的孤独症儿童父母的研究发现，相互模仿训练（Reciprocal Imitation Training；Ingersoll，2012）是一种值得关注的干预路径。不同于单向模仿受到特定辨别刺激的限制，相互模仿强调成人在与儿童游戏互动环境中教授其模仿技能，也正是基于这种持续互动，家长可以通过正确的模仿引导来提高孩子行为的自发性。研究显示，使用相互模仿训练可以使儿童在模仿玩具动作时增加假装游戏的效果（Ingersoll & Schreibman，2006）。这种干预提高了孤独症儿童的模仿能力和社交技能，例如提升了共同注意力、社交情感识别和语言表达能力。此外，由于其低强度且有趣的特性，相互模仿训练适用于任何发育迟缓的儿童。如果干预课程针对的对

象不仅限于孤独症儿童，这种技术对其他需要早期干预的儿童也具有益处。

相互模仿训练的易学性和实施性使其成为早期干预系统中的一个独特选择。它是易于家长掌握并灵活运用的有效策略，可以广泛应用于社区干预中，为孤独症儿童提供支持。此外，相互模仿训练的实施不需要高度专业的背景，父母、具有本科水平的治疗师和临床人员都能够有效地操作。这使得社区工作人员的培训更加便利，同时家长也能够通过社区干预的方式观摩并学习这种技术，在日常生活中运用。

三 适用于社区的具体干预方法

（一）自然发展行为干预

自然发展行为干预（Naturalistic Developmental Behavioral Interventions）是一种针对孤独症儿童的早期干预体系，以发展和行为学习理论为基础，强调在自然和互动的社会情境中，采用以儿童为主导的教学策略（如使用儿童喜欢的材料），通过引导儿童模仿自然生活中的正常发展过程来促进其发展（Schreibman et al.，2015）。这种干预体系重视社交互动、模仿和共同注意力等自然环境中的技能，具体方法包括关键反应训练（Pivotal Response Treatment），早期干预丹佛模式（Early Start Denver Model），共同关注、象征性游戏、参与和调控（Joint Attention，Symbolic Play，Engagement and Regulation），等等。Sandbank 等（2020）对不同类型早期干预的元分析结果显示，自然发展行为干预方法对孤独症儿童具有显著的干预效果。

在过去的研究中，基于社区的自然发展行为干预体系，例如早期干预丹佛模式（Cucinotta et al.，2022），已被证实有效。早期干预丹佛模式结合了应用行为分析和关键反应训练的原理，专门应用于1～4岁的孤独症儿童，旨在通过模仿儿童与照料者之间在早期关系中发生的社会交往进行干预。该模式要求一对一的教学方式，实施干预的人员主要是不同学科背景的专家治疗师和家庭成员（Schreibman et al.，2015）。家长会接受十项关于育儿技巧的培训，包括提高孩子的注意力和动机，感官社交习惯化，共同活动习惯化，提升非语言交流能力，培养模仿技能，促进共同关注，促进语言发展，使用“学习ABC”方法，运用提示、塑造和淡化技巧以及自发进行行为功能评估、制定新的干预措施（Rogers et al.，2012）。此外，家长还被要求在干预课堂外的任何自然环境中，根据既定的干预目标对儿童进行干预。

Cucinotta 等（2022）的研究比较了在社区环境中实施早期干预丹佛模式与常规的行为强化模式进行孤独症干预的效果。结果显示，尽管不同的干预方法都能显著降低所有儿童的孤独症症状严重程度，但仅有接受了早期干预丹佛模式的儿童在综合商数方面有了显著提高。这表明，早期干预丹佛模式在提高孤独症儿童的综合发展能力方面具有更为显著的效果。

（二）团体游戏大社交干预

在孤独症儿童社区干预中，同伴互动对孤独症儿童的社交、情感和认知发展发挥着至关重要的作用。研究发现，孤独症儿童更偏好与同龄人交流，这表明他们在同伴互动中仍然具有社交动机（Su et al.，2023）。与成人干预师的一对一指导相比，同伴互动能更自然、高效地提升其社会技能，并促进技能在同伴交往中的应用与泛化。

针对如何组织同伴参与孤独症团体干预，苏州大学刘电芝教授团队通过多年的干预实践，整合了建构主义理论、团体动力学理论、观察学习理论与最近发展区理论，提出了团体游戏大社交干预的有效路径。该干预体系强调设置具有充分社会支持、富有爱与感染力的干预环境，并以 5~7 名儿童为一组，使其在由干预师、志愿者、同龄儿童和家长组成的团体中开展团体大社交游戏。每轮课程融入运动游戏，围绕不同的社交核心要素，如认知、共情、换位等进行干预。Schaaf 等（2015）的质性研究也发现，家长普遍认为教授孤独症儿童日常生活、游戏技能和社交技能是最重要的任务。此外，儿童在自然互动中能进行模仿学习，在半结构化的游戏中能提升共同注意力和改善动作技能。与以往碎片化矫正问题行为和提升单一动作技能的干预思路不同：该模式以运动游戏为载体，将注意指引、运动游戏、模仿和社交互动融为一体，达到“1 份干预，N 种收获”的效果。具体而言，其一，场景变化，即从孤立的“一对一”场景转到自然生态团体游戏场景，为儿童创造了师生互动、志愿者（陌生人）与儿童的互动、同伴互动的社交场景，帮助儿童在生活中泛化所获得的改善；其二，学习动力变化，即从外部行为强化转变为内在动机激发，以往干预重视外部强化，儿童被动参与干预，该模式开展“学中玩”“玩中学”，激发儿童的内在兴趣和引导其主动模仿；其三，环境变化，即从重物理环境转为重安全与爱的心理环境，营造积极的鼓励氛围与支持环境，增强干预效果。

这种以同伴游戏为主体的团体游戏大社交干预效果得到了广泛验证，研究表明（江茂欣等，2023；马姗姗等，2022；赵凡等，2021），接受这种干预方式的孤独症儿童在社交、认知、共情、躯体运动和自理能力等方面进步显著，不仅在干预中期就能取得显著成效，而且在干预结束后的效果可维持至少一个月。脑电研究发现（Shu et al.，2024），干预后孤独症儿童的情绪面孔加工经典指标 N170 的潜伏期显著缩短，与正常发育儿童更为接近。核磁数据显示（Zhang et al.，2023），孤独症儿童母亲的低频波动的归一化振幅和频率波动的归一化振幅的平均能量等级和能量等级变异度与孤独症儿童的换位能力及其干预效应相关。综上，行为、脑电和核磁数据从多个角度揭示了团体游戏大社交干预的效果及其背后的脑机制，为后续的研究与干预提供了借鉴。

（三）亲子互动疗法

家庭系统在孤独症家庭中扮演着至关重要的角色，其内在动力和复原力对于解决问题、获得积极意义以及提高家庭成员之间的亲密程度具有不可或缺的作用。亲子互动疗法（Parent-Child Interaction Therapy，PCIT）是一种通过提升父母与孩子之间的互动质量来改善儿童问题行为的干预方法，核心在于干预师对家庭环境中的亲子互动进行实时指导和反馈，帮助父母学习和实践更有效的亲子交流技巧。将亲子互动疗法与团体游戏大社交干预结合可以为孤独症儿童及其家庭提供更全面的支持和帮助。

亲子互动疗法以依恋和学习理论为基础（Eyberg，1988），以亲子游戏为核心，分为两个阶段：儿童导向互动（Child-Directed Interaction）和家长导向互动（Parent-Directed Interaction）。在儿童导向互动阶段，亲子互动疗法通过向家长传授积极的育儿策略来加强亲子纽带，家长需要学习忽视儿童不恰当的求关注行为，并掌握一些育儿技巧来回应儿童的互动，包括赞扬、反应、模仿、描述和热情，同时避免对儿童使用批评、提问和命令的方式，要根据儿童的反应做出合理回应。在家长导向互动阶段，亲子互动疗法通过教导父母有效的管理技巧，以促进孩子良好的行为表现，减少不良行为。不同于其他亲子疗法，亲子互动疗法更强调对亲子互动的实时监控和即时反馈（Eyberg et al.，2008）。

Quetsch 等（2024）为社区孤独症儿童和发育迟缓儿童提供了亲子互动疗法，结果显示，两组的破坏性行为均显著减少，亲子关系也发生了积极变化。这些发现验证了亲子互动疗法对孤独症儿童干预的有效性，并证明了其在拥有非专业临床医生的社区中的应用前景。社区工作者可以为家庭提供亲子互动培训课程，定期进行家访，并提供反馈和建议，以帮助父母有效地应用亲子互动技巧。

此外，在社区环境中组织家庭活动和亲子活动，并在活动过程中观察和教授照料者干预技术，也是有效的措施。同时，为孤独症儿童家长提供更多与其他孤独症家庭的家长共处的机会，有助于他们之间相互交流成功经验，进而促进家庭成员的社交、情感和认知发展，增强育儿效能感，实现家庭的正向循环。

（四）基于视频反馈的家长培训

在针对有问题行为的幼儿家长培训项目中，家长通常面临多重竞争性需求，包括顾全职业生涯、尽力照料儿童等。社会经济地位较低的家庭更容易受到影响，因为他们可能面临更多的挑战，如照料者与儿童比例低、有其他精神健康诊断等。这些因素使得这些家庭更难完成治疗，因此，有必要采取措施解决这些痛点。

视频反馈（Video Feedback；Balldin et al.，2018）可以帮助减轻家庭面临的时间和精力压力。视频反馈的内容主要是家长与儿童之间的互动，家长与临床干预师会一起观看视频，干预师会引导家长反思与儿童互动时的行为，以此训练父母对儿童暗示的敏感性、改善儿童问题行为和增强彼此的亲子依恋。这种方式可以让家庭成员更深入地了解互动策略，并帮助家长将所学技能应用到家庭环境中。此外，视频反馈也为临床干预师提供了深入了解家庭日常行为的机会，使他们处于不在场的情况下也能进行观察，该技术便携性和易于执行的特点使其更容易融入孤独症家庭的日常生活，从而促进了治疗的坚持。

视频反馈的实施不会给家庭增加额外负担，并且可以成功融入社区幼儿综合服务中。Klein 等（2021）将自然行为干预与视频反馈结合起来，旨在更好地适应社区环境。与仅采用自然行为干预的对照组相比，结合了视频反馈的自然行为干预组的儿童的日常生活适应能力有所提高，在重复刻板行为症状方面有所改善，这也正是孤独症家庭通过社区干预希望实现的重要目标之一。

四　社区干预的可持续发展

基于社区的孤独症干预研究在我国才刚刚起步，尚需要不断吸收国外的有效经验，以加快我国孤独症儿童的社区干预研究。

（一）重视早期干预中的非言语提示

事实上，由于社区人员的专业性不足，他们可能会忽视大部分孤独症儿童的非言语交流障碍（Stahmer et al.，2017）。大量侧重言语交流的早期教育模式并不适用于孤独症儿童的干预，甚至可能导致他们在课堂上感到无助和沮丧，从而排斥相关的干预活动。

因此，在社区环境中进行的早期干预课程应该重视有意义的手势和发声的重要性。前文提及的相互模仿训练是针对手势模仿的有效干预措施，并且有研究证实了这种干预效果可泛化到其他不同的场景，且至少维持一个月之久（Ingersoll et al.，2007）。同时，在干预课程中应有意识地强调发声，可以尝试使用夸张的嘴部视觉提示来帮助孩子学习发声（Feldman et al.，2022）。

此外，为家长提供适当的书面材料也非常重要，其中应包括适合幼儿发展的干预目标，并详细说明如何在幼儿学会开口说话前使用这些策略。普适的书面家庭作业形式可能对家长无益（Lorig et al.，2014）。因此，建议治疗师与家长共同制订详细、具体的计划，让家长明确何时与孩子一起练习干预措施，并由治疗师跟踪记录计划的实施情况，以增加家长在家中实践的可能性。

（二）推动多学科人员服务与数据收集的整合

随着社区干预领域不断展开各种干预方法的有效性研究，干预师应如何进一步提供令孤独症家庭满意的干预方案，并成为社区干预服务的长期合作伙伴，成为干预师实际面对的问题。

具体而言，孤独症群体接受的社区干预服务通常涉及多个学科，而且干预师使用不同的方法和术语会导致治疗实践的不一致，这种差异也增加了跨学科沟通的挑战，可能导致孤立的护理环境，削弱了各个专业领域之间的协作，从而影响了干预服务的整体效果。因此，需要加强家庭成员与各种专业人员之间的沟通，以确保治疗的一致性，从而提高服务质量。例如，通过访谈、焦点小组等方式，可以获得围绕在孤独症儿童身边的人的见解，更全面地了解他们的实践经验和干预需求（Maguire & Britten，2020）。

以社区为基础的参与式研究可能是提高循证治疗的适用性和可行性的有效方法之一。其特点是干预师与社区或其他社会群体共同合作，从设计到实施再到解释研究的各个阶段都让孤独症儿童及其家人参与其中。参与式研究在提高家庭留存率和积极性方面具有实际优势。然而，其局限性也显而易见，包括家长填写大量调查问卷的负担、数据的自我报告性质以及未充分考虑内部一致性可能导致结果存在社会期望性和不确定性等。为了深入理解干预过程中的决策因素，应多采用客观测量方法，如视频记录和日记法，以评估干预的保真度和有效性，从而提高研究的可信度。

此外，一个需要解决的难点在于缺乏统一的数据库，其中应包括对孤独症进行评估的数据，以及参与式研究合作伙伴的有关信息。建立一个涵盖各类人员信息的数据库，必须明确要收集的数据类型，包括孤独症个体的基本信息、医疗记录以及家庭情况等，同时考虑到研究人员、社区工作人员、医疗专业人员和家庭成员的数据需求。国际孤独症研究协会（International Society for Autism Research）近年推出了国际孤独症研究协会社区合作者申请表（https://www.autism-insar.org/page/iccr），旨在促进孤独症研究人员与孤独症身边的人合作，共同设计、展开和传播孤独症研究。

（三）促进社区融合与神经多样性认知

事实上，仅仅依赖社区规模是不足以支持孤独症儿童参与团体社交活动的。解决方法之一是推行社区融合，鼓励常态发展儿童和家庭参与其中。随着经济与文明的发展，社区融合已成为孤独症群体康复与教育的重要目标，相关政策已从学校扩展至社区乃至整个社会范围。社区融合让儿童可以在社区环境中更早接触群体氛围并学习社交技能，对孤独症儿童的社会融合具有积极作用。

社区融合在减少对孤独症儿童的污名化这一方面的作用同样不容忽视。孤独症儿童面临着比常态发展儿童更高的欺凌风险，而孤独症儿童的家长也深受社会污名化的影响（Hebron & Humphrey, 2014）。孤独症儿童的家长经常因孩子的问题行为受到责备，在公众场合常被长时间盯视或打量（Edwardraj et al., 2010）。因此，社区融合应强调创造一个友爱和包容的环境，同时提供给孤独症家庭支持和理解，其中包括提供专业心理咨询等服务。

此外，在与常态发展儿童家庭相处时，引起孤独症家庭不适的原因需要得到重视。这些原因可能包括对孤独症缺乏足够的了解，导致无法明智地谈论孤独症，或者缺乏对如何处理儿童问题行为这类敏感话题的清晰认识（Kang-Yi et al., 2018）。因此，科普神经多样性的概念对于社区成员增进对孤独症家庭的理解和支持是很有必要的。神经多样性是指神经系统内部存在各种不同类型的神经元及其网络，这些神经元在形态、功能和连接方式等方面都具有多样性，是高级心理功能的基础。神经多样性观点认为，社会认知、学习能力、注意力和其他心理功能上的变异不一定具有病理性，它承认个体之间在神经发展和功能上存在多样性，每个人都有独特的神经特征和行为表现。以一种更开放的态度对待孤独症，有助于家长和社区成员更好地理解和支持孤独症儿童，从而创造一个更加包容和友好的环境。

虽然以上提及的各种干预思路和干预方法均已得到循证或实践认可，但孤独症个体的干预并非一蹴而就。孤独症家庭、社区干预师和各个领域的研究者们，依旧需要进一步探索如何在类似的社区环境中实施和评估不同的早期干预措施，以更好地支持孤独症儿童及其家庭的发展和需求。

作者贡献和利益冲突声明：陈虞滇负责论文撰写的主要工作；侯爽负责论文内容的修改与格式的校对；刘电芝负责论文题目方向的确定、论文的构思与内容的具体修改对研究全过程的指导。所有作者声明没有利益冲突。

参考文献

江茂欣，鲁迟，佘韵婕，张雨晴，刘电芝．(2023)．分阶综合社交技能训练对孤独症谱系障碍儿童社交认知的干预效果．*中国临床心理学杂志，31*（1），250-254. doi：10.16128/j.cnki.1005-3611.2023.01.048

刘静怡，陈羿君，刘电芝．(2021)．自闭症儿童社区大社交干预新路径探索．*社区心理学研究，12*，3-17.

马姗姗，王平，谭成慧，赵凡，刘电芝．(2022)．基于社会信息加工模型的团体干预对孤独症谱系障碍儿童社交能力的影响．*中国临床心理学杂志，30*（1），164-169. doi：10.16128/j.cnki.1005-3611.2022.01.034

谭成慧，宋博海，马姗姗，赵凡，佘韵婕，刘电芝．(2021)．自闭症患儿行为干预研究方法的发展与趋势．*中国临床心理学杂志，29*（2），436-442. doi：10.16128/j.cnki.1005-3611.2021.02.044

魏玲，王静，余宥依，刘人豪，白学军．(2023)．自闭症谱系障碍儿童对面孔加工的同龄偏向效应．*心理科学，46*（1），72-81. doi：10.16719/j.cnki.1671-6981.20230110

王芳，杨广学．(2017)．国内自闭症干预与康复现状调查与分析．*医学与哲学（B），38*（10），49-54.

祖泽元，方美欣，吴思衡，刘静怡，刘电芝．(2023)．接纳承诺疗法对孤独症儿童母亲情绪、认知、行为的改善——基于解释现象学研究．*中国临床心理学杂志，31*（6），1501-1509+1500. doi：10.16128/j.cnki.1005-3611.2023.06.040

赵凡，卢凤，谭成慧，疏德明，马姗姗，刘电芝．(2021)．分阶综合运动训练对自闭症谱系障碍儿童的干预效果——多动症共病与非共病的比较．*中国临床心理学杂志，29*（4），869-875. doi：10.16128/j.cnki.1005-3611.2021.04.042

Balldin, S., Fisher, P. A., & Wirtberg, I. (2018). Video feedback intervention with children: A systematic review. *Research on Social Work Practice*, *28* (6), 682-695. doi: 10.1177/1049731516671809

Bayat, M. (2007). Evidence of resilience in families of children with autism. *Journal of Intellectual Disability Research*, *51* (9), 702-714. doi: 10.1111/j.1365-2788.2007.00960.x

Chao, S. H., & Chen, P. H. (2023). Effects of outsider witness practice on a support group for parents of children with autism spectrum disorder. *International Journal of Qualitative Studies on Health and Well-being*, *18* (1), 2196822. doi: 10.1080/17482631.2023.2196822

Corona, L. L., Wagner, L., Hooper, M., Weitlauf, A., Foster, T. E., Hine, J., Miceli, A., Nicholson, A., Stone, C., Vehorn, A., & Warren, Z. (2024). A randomized trial of the accuracy of novel telehealth instruments for the assessment of autism in toddlers. *Journal of Autism and Developmental Disorders*, *54* (6), 2069-2080. doi: 10.1007/s10803-023-05908-9

Cucinotta, F., Vetri, L., Ruta, L., Turriziani, L., Benedetto, L., Ingrassia, M.,

Maggio, R. , Germanò, E. , Alquino, A. , Siracusano, R. , Roccella, M. , & Gagliano, A. (2022). Impact of three kinds of early interventions on developmental profile in toddlers with autism spectrum disorder. *Journal of Clinical Medicine*, *11* (18), 5424. doi: 10. 3390/jcm11185424

Dey, I. , Chakrabarty, S. , Nandi, R. , Shekhar, R. , Singhi, S. , Nayar, S. , Ram, J. R. , Mukerji, S. , & Chakrabarti, B. (2024). Autism community priorities in diverse low-resource settings: A country-wide scoping exercise in India. *Autism*, *28* (1), 187-198. doi: 10. 1177/13623613231154067

Edwardraj, S. , Mumtaj, K. , Prasad, J. H. , Kuruvilla, A. , & Jacob, K. S. (2010). Perceptions about intellectual disability: A qualitative study from Vellore, South India. *Journal of Intellectual Disability Research*, *54* (8), 736-748. doi: 10. 1111/j. 1365-2788. 2010. 01301. x

Eyberg, S. M. (1988). Parent-child interaction therapy: Integration of traditional and behavioral concerns. *Child & Family Behavior Therapy*, *10* (1), 33-46. doi: 10. 1300/J019V10N01_04

Eyberg, S. M. , Nelson, M. M. , & Boggs, S. R. (2008). Evidence-based psychosocial treatments for children and adolescents with disruptive behavior. *Journal of Clinical Child & Adolescent Psychology*, *37* (1), 215-237. doi: 10. 1080/15374410701820117

Feldman, J. I. , Tu, A. , Conrad, J. G. , Kuang, W. , Santapuram, P. , & Woynaroski, T. G. (2022). The impact of singing on visual and multisensory speech perception in children on the autism spectrum. *Multisensory Research*, *36* (1), 57-74. doi: 10. 1163/22134808-bja10087

Genova, H. M. , Haas, M. , Chen, Y. L. , Elsayed, H. E. , McGrath, R. E. , & Smith, M. J. (2023). Development and adaptation of a strength-based job interview training tool for transition age youth on the autism spectrum using community engaged methods. *Frontiers in Psychiatry*, *14*, 1098334. doi: 10. 3389/fpsyt. 2023. 1098334

Hebron, J. , & Humphrey, N. (2014). Exposure to bullying among students with autism spectrum conditions: A multi-informant analysis of risk and protective factors. *Autism*, *18* (6), 618-630. doi: 10. 1177/1362361313495965

Ibañez, L. V. , Scott, S. , & Stone, W. L. (2021). The implementation of reciprocal imitation training in a Part C early intervention setting: A stepped-wedge pragmatic trial. *Autism Research*, *14* (8), 1777-1788. doi: 10. 1002/aur. 2522

Ingersoll, B. (2012). Brief report: Effect of a focused imitation intervention on social functioning in children with autism. *Journal of Autism and Developmental Disorders*, *42* (8),

1768–1773. doi：10. 1007/s10803-011-1423-6

Ingersoll, B., Lewis, E., & Kroman, E. (2007). Teaching the imitation and spontaneous use of descriptive gestures in young children with autism using a naturalistic behavioral intervention. *Journal of Autism and Developmental Disorders*, *37* (8), 1446–1456. doi：10. 1007/s10803-006-0221-z

Ingersoll, B., & Schreibman, L. (2006). Teaching reciprocal imitation skills to young children with autism using a naturalistic behavioral approach：Effects on language, pretend play, and joint attention. *Journal of Autism and Developmental Disorders*, *36* (4), 487–505. doi：10. 1007/s10803-006-0089-y

Kang-Yi, C. D., Grinker, R. R., Beidas, R., Agha, A., Russell, R., Shah, S. B., Shea, K., & Mandell, D. S. (2018). Influence of community-level cultural beliefs about autism on families' and professionals' care for children. *Transcultural Psychiatry*, *55* (5), 623–647. doi：10. 1177/1363461518779831

Kapp, L., & Brown, O. (2011). Resilience in families adapting to autism spectrum disorder. *Journal of Psychology in Africa*, *21* (3), 459–463. doi：10. 1080/14330237. 2011. 10820482

Klein, C. B., Swain, D. M., Vibert, B., Clark-Whitney, E., Lemelman, A. R., Giordano, J. A., Winter, J., & Kim, S. H. (2021). Implementation of video feedback within a community based naturalistic developmental behavioral intervention program for toddlers with ASD：Pilot study. *Frontiers in Psychiatry*, *12*, 763367. doi：10. 3389/fpsyt. 2021. 763367

Lorig, K., Laurent, D. D., Plant, K., Krishnan, E., & Ritter, P. L. (2014). The components of action planning and their associations with behavior and health outcomes. *Chronic illness*, *10* (1), 50–59. doi：10. 1177/1742395313495572

Maggio, R., Turriziani, L., Campestre, C., Di Cara, M., Tripodi, E., Impallomeni, C., Quartarone, A., Passantino, C., & Cucinotta, F. (2023). An individual-supported program to enhance placement in a sheltered work environment of autistic individuals mostly with intellectual disability：A prospective observational case series in an Italian community service. *Frontiers in Psychiatry*, *14*, 1225236. doi：10. 3389/fpsyt. 2023. 1225236

Maguire, K., & Britten, N. (2020). Participatory research in health care. *Qualitative research in health care* (pp. 193–210). John Wiley & Sons Ltd. doi：10. 1002/9781119410867. ch14

Naithani, L., Sangwan, P., Roy, S. G., Menon, S., Azar, Z., Lakhera, S., Kumar, D., Abhilashi, M. K., Roy, R., Vajaratkar, V., Taylor, C., Patel, V., Green,

J. , & Divan, G. (2022). From engagement to competency: The pathway to making disability naïve frontline workers competent in the delivery of an evidence-based autism intervention in New Delhi, India. *Frontiers in Psychiatry*, *13*, 903341. doi: 10. 3389/fpsyt. 2022. 903341

Quetsch, L. B. , Bradley, R. S. , Theodorou, L. , Newton, K. , & McNeil, C. B. (2024). Community-based agency delivery of parent-child interaction therapy: Comparing outcomes for children with and without autism spectrum disorder and/or developmental delays. *Journal of Autism and Developmental Disorders*, *54* (1), 33 – 45. doi: 10. 1007/s10803 – 022 – 05755–0

Reichow, B. (2012). Overview of meta-analyses on early intensive behavioral intervention for young children with autism spectrum disorders. *Journal of Autism and Developmental Disorders*, *42* (4), 512–520. doi: 10. 1007/s10803–011–1218–9

Roche, L. , Adams, D. , & Clark, M. (2021). Research priorities of the autism community: A systematic review of key stake-holder perspectives. *Autism*, *25* (2), 336 – 348. doi: 10. 1177/1362361320967790

Rogers, S. J. , Estes, A. , Lord, C. , Vismara, L. , Winter, J. , Fitzpatrick, A. , Guo, M. , & Dawson, G. (2012). Effects of a brief Early Start Denver Model (ESDM)-based parent intervention on toddlers at risk for autism spectrum disorders: A randomized controlled trial. *Journal of the American Academy of Child & Adolescent Psychiatry*, *51* (10), 1052–1065. doi: 10. 1016/j. jaac. 2012. 08. 003

Sandbank, M. , Bottema-Beutel, K. , Crowley, S. , Cassidy, M. , Dunham, K. , Feldman, J. I. , Crank, J. , Albarran, S. A. , Raj, S. , Mahbub, P. , & Woynaroski, T. G. (2020). Project AIM: Autism intervention meta-analysis for studies of young children. *Psychological Bulletin*, *146* (1), 1–29. doi: 10. 1037/bul0000215

Schaaf, R. C. , Cohn, E. S. , Burke, J. , Dumont, R. , Miller, A. , & Mailloux, Z. (2015). Linking sensory factors to participation: Establishing intervention goals with parents for children with autism spectrum disorder. *American Journal of Occupational Therapy*, *69* (5), 6905185005. doi: 10. 5014/ajot. 2015. 018036

Schreibman, L. , Dawson, G. , Stahmer, A. C. , Landa, R. , Rogers, S. J. , McGee, G. C. , Kasari, C. , Ingersoll, B. , Kaiser, A. P. , Bruinsma, Y. , McNerney, E. , Wetherby, A. , & Halladay, A. (2015). Naturalistic developmental behavioral interventions: Empirically validated treatments for autism spectrum disorder. *Journal of Autism and Developmental Disorders*, *45* (8), 2411–2428. doi: 10. 1007/s10803–015–2407–8

Shu, D. , Zhang, G. , Xue, C. , Lai, Q. , He, Y. , Feng, Y. , Zhang, J. , Jia, F. , &

Liu, D. (2024). Interventioneffect of group sensory integration training on social responsiveness and N170 event-related potential of children with autism. *Behavioral Sciences*, *14* (3), 202. doi: 10.3390/bs14030202

Smith, T., & Iadarola, S. (2015). Evidence base update for autism spectrum disorder. *Journal of Clinical Child & Adolescent Psychology*, *44* (6), 897-922. doi: 10.1080/15374416.2015.1077448

Sneed, L., Little, S. G., & Akin-Little, A. (2023). Evaluating the effectiveness of two models of applied behavior analysis in a community-based setting for children with autism spectrum disorder. *Behavior Analysis: Research and Practice*, *23* (4), 238-253. doi: 10.1037/bar0000277

Stahmer, A. C., Brookman-Frazee, L., Rieth, S. R., Stoner, J. T., Feder, J. D., Searcy, K., & Wang, T. (2017). Parent perceptions of an adapted evidence-based practice for toddlers with autism in a community setting. *Autism*, *21* (2), 217-230. doi: 10.1177/1362361316637580

Stahmer, A. C., Rieth, S. R., Dickson, K. S., Feder, J., Burgeson, M., Searcy, K., & Brookman-Frazee, L. (2020). *Project ImPACT for Toddlers*: Pilot outcomes of a community adaptation of an intervention for autism risk. *Autism*, *24* (3), 617-632. doi: 10.1177/1362361319878080

Su, L., Lin, Z., Li, Y., Wang, X., Lin, Z., Dong, L., & Wei, L. (2023). Own-age effects in a face-emotion recognition intervention for children with ASD—evidence from eye movements. *Psychology Research and Behavior Management*, *16*, 4479-4490. doi: 10.2147/PRBM.S427006

Waddington, H., Jordan, P., Scott, E., Minnell, H., Patrick, L., van der Meer, L., Monk, R., Andrew, J. O. W., & Tupou, J. (2023). Community perspectives on support goals for young autistic children: A qualitative investigation. *Neurodiversity*, *1*, 27546330231218587. doi: 10.1177/27546330231218587

Whitehead, A. L. (2017). Neighborhoods, family functioning, and mothers' mental health for families with a child with an autism spectrum disorder. *Applied Research in Quality of Life*, *12* (3), 633-651. doi: 10.1007/s11482-016-9480-9

Zhang, J., Guo, X., Zhang, W., Liu, D., Chen, P., Zhang, Y., & Ru, X. (2023). Maternal variability of amplitudes of frequency fluctuations is related to the progressive self-other transposition group intervention in autistic children. *Behavioral Sciences*, *13* (5), 774. doi: 10.3390/brainsci13050774

Interventions for Children with Autism in Community-Based Settings: Paths and Approaches

Chen Yudian, Hou Shuang, Liu Dianzhi
(Education College, Soochow University,
Suzhou, 215123, China)

Abstract: The increasing prevalence of autism and the noticeable variation in life skills acquisition and social integration among autistic children in community settings underscore the urgent need to harmonize community resources to support families affected by autism effectively. This article synthesizes pertinent research from both domestic and international studies, aiming to elucidate the distinctive benefits of community intervention and the intervention strategies and methodologies that can be effectively implemented within communities. We propose a path for community intervention that emphasizes parents as intermediaries and mutual imitation as a strategy, highlighting the importance of Family Resilience and Reciprocal Imitation Training. It introduces specific community-based intervention methods, including Naturalistic Developmental Behavioral Interventions, group-based games and social skills training, Parent-Child Interaction Therapy, and Video Feedback parent training. Finally, recommendations for addressing current issues in community interventions are provided, emphasizing sustainable development strategies such as prioritizing nonverbal cues in early intervention, promoting the integration of mnltidisciplinary staff services and data collection and promoting community integration and awareness of neurodiversity.

Keywords: Autism Spectrum Disorder; Community Implementation; Parent-mediated; Early Intervention

学龄前孤独症儿童融合教育行动研究

丁　涛

（南京师范大学心理学院；南京海勒之家特殊儿童康复服务中心）

邓　铸*

（南京师范大学心理学院）

摘　要　在学龄前孤独症儿童融合教育领域，需要探索和解决的关键问题是如何结合具体个案心理发展水平与行为适应状况，制订个别化指导计划，促进其在普通教育情境中的有效发展。在一项融合教育个案行动研究中，基于系统评估，我们为个案制订了四阶段支持计划：示范支持并尝试将其带入班级活动；鼓励其自主独立参与班级活动；加强其对活动的认知理解和提升其在活动中的人际沟通能力；促进其与伙伴的互动融合并拓展活动领域。计划的实施有效促进研究者、个案所在幼儿园班级教师及伙伴、个案家庭成员等的协同，建立起良好融合教育生态，使个案在家居生活自理、班级常规活动、课程学习、语言沟通、人际互动等多方面得到明显改善。该融合教育行动计划具有一定的可推广性。

关键词　孤独症儿童　融合教育　特殊儿童教育

一些个体由先天或后天某些因素导致特异性神经发育不良，在社会交往和人际沟通方面存在严重障碍，这种情况被称为孤独症谱系障碍（Autism Spectrum Disorder，ASD），又称孤独症或自闭症。患孤独症的孩子，在融入社会生活和校园学习时遭遇困难，也因此给所在家庭带来巨大经济和精神负担。近年来，党和政府正在强化一系列融合教育政策措施，构建更适合孤独症儿童成长的教育生态和心理空间，改善其康复训练和接受普通教育

*　通讯作者：邓铸，南京师范大学心理学院教授，E-mail：zdeng_psy@163.com。

的条件。但由于人才储备不足、相关知识普及不够，融合教育落实在具体个案时仍存在操作路径不明等问题，急需积累可供借鉴的实践案例。

一 问题提出

全球范围内孤独症患病率逐年上升，而有关研究在解释其致病机理方面进展缓慢。心理理论缺失说、执行功能障碍说、中枢性统合不足及镜像神经系统巩固不足假说等虽有助于人们更深入地认识孤独症（李忠励，叶浩生，2014），却均未形成成熟治疗技术。人类不甘心于对此无所作为，早期干预实践和探索一直都在积极推进中，而且这些干预可在一定程度上改善患者整体功能，提高其社交能力、语言能力、认知水平和适应行为（Vivanti & Zhong，2020）。

（一）孤独症谱系障碍的行为干预

Lovaas（1987）基于应用行为分析（Applied Behavioral Analysis，ABA）对 19 例 3 岁左右孤独症儿童进行为期 2 年的行为干预，其中 9 例儿童基本恢复正常，其他儿童也有不同程度好转。其后许多研究者重复 ABA，均获得不同程度的成功。ABA 采用行为塑造原理，以正性强化为主，刺激孤独症儿童各项能力发展，其关键是任务分解和逐步达成技术。但经 ABA 干预的孤独症儿童常常依赖提示，缺乏主动性和积极性，存在焦虑和挫折感等潜在问题（Kupferstein，2018；Schreibman，2007）。

自然发展行为干预（Naturalistic Developmental Behavioral Interventions）则强调在自然情境中综合运用行为分析和发展心理学原则，以游戏为基础，实现与发展目标相适应的一系列行为干预，包括示范、塑造、联结、提示等，系统地促进孤独症儿童在社交沟通、游戏、认知、运动和适应等领域的发展（肖石花，李晶，2023）。延续这一思路，后续衍生出许多干预变式（Vivanti & Zhong，2020），如社交沟通-情绪调节-交往支持模式（Prizant et al.，2006）、早期干预丹佛模式（Rogers & Dawson，2009）、教导父母成为社交教练（肖石花，李晶，2023）。自然发展行为干预更有助于增强儿童的自主性，使其习得的技能得以更好地维持和泛化。

陈莲俊（2006）提出，在学前融合教育课堂应遵循积极行为支持的原则，即基于功能性评估，通过前事控制、行为教导、后果处理等策略来制订和实施计划（Carr & Sidener，2002），以达到预防和减少个体问题行为、改善个体生活方式，并最终提高其生活质量的目的（林云强，张福娟，2012）。积极行为支持先以访谈和观察等方法来明确定义个案的问题行为，评估其功能，进而制定具体应对问题行为的策略（昝飞，2013）。在行为训练时，逐渐增加同伴介入，促进同伴互动和心理支持，与融合教育理念契合。该方法就是让正常发育的伙伴通过示范、强化与提示帮助孤独症儿童发展社会交往与沟通技能。郑群山等（2017）应用同伴介入式游戏干预有效促进了一名就读于普通幼儿园中班的孤独症幼儿社交能力的发展，这种方法还能对普通儿童在帮助他人、接受个体差异信念的训练上有直接帮助。

（二）个别化教育计划的相关研究

孤独症儿童症状程度差异较大，行为干预必须更多结合个别化教育计划（Individualized Education Program，IEP），该计划在国内外的推广是从20世纪末开始的（于素红，2012）。肖非（2005）认为，个别化教育计划是一项统筹特殊需要学生的特殊教育和身心全面发展的总体构想。刘佳男和于松梅（2017）指出IEP能够为儿童当前发展阶段和水平提供连续详细的记录，为教育评估和转介服务提供依据，可推动家校合作的有效开展。詹世英（2020）认为个别化教育计划的核心在于评估学生最近的学科表现和基础能力，以此为起点设立短期和长期训练目标，调动支持体系中不同角色的力量来实施个别化支持教学，跟踪和检验支持教学的效果，并及时进行阶段性调整。优质的个别化教育计划可促进家长、学生、教师等相关人员协同，是将融合教育付诸实践的有效工具之一（邓猛，郭玲，2010）。

徐胜（2005）在幼儿园结合前期评估为一名特殊幼儿制订并实施了适宜的个别化教育计划，有效促进了该儿童与同伴的互动。刘敏和李伟亚（2014）也发现该方法可以增进幼儿园、专业人员和家长之间的合作互信，明确儿童的问题和需求，提高教育的针对性和有效性。不过，王红霞等（2020）调查发现个别化教育计划的实施面临着教师能力不足、精力有限和团队配合困难等问题，对教师团队的要求较高。

（三）学龄前孤独症儿童融合教育

学前融合教育（Inclusive Early Childhood Education）有狭义和广义之分。狭义学前融合教育指的是为3~6岁特殊儿童提供非隔离式教学环境以及相关特殊教育服务，以促进他们的学习与发展。这种做法是为了支持满足特殊儿童独特需求的个性化实践而存在的（张玲，邓猛，2022，2023）。而广义学前融合教育则是提供公平、优质的教育和服务，以满足所有幼儿的发展需求（邓猛，赵泓，2019）。学前融合教育尊重每一名幼儿，让每一名特殊幼儿都有权利接受应有的教育，体现了对生命本身的尊重与爱护（周念丽，2008）。研究显示，有效实施学前融合教育有助于促进孤独症儿童运动、语言和社交能力的发展（Rafferty et al.，2003），也能帮助普通儿童在社会认知和亲社会行为等方面有所成长（杨希洁，2005；Peck et al.，1992）。苏雪云等（2017）从发展生态学角度指出，实现高质量的学前融合教育需要教育支持系统关注以下要素：儿童自身的能力与特征、家庭支持、融合环境的接纳与专业素养。为此，需要针对这些要素展开专业、具体的融合教育行动策略研究。

在融合教育背景下，嵌入式教学（Embedded Instruction）将儿童教育计划或教学融入日常活动或由儿童主动发起的活动中（Rakap & Balikci，2017），不仅可以保证普通学生的教学成效，还能促进孤独症、发育迟缓等不同类型儿童在社交和语言等多方面综合发展（Chiara et al.，1995；Grisham-Brown et al.，2000）。有学者发现，嵌入式教学在尊重儿童发展主体性的基础上能激发儿童的学习兴趣，有效提升学龄前特殊幼儿在融合环境中的认知、社会交往能力以及动作技能（刘廷廷，朱宗顺，2018；杜婧，2023）。魏寿洪和牟映雪（2017）针对学前融合教育环境中孤独症儿童与普通儿童的互动提出了三项促进策略，其内容包括加强普通儿童、提升孤独症儿童的社交能力，以及创建全员参与的环境。重视家园合作、营造良好沟通氛围、提升幼儿教师专业技能、积极利用同伴策略等都是提升学前融合教育背景下孤独症儿童师幼互动质量的重要方法（李艳玮等，2021；王利丽，张兰，2018）。

概括而言，学龄前孤独症儿童融合教育，需要幼儿教师、儿童家长以及专业人员的通力协作，将前述的自然发展行为干预、积极行为支持、嵌入式教学与个别化教育计划整合构成一系列融合教育行动，为孤独症儿童提供有针对性的指导与支持，减轻其社会交往与沟通障碍，促进其语言、认知理解等综合能力发展，实现孤独症儿童在融合环境下良性发展与适应的目标。同时，也在以上行动过程中逐步建构出对孤独症儿童乃至更多特殊儿童理解、包容、接纳、支持的教育生态环境。但是，毕竟学龄前孤独症儿童具有其特殊性，实现有效的融合教育并非易事。为探索学龄前孤独症儿童融合教育模式，经与南京市某幼儿园负责人暨一名孤独症儿童家长沟通，研究者在对该儿童发展状况进行系统评估基础上，制订个别化教育计划，实施并完成融合教育的行动研究。

二　研究对象

研究对象为南京市某幼儿园混龄班随班学习的小星（化名）。据其母亲介绍，因小星在 19 个月龄时明显缺少和周围人的沟通与分享行为，同时存在兴趣局限问题，家长带其前往专业医院问诊。医生根据现场观察及父母口述做出孤独症高危组判断，表述其存在人际互动及沟通缺乏且以单向为主、兴趣狭窄、行为刻板等情况。2021 年，家长再带小星至上海交通大学医学院附属新华医院进行多项身体和心理以及相关障碍程度检查，医生表述其身体发育状况良好，动作、语言理解与表达、社交能力有明显迟滞。

以此个案为研究对象展开的行动研究得到了南京师范大学心理学院伦理委员会的批准，研究个案的监护人和参与者在参与研究前均签署知情同意书。

（一）个案家庭生活背景

小星，男孩，2018 年 6 月出生。自出生起与父母及祖父母同住，爸爸因工作需要常年出差，小星平时的生活照料和教育由爷爷、奶奶、妈妈共同承担。家庭在小星生活照料与教育问题上做了较为明确的分工，爷爷奶奶负责照料小星生活，妈妈在下班后或假期负责小星的学习指导并保持与幼儿园老师、专业老师的沟通，爸爸也尽量挤出时间多陪伴小星。

小星的家人担忧小星不能很好地融入幼儿园班级活动，后续就学也会存在困难。

（二）个案前期干预与教育经历

2020 年 3 月，小星 21 个月龄时，本文作者丁涛（后文称研究者）经南京特殊教育师范学院老师推荐被聘为孩子家庭指导教师，每周来小星家 2 次，提供包括评估、制订个别化教育计划、使用专业策略示范等支持服务。通过其与家庭成员的共同努力，小星在家居环境中的语言理解与表达、人际沟通出现了明显进步。该项服务持续到 2023 年 1 月。其间的 2021 年 9 月，已 3 岁 2 个月的小星进入幼儿园半日托班。小星在托班常常独自摸索班级部分玩具，较少参与班级活动，很少与老师及同伴互动，对他人的主动沟通很少回应。班主任表示对其指导很困难，希望得到专业人士的指导。上述情况持续一年至其升入幼儿园小班，小星在托班和幼儿园小班均不能完成适应性学习。

2022 年 2 月~12 月，研究者与小星班级老师进行了多次沟通并逐步建立了信任。在此基础上，2023 年 2 月起，研究者以小星专业辅导教师身份进入了其所在班级，有机会深入了解小星在班级适应与发展方面的状况并随时提供支持与指导，同时也与班级里的老师建立了更好的合作关系。此文所介绍的融合教育行动研究，正式开始于 2023 年 9 月。

（三）行动研究前对个案的评估

行动研究前，研究者综合分析小星所在班级老师和小星妈妈的访谈资料、小星在园各项常规与学习活动的观察记录，形成小星班级活动与适应状况的系统评估，如表 1 所示。

表 1　行动研究前小星班级活动及适应性评估

评估项目	状态描述
生活常规	具备基本生活自理能力，如独立吃饭、自己接水喝、独立如厕。因对规则不理解、反应不及时而无法及时跟进集体活动进程
在园常规	在熟悉的老师明确要求和及时指导下，可完成换鞋、换衣，点到名字时有回应等。但对上述活动的规则理解有困难，不能独立执行
游戏与教学活动	主动关注数学类游戏，在此类活动中会持续且稳定地积极学习与探索。偏好于此类活动和数学教具，不理解教师日常教学指令，无视其中的规则和要求，无法及时关注老师讲解，不能顺利参与集体学习。极少主动尝试非数学类活动，指导效果不理想

续表

评估项目	状态描述
沟通与交往	在示范、提醒下会以重复方式回应老师的主动问好。对熟悉的话题应答能力薄弱，对话无法维持。会用单词向熟悉的老师表达需求，如想要玩数字卷游戏时，会对身旁老师说：数字卷。与伙伴无主动交往，对其他伙伴发起的交流很少回应
其他活动	因语言沟通、交往力、认知力不足，加之对活动缺乏兴趣，难以完成值日生、值日班长、早操、户外游戏、幼儿园晨会等活动，在提醒下可短暂地被动关注或参与

研究者还使用《心理教育评定量表中文修订第三版》（Revised Chinese Version of Psycho-educational Profile，C-PEP-3）对小星的发展与适应水平进行了专业评估，结果如表 2 所示。

表 2　2023 年 9 月 8 日 C-PEP-3 评估结果

	认知	语言理解	语言表达	小肌肉	大肌肉	模仿	情感表达	社交互动	非语言行为	语言行为
发展情况	49	42	38	40	44	30				
适应问题程度	中度	中度	中度	中度	轻微	中度	中度	严重	中度	中度

注：表 2 各项评估原始分及百分等级详见表 6。

评估结果显示，5 岁 2 个月的小星除大肌肉外的各领域均存在中度及以上程度的适应问题，其中社交互动领域最为严重。

三　行动研究方案

（一）行动研究的参与者和所在班级

小星就读幼儿园混龄班。该班有四位教学老师，一位生活老师。除 Y 老师外，其他老师均是 9 月新加入小星班级的。研究参与者包括：本文作者之一丁涛，即“研究者”，小星妈妈，小星所在班级的 Y 老师、W 老师、Z 老师。参与者的具体角色及任务如下所示。

研究者：特殊教育专科、心理健康教育专业本科及硕士在读，有多年从事孤独症等特殊儿童教育指导经验。在此项行动研究中的任务是对小星日常学习与生活进行专业辅导，使用 C-PEP-3 对小星进行专业评估，主持融合教育计划的制订工作，相关支持资料的整理与分析。

小星妈妈：负责小星在家生活相关表现的信息记录，参与个别化教育计划会议和融合教育计划制订，并负责部分教育内容落实。

Y 老师：小星所在班级管理督导老师，参与历次教育计划会议并提出问题和解决方案，制订并实施融合教育计划。Y 老师幼教经验丰富，但融合教育经验不足，存在焦虑情绪。

W 老师：小星所在班级班主任，参与个别化教育会议，实施个别化教育计划任务。W 老师参加过与融合教育相关的专业培训，但对落实融合教育工作信心不足。

Z 老师：小星所在班级新入职教师、个别化教育计划的主动参与者，负责收集小星在园具体行为资料。Z 老师对融合教育有一定认识基础，但缺乏实践经验。

班级伙伴：小星所在混龄班共有 31 名儿童，其中小班组 11 人、中班组 9 人、大班组 11 人（含小星）。大班组和中班组儿童对小星较熟悉并有较多关注，如小星在上课时试图起身离开座位，身旁的儿童会试图阻止并大声告知老师；小星想要另一名儿童正在玩的玩具，该儿童会主动谦让。班级同学也会试图和小星沟通，但会因为小星没有回应而使沟通无效。在这些较熟悉小星的儿童眼中，小星有点“不听话”，上课“不太认真”“不喜欢说话”，和他说话“也不理”，但是“很可爱”。

（二）行动研究目标

全面提升个案班级活动参与度和主动性，加强儿童对活动的理解与表达以及在活动中与人的交往与沟通能力。

促进专业教师、幼儿教师、家长在学前融合教育环境下的相互协作，及提升其有针对性地支持孤独症儿童的意识与能力。

概括总结学龄前孤独症儿童融合教育有效行动的相关要素、策略与具体方法。

（三）行动的四个阶段

融合教育行动中，参与者通过评估确认小星原有发展与适应水平、班级各项活动中的实际表现、存在问题、学习优势及其所需指导内容，按照由表及里、由局部到整体的原则，将训练内容进行分解，确定不同层次的训练目标，并依据其递进关系将融合教育行动划分为四个具体阶段，每个阶段时长为一个月，具体目标和内容如表 3 所示。

表 3　融合教育训练目标与内容

行动阶段	阶段定义	目标内容
阶段一	示范支持尝试 带入班级活动	基于原有适应水平，从个别项目入手，渐进地将个案带入班级活动，通过有针对性的示范和密集支持，耐心引导其尝试
阶段二	鼓励自主独立 参与班级活动	在个案完整完成活动的动作连接，且理解动作指令及动作顺序的情况下，鼓励其自主、独立参与更多班级活动
阶段三	加强活动理解 提升人际沟通	关注个案对活动的认知理解与沟通表达，支持其与教师及伙伴的言语交流，提高其参与班级活动的协调性和自主性
阶段四	促进互动融合 拓展活动领域	巩固个案自主性，拓展其对活动的理解与需求表达、社会沟通方式，保持其优势领域并拓展训练项目，提高适应性

（四）行动的基本原则

孤独症儿童普遍存在交往与沟通障碍，其参与社会性活动需要不同程度的支持。融合教育行动下，专业人员、幼儿教师正确使用积极行为支持、嵌入式教学、同伴介入干预以及自然发展行为干预策略等循证方法，可帮助孤独症儿童实现个别化的教育目标。在使用这些方法或策略时，务必结合实际情况，顾及相关人员的任务压力，使计划易于落实。研究者针对小星的教育指导计划，制定了 10 条行动原则，如表 4 所示。

表 4　融合教育行动的 10 条行动原则

序号	行动原则	说明
1	以动态评估为基础	每一阶段工作均以对小星兴趣、需求、认知、语言与交往的现状评估为基础
2	关注尊重参与动机	关注小星直接兴趣并将其作为指导工作的起点，提升小星的参与程度
3	提供自主选择机会	在具体活动中，给小星提供更多选择机会，培养其自主性和主动性
4	关注强化积极结果	以表扬、拥抱、重述等社会性奖励对小星的良好行为、有效行为进行强化
5	行为训练任务分解	将任务分解为易成功的步骤，以维持小星持久动机和兴趣，使其体验成功

续表

序号	行动原则	说明
6	提供活动的一致性	阶段性地保持生活和学习活动的稳定秩序和常规，增加小星对环境的可预知性，使他在安全的环境中识别变化并有兴趣引起变化
7	学习融入日常生活	利用日常生活情境支持鼓励小星的学习，这需要做好家校沟通、协同
8	语言表达清晰明确	言语沟通相对简单，意义明确，避免过多修饰和过度评价，争取得到回应
9	允许安静独自活动	允许小星有属于自己的安静时间，能自主独立地投入自己喜欢的活动
10	合理分组适时调整	根据评估，按照小星发展阶段和需要，灵活带入不同的学习或教学小组

四　行动的实施与效果

（一）阶段一：示范支持尝试带入班级活动

1. 确定行动重点与教育目标

融合教育行动的基础阶段，重点是通过持续且密集的个别化辅导与支持，帮助小星尽可能多地完成入园、在园、离园的常规活动，并尽可能参与班级活动。通过与小星妈妈、Y 老师的讨论拟定该阶段的教育目标，并将月目标分解为周目标。

2. 教育行动的实施

研究者在班级各项活动中为小星提供具体且密集的支持与指导，Y 老师在各项集体常规、游戏以及教学活动中给予小星有针对性的要求、示范与指导以及积极肯定，小星妈妈在家庭环境中关注对小星生活自理技能的培养以及班级适应技能的强化练习。

实际行动中，严格对照培养目标落实活动计划，并从积极行为视角出发，理解个案在活动中未及时关注老师、反馈不及时、自言自语等问题行为背后的原因。在日常活动中为其提供选择、练习、示范、沟通与表达机会，同时将儿童感兴趣的活动作为其参与活动的奖励，随时肯定儿童的尝试以及正确行为。

为促使各方及时跟进目标的执行与相关专业方法得到使用，研究者将目标实施情况及其相关要点汇总为每日执行记录分享到支持团队微信群，以便Y老师、小星妈妈及时跟进目标执行情况与具体行动实施方法。

3. 教育行动效果评估

个案发展与适应评估。对阶段目标的执行情况进行全面检核发现，小星在各项班级活动中均有了更为积极的参与，如入园时回应老师们的问好、独立参与班内进餐活动等，在感兴趣且有明显优势的数学类活动中更能理解老师要求并做出及时回应。小星在班级活动中的参与度有明显提升，沟通交流均有积极变化。Y老师和小星妈妈都感觉与其交流变得更轻松。

班级生态评估。Y老师表示通过这一阶段和研究者的沟通、配合，让她有更为放松的状态，更加理解小星当下的训练目标及实施方法。因为研究者在班级活动中对小星的密集指导，让包括Y老师在内的班级老师都更加清楚如何支持小星参与班级活动。

家庭生态评估。小星妈妈在访谈中表示，通过这一阶段的努力，看到小星在各种活动中有明显进步，更加放松。她感到因为训练目标、实施方法很具体，家中的训练也更轻松有效。

4. 教育行动小结

小星能完成大部分的训练目标内容，所在班级及其家庭生态均有积极变化：班级教师的心理压力有所降低，包括Y老师在内的幼儿教师也因为研究者及时交流反馈、现场示范，对小星的教育目标及支持策略有了深入理解；缓解了家长焦虑，家庭中的练习有了更明确的目标、素材和实施方法。

（二）阶段二：鼓励自主独立参与班级活动

1. 确定行动重点与教育目标

该阶段重点提升小星在班级活动中的主动性、独立性。基于前期效果评估确定本阶段具体计划，如入园时有礼貌地和老师、同伴打招呼；进班后能够换鞋、签到、放好外套，遵守活动规则；按照要求做值日；使用完整句子表达需求，如“我想要去美工区做数字卷”等。

2. 教育行动的实施

研究者在班级各项活动中动态评估小星参与表现，在他遇到困难时提供及时支持、及时肯定他独立参与的行为。Y老师在各项集体活动中积极关注小星独立参与行为，并在班级进行有针对性的肯定与鼓励。小星妈妈在家庭环境中，通过和小星一起查看他参与班级活动的图片或视频，间接肯定小星在活动中的独立参与行为，并巩固其对活动相关要素的理解与表达。

具体行动中，为小星提供尽可能多的选择与独立尝试机会，对其独立参与活动的行为提供有针对性的肯定与鼓励，将小星感兴趣的活动作为其独立参与活动的自然奖励。研究者坚持分享每日目标执行记录，以便老师和家长及时跟进目标执行情况，把握行动具体方法和操作要领。

3. 教育行动效果评估

个案发展与适应评估。小星在入园、在园、离园时，均能完成常规的人际互动，并能主动完成脱/叠/放衣服、换鞋、签到、打扫包干区等活动。在适宜的时间、地点做自己感兴趣的活动，清楚自己的值日日期并在示范下完成指定值日项目。在升国旗过程中保持安静，参与班级晨会表演。在教学活动开始前，按照要求做好准备，如搬椅子到指定区域等待老师。在教学活动中，回答与教学内容直接相关的问题。

班级生态评估。在此阶段，班级的 W 老师参加了区教育局举办的融合教育优秀教学活动评比，研究者有了和 W 老师直接交流并使用专业策略系统支持小星的机会。班级教师对融合教育有了更多了解，相互间开始主动交流、分享参与融合教育行动的认识和体验。

家庭生态评估。小星妈妈对于孩子参与班级活动更加放心，给予孩子家庭指导的目标与方法更清晰，对融合教育更有信心，时间投入也更多。这些变化让小星妈妈及其他家人更愿意与班级老师沟通交流孩子的表现与变化，家园协同更为顺畅与和谐。

4. 教育行动小结

该阶段的融合教育行动，明显提升了小星参与班级活动的主动性和独立性，并在过程中有了更多语言沟通。研究者与班级教师有了更多的专业交流与分享，逐步形成了更为紧密的教育共同体，融合教育行动的内容范围和影响进一步扩大。

（三）阶段三：加强活动理解提升人际沟通

1. 确定行动重点与教育目标

经过前两个阶段的工作，小星能够独立参与班级大多数活动。阶段三的行动重点是全面加强小星对各项活动相关要素的认知理解与表达，提升其在活动中与人的交往与沟通能力，如能够独立完成早操，协助老师准备活动器材，在户外活动中和周围人进行有意义的沟通。

2. 教育行动的实施

研究者在班级各项活动中引导、支持小星认识并表达出活动名称、内容、地点、相关人物等要素，示范、引导小星与同伴协作、沟通。Y老师在各项集体常规、游戏以及教学活动中通过清晰示范帮助小星认识并表达活动名称、内容等，同时鼓励同伴为小星提供示范，与其协作。小星妈妈通过小星参与班级活动的图片与视频，引导小星讲述这些活动名称、内容、地点以及相关人物等信息。

3. 教育行动效果评估

个案发展与适应评估。小星能完成对班级大部分活动名称、地点、主要内容等要素的理解与表述，在熟悉活动中的参与更加独立自主，对身边同伴开始主动关注并能接受引导去分享熟悉的信息。小星妈妈说："感觉他现在与小伙伴有真正的互动了。"国画课的老师说："我把绘画的步骤跟他说清楚，他能一直听着我说，然后逐步地画出作品。"

班级生态评估。班级老师与研究者协商制定融合教育目标及相应落实策略，给予小星更多有针对性的指导，积极肯定小星参与班级活动的努力与点滴进步。班级中的同伴对小星行为的关注与理解更多，并在此基础上主动为小星提供有针对性的支持。

（四）阶段四：促进互动融合拓展活动领域

1. 确定行动重点与教育目标

阶段四中，班级老师在各项活动中的针对性支持行为明显增加。基于此，该阶段融合教育行动的重点是：通过全班教师的积极支持，巩固并拓展小星在各项活动中的参与、认知理解与表达、沟通与交流的领域，使其更好地完成连贯性活动。

2. 教育行动的实施

班级教师在各项活动中为小星提供选择机会，对其独立、主动或尝试参与的行为及时给予鼓励、肯定，在他参与班级活动有明显困难时，提供明确的示范与指导，关注他对活动内容和要求的理解情况，在各项活动中与小星进行有针对性的沟通交流。班级教师及研究者创设机会使同伴与小星有更多协作、交往与沟通。

3. 教育行动效果评估

个案发展与适应评估。随着阶段四融合教育行动任务的完成，用时近一个学期共四个月的融合教育计划也全部得到落实。该阶段结束时的效果评估也是一个学期融合教育行动的效果评估。首先结合研究者和班级教师的观察、活动日志对其学期训练目标进行检核，结果如表 5 所示。

表 5 融合教育训练目标检核

活动领域	训练目标	完成情况
入园	和不同成人有合宜的问好	完成
	同伴问好时及时回应	完成
	依序说出即将进行的常规活动	完成
	依序做出以上口头表达的各项活动	完成
就餐	按照集体就餐规则依序开展不同活动	完成
	跟随集体进行音乐奥尔夫游戏《榨果汁》	完成
早操	理解并表达出早操地点	完成
	自主跟随集体到早操地点，并找到自己的早操点位	完成
	自主参与早操的全部内容	完成
户外活动	理解并表达户外活动的地点	完成
	与同伴、老师一起摆放器材	完成
	与老师沟通协商确认即将开展的各项活动	及时引导可完成
	按照不同活动的要求，依序开展不同的户外活动	及时引导可完成
午休	睡前整齐摆放衣物	完成
	午休期间保持安静	完成
	起床后整理好床铺，自主穿衣	完成
区域活动	和不同老师表达需求，如想要玩百格板时和正在组织教学活动的 L 老师说，“L 老师，我想玩百格板”	完成
	按照要求在合适的地点开展活动	完成
	活动结束后通过对话向成人描述自己活动的项目和名称	完成
集体教学	能够及时关注老师示范的内容	完成
	能够按照要求回答与教学内容相关的问题	完成
	在老师或同伴展示时，保持安静	手势提醒可完成

检核结果显示，除三项是在老师引导或手势提醒下完成外，小星能按照要求基本完成在园常规、活动类教学项目，与教师的互动交流频繁有效，并表现出对活动的规划性，可以独立或通过适时引导进行需求表达、合作、协商等系列的沟通与交流。

使用量表（C-PEP-3）对小星进行再评估，并与融合教育行动前的评估结果进行对比，结果如表 6 所示。小星在认知、语言表达、语言理解、情感表达、社交互动、言语行为等方面均有实质性积极变化，其中语言理解从中度发展障碍转为恰当、社交互动从严重转为中度。

表 6　C-PEP-3 评估前后测结果对比

领域	原始分		百分等级		发展情况		适应问题程度	
	前测	后测	前测	后测	前测	后测	前测	后测
认知	56	63	57	84	49	60	中度	轻微
语言表达	29	40	33	89	38	61	中度	轻微
语言理解	34	37	53	95	42	51	中度	恰当
小肌肉	36	39	42	70	40	50	中度	中度
大肌肉	30	30	86	85	44	44	轻微	轻微
模仿	16	19	32	67	30	43	中度	中度
情感表达	18	21	41	88			中度	轻微
社交互动	12	18	16	52			严重	中度
非言语行为	26	28	45	70			中度	中度
言语行为	13	19	28	88			中度	轻微

通过访谈小星爸爸妈妈及班级各位老师证实，经过一个学期多方合作的融合教育系列行动，小星在班级活动参与、在园适应等各领域均有积极改变。小星在与不同人的言语交流与互动、不同活动的适应及参与中情绪理解与表达均有了显著改善。

班级生态发生了诸多细微且积极的改变。在融合教育行动持续一个学期的过程中，明确的训练目标、持续且稳定的计划、严格的执行以及定期的分享帮助深度参与的 Y 老师和 W 老师提升了帮助孤独症儿童的专业意识和能力，两位老师对小星的帮助更加全面、系统、连贯且有效，他们在指导小星时的心理与工作压力显著降低。

小星爸爸妈妈均在访谈中表示本次行动研究对孩子成长、降低家庭压力甚至对父母职业发展都有积极影响，他们认为这样的融合教育模式“非常好，非常专业”“目标制定得很明确、很合理”。这样的教育模式，给小星带来了很大的改变，家长感到更放松，也更有信心，小星妈妈表示“很满意”“希望持续下去”。本次学前融合教育的行动研究缓解了孤独症儿童家长的育儿压力，使孩子与父母的关系更加亲密。

五　结语

（一）合作与支持是融合教育行动基础

针对学龄前孤独症儿童的融合教育行动包含系统评估、设立个别化融合教育目标、采取结合行为分析的循证实践策略。其中每个步骤的积极成效均基于专业老师、普通幼儿教师与孤独症儿童家长之间的相互信任、充分沟通、积极合作和相互支持，因此形成了支持性较为稳定的融合教育行动共同体。

（二）个别化融合教育目标是行动核心

教育行动统筹孤独症儿童核心障碍与特殊行为模式、个案发展阶段与适应水平、个案在班级各项活动中具体表现与问题，按照不同学期、不同阶段形成满足儿童各领域发展与适应需求的个别化融合教育目标，以目标稳步实现为行动原则，形成行动计划，理清不同阶段融合教育行动重点、主要参与者及其分工，开展具体融合教育行动，及时记录目标执行情况，以目标完成情况作为融合教育阶段性行动对儿童发展影响的重要衡量指标。

（三）持续稳定的专业指导是重要支撑

孤独症儿童核心障碍是社会交往与沟通，同时还存在兴趣单一以及行为刻板的问题。幼儿教师普遍缺乏对孤独症儿童的充分理解以及难以为其提供有针对性的帮助，因此在实践中，容易产生较多心理压力与挫败感。

研究者通过稳定的示范支持，协助幼儿教师逐渐深度参与到理解、支持学龄前孤独症儿童的融合教育行动中，同时研究者也对幼儿教师采取的各项融合教育行动进行积极关注、鼓励，帮助幼儿教师减轻心理压力，逐步提升其在班级活动中有针对性地指导孤独症儿童的信心与能力。

作者贡献和利益冲突声明：丁涛负责研究的构思与设计，以及行动研究计划的落实和论文初稿的撰写；邓铸对研究构思与设计进行指导，并负责对研究全部过程进行监督和对论文写作进行指导和修改。本文所有作者均无利益冲突。

参考文献

陈莲俊 .（2006）. 浅谈学前融合教育的课堂教学原则 . *幼儿教育（教育科学版）*，（Z1），40-43.

邓猛，郭玲 .（2010）. 西方个别化教育计划的理论反思及其对我国特殊教育发展的启示 . *中国特殊教育*，（6），3-7. doi：10. 3969/j. issn. 1007-3728. 2010. 06. 002

邓猛，赵泓 .（2019）. 新时期我国融合教育现状和发展趋势 . *残疾人研究*，（1），12-18. doi：10. 3969/j. issn. 2095-0810. 2019. 01. 005

杜婧 .（2023）. 嵌入式教学在学前教育领域中的应用研究综述 . *科教文汇*，（21），184-188. doi：10. 16871/j. cnki. kjwh. 2023. 21. 048

李艳玮，张雨祺，傅佳玥，袁宗金 .（2021）. 学前融合教育背景下自闭症幼儿师幼互动现状及改进策略 . *南京晓庄学院学报*，*37*（1），52-58+123. doi：10. 3969/j. issn. 1009-7902. 2021. 01. 009

李忠励，叶浩生 .（2014）. 自闭症谱系障碍的病因分析：来自镜像神经系统的启示 . *中国特殊教育*，（8），60-66. doi：10. 3969/j. issn. 1007-3728. 2014. 08. 011

林云强，张福娟 .（2012）. 自闭症儿童攻击行为功能评估及干预策略研究进展 . *中国特殊教育*，（11），47-52. doi：10. 3969/j. issn. 1007-3728. 2012. 11. 009

刘佳男，于松梅 .（2017）. 自闭症儿童个别化教育计划拟定和实施的问题探析 . *绥化学院学报*，37（1），70-73. doi：10. 3969/j. issn. 2095-0438. 2017. 01. 018

刘敏，李伟亚 .（2014）. 学前融合教育中 IEP 实践模式的探索——基于一所公立幼儿园的融合教育个案研究 . *幼儿教育*，（Z3），68-74.

刘廷廷，朱宗顺 .（2018）. 嵌入式教学及其在学前融合教育中的应用 . *现代特殊教育*，（11），27-31. doi：10. 3969/j. issn. 1004-8014. 2018. 11. 009

苏雪云，顾泳芬，杨广学 .（2017）. 发展生态学视角下的自闭症儿童融合教育支持系统：

基于个案分析和现场研究．*基础教育*，*14*（2），84－89＋95. doi：10.3969/j.issn.1005－2232.2017.02.010

王红霞，莫琳琳，牛爽爽．(2020)．融合教育学校个别化教育计划实施状况研究——基于北京市海淀区的调查．*中国特殊教育*，(7)，31－36.

王利丽，张兰．(2018)．学前融合教育中自闭症儿童社会支持策略的实施．*现代特殊教育*，(19)，37－39. doi：10.3969/j.issn.1004－8014.2018.19.012

魏寿洪，牟映雪．(2017)．学前普通儿童与自闭症儿童社会互动现状及促进策略．*学前教育研究*，(6)，40－48. doi：10.13861/j.cnki.sece.2017.06.005

肖非．(2005)．关于个别化教育计划几个问题的思考．*中国特殊教育*，(2)，8－12. doi：10.3969/j.issn.1007－3728.2005.02.002

肖石花，李晶．(2023)．自然发展行为干预在孤独症早期干预中的应用．*心理科学进展*，*31*（12），2350－2367. doi.org/10.3724/SP.J.1042.2023.02350

徐胜．(2005)．特殊幼儿融合教育个案研究报告．*中国特殊教育*，(7)，59－64. doi：10.3969/j.issn.1007－3728.2005.07.012

杨希洁．(2005)．关于学前全纳教育有效性的思考．*中国特殊教育*，(9)，3－7. doi：10.3969/j.issn.1007－3728.2005.09.001

于素红．(2012)．个别化教育计划的现实困境与发展趋势．*中国特殊教育*，(3)，3－8＋27. doi：10.3969/j.issn.1007－3728.2012.03.001

昝飞．(2013)．*积极行为支持——基于功能评估的问题行为干预*．北京：中国轻工业出版社．

詹世英．(2020)．基于通用教学设计理念的个别化教育实践．*现代特殊教育*，(7)，20－23. doi：10.3969/j.issn.1004－8014.2020.07.006

张玲，邓猛．(2022)．新时代我国融合教育发展的本土模式与实践特色——基于《"十四五"特殊教育发展提升行动计划》的解读．*残疾人研究*，(1)，40－47. doi：10.3969/j.issn.2095－0810.2022.01.005

张玲，邓猛．(2023)．我国学前融合教育高质量发展的内涵、特征与行动理路．*学前教育研究*，(8)，1－9. doi：10.13861/j.cnki.sece.2023.08.002

郑群山，胡晓毅，刘全全．(2017)．以同伴介入式游戏干预孤独症幼儿社交沟通的个案研究．*现代特殊教育*，(8)，33－40.

周念丽．(2008)．*学前融合教育的比较与实证研究*．上海：华东师范大学出版社．

Carr, J. E., & Sidener, T. M. (2002). On the relation between applied behavior analysis and positive behavioral support. *The Behavior Analyst*, *25* (2), 245－253. doi: 10.1007/BF03392062

Chiara, L., Schuster, J. W., Bell, J. K., & Wolery, M. (1995). Small-group massed-trial and individually-distributed-trial instruction with preschoolers. *Journal of Early Intervention*, *19* (3), 203–217. doi: 10. 1177/105381519501900305

Grisham-Brown, J., Schuster, J. W., Hemmeter, M. L., & Collins, B. C. (2000). Using an embedding strategy to teach preschoolers with significant disabilities. *Journal of Behavioral Education*, *10* (2–3), 139–162. doi: 10. 1023/A: 1016688130297

Kupferstein, H. (2018). Evidence of increased PTSD symptoms in autistics exposed to applied behavior analysis. *Advances in Autism*, *4* (1), 19–29. doi: 10. 1108/AIA-08-2017-0016

Lovaas, O. I. (1987). Behavioral treatment and normal educational and intellectual functioning in young autistic children. *Journal of Consulting and Clinical Psychology*, *55* (1), 3–9. doi. org/10. 1037/0022-006X. 55. 1. 3

Peck, C. A., Carlson, P., & Helmstetter, E. (1992). Parent and teacher perceptions of outcomes for typically developing children enrolled in integrated early childhood programs: A statewide survey. *Journal of Early Intervention*, *16* (1), 53–63. doi: 10. 1177/10538151 9201600105

Prizant, B. M., Wetherby, A. M., Rubin, E. M. S., Laurent, A. C., & Rydell, P. J. (2006). *The SCERTS model: A comprehensive educational approach for children with autism spectrum disorders* (*Vol.* 1). Brookes Publishing.

Rafferty, Y., Piscitelli, V., & Boettcher, C. (2003). The Impact of inclusion on language development and social competerne among preschoolers with disabilities. *Exceptional Children*, *69* (4), 467–479. doi: 10. 1177/001440290306900405

Rakap, S., & Balikci, S. (2017). Using embedded instruction to teach functional skills to a preschool child with autism. *International Journal of Developmental Disabilities*, *63* (1), 17–26. doi: 10. 1080/20473869. 2015. 1109801

Rogers, S. J., & Dawson, G. (2009). *Early start Denver model curriculum checklist for young children with autism*. Guilford Press.

Schreibman, L. (2007). *The science and fiction of autism*. Harvard University Press.

Vivanti, G., & Zhong, H. N. (2020). Naturalistic developmental behavioral interventions for children with autism. In G. Vivanti, K. Bottema-Beutel, & L. Turner-Brown (eds.). *Clinical guide to early interventions for children with autism* (pp. 93–130). Springer.

Action Research on Inclusive Education for Preschool Children with Autism

Ding Tao
(School of Psychology, Nanjing Normal University, Nanjing, 210097, China; Hellor R&E Center, Nanjing, 210017, China)
Deng Zhu
(School of Psychology, Nanjing Normal University, Nanjing, 210097, China)

Abstract: In the field of inclusive education for preschool children with autism, the key issue to be addressed and explored is individualizing plans for coaching and training based on the level of psychological development and behavioral adaptation of each specific case, so as to promote their effective development in the general education context. In a case-based action study on inclusive education, we developed a four-stage individual plan based on systematic evaluation for the child: support and introduce the child into class activities through demonstration; encourage the child's own initiative to participate in class activities; build up the child's understanding of the activities and improve interpersonal communication skills in the activities; and increase the child's interaction and integration with peers and expand the range of activities. Through the implementation of the plan, the collaboration between the researcher, the kindergarten class teachers and peers, and the family members of the case have been effectively promoted. This process contributed to compose favorable "ecosystem" for inclusive education, and significantly improved the child's performance in many aspects such as self-care in home life, regular class activities, learning in programs, language communication, and interpersonal interactions. The inclusive education action plan has potential to be promoted.

Keywords: Children with Autism; Inclusive Education; Education for Children with Special Needs

基于贝叶斯网络的老年人选择性注意与运动能力的因果关系分析*

刘 钰

（北京大学心理与认知科学学院，贵州民族大学心理学系）

苏 瑞 苏彦捷**

（北京大学心理与认知科学学院，行为与心理健康北京市重点实验室）

何 卫

（国家体育总局体育科学研究所）

曹春梅 丁 宇

（清华大学体育部）

李 爽

（贵州民族大学心理学系）

摘 要 研究通过对老年人不同运动能力与选择性注意的关系分析，探讨注意对老年人运动能力的影响。共招募59岁以上健康老年人53名，采用双重任务范式对选择性注意进行测量，采用握力、30秒连续坐起、闭眼单足站立、起立行走计时对运动能力展开测量。结果表明，选择性注意与各运动能力之间存在相关性；贝叶斯因果分析结果显示，选择性注意与运动能力各子成分间存在因果关系，说明运动能力衰退和选择性注意衰退同

* 本文受到贵州省哲学社会科学重点项目（项目编号：20GZZD39）和国家自然科学基金项目（项目编号：32071075）的资助。

** 通讯作者：苏彦捷，北京大学心理与认知科学学院教授，E-mail：yjsu@ pku. edu. cn.

步之余也存在因果关系。

关键词 贝叶斯网络 老年人 双任务 选择性注意 运动能力

一 问题提出

注意是个体分配认知资源以专注处理信息，同时克服干扰和抑制分心的能力。以往研究者将注意分为警觉（alertness）、有限容量或资源（limited capacity or resource）和选择性（selectivity）三类（Posner & Boies，1971）。其中，注意的选择性是注意能力最本质的特征之一（Moray，1970）。选择性注意是指个体优先选择某种信息进行细致加工，而忽略其他信息的过程（Li & Lou，2019）。Fernandez 等（2019）发现与选择性注意能力相关的执行控制脑网络区域的活跃度与敏感性会随着年龄的增长而逐渐下降。此外，注意作为一种有限的资源，无法兼顾运动的速度与精度，当运动速度增加时，精度往往会降低，反之亦然（郭小军，罗照盛，2019；Fitts & Deininger，1954）。因此，注意能力的下降可能会导致老年人步行和活动能力障碍（Basak & Verhaeghen，2003）。

运动能力作为人类生存的基本能力之一，指人的自主运动能力。对老年人而言，运动能力是影响其生活质量的重要因素之一。首先，老年人肌肉力量下降，上下肢力量逐渐弱化。相较于上肢，下肢运动贯穿老年人日常生活，很多运动行为需下肢参与。老年人下肢运动能力是跌倒问题的核心影响因素，增强其下肢能力能有效减少跌倒风险，提升生活质量（陈洁颖，卢昭延，2020）。其次，老年人平衡控制能力减弱。平衡控制能力可以分为静态平衡能力与动态平衡能力，静态平衡能力指人体维持某一特定姿势时保持稳定状态的能力，动态平衡能力是运动过程中控制身体重心和调整姿势的能力（李燕，黄丽华，2019）。平衡能力与诸多肌肉肢体功能相关，体现了整体运动协调性，保障活动过程的安全。

注意力与运动能力相关。随着年龄的增长，脑老化现象逐渐显现，会破坏运动输出神经的完整性，进而降低神经心理能力。这导致老年人可能从无意识运动控制转向更有意识或更专注运动控制（Liu et al.，2014）。认知能力也随年龄增长而逐渐下降，分配到运动控制的认知资源减少且处理速度减慢，增加了老年人在运动中跌倒的风险（Fernandez et al.，2019）。

Holtzer等（2006）发现，注意是步速的一个显著预测指标，表明注意和步态之间可能存在部分共同的神经基础，同时各自也有独立的作用机制。随着集中注意能力下降，老年人在步态控制和平衡方面遭遇的困难日益增加。有研究证实，持续注意表现较差会导致跌倒次数增加（Nagamatsu et al.，2013）。Holtzer等（2007）的一项回顾性研究发现，注意测试表现较差的个体在过去12个月中出现单次或重复跌倒的概率更高。室内跌倒多与身体虚弱有关，而室外跌倒则与注意能力缺失有关，这意味着老年人需在不熟悉的环境中练习注意能力（Decullier et al.，2010）。Wu等（2020）研究发现视觉空间忽视形成的注意力不足是老年人跌倒的一个重要因素。此外，选择性注意是运动技能形成的重要前提（郑桂海等，2009）。Nougier和Bonnel（1991）发现选择性注意不仅能促进运动过程中相关信息处理，还能有效抑制运动过程中的分心物。双重任务范式常用来评估选择性注意。有研究发现，在双任务过程中，老年人在注意转移到第二个任务时，原有的步行模式被破坏，表现出任务切换的障碍（Hawkes et al.，2012；Nonnekes et al.，2020）。双重任务表现也与老年人跌倒风险有关，是老年人跌倒或跌倒风险的预测因子（Hsu et al.，2012）。有学者发现节律-运动双任务训练干预可增加可利用的认知资源并改善步态控制，是预防跌倒的关键因素（Kim & Yoo，2020）。因此，注意在保障老年人运动能力中起关键作用。

综上所述，在衰退过程中，老年人注意能力与运动能力密切相关。尽管前人用不同方法对老年人运动能力某一成分与注意进行了相关分析，尤其是注意对步行能力的影响，但未能将运动能力统合考虑，且测量注意范围过于宽泛，而选择性注意作为注意的本质，对整体运动能力的影响必然有其特性。上肢力量对评估老年人身体运动能力有重要预测作用（魏源，2019），下肢肌肉力量与活动能力和身体稳定性密切相关，下肢肌肉力量衰退会导致人体平衡性下降，增加老年人跌倒的风险（Rijken et al.，2015；Ibeneme et al.，2018）。平衡能力代表的核心肌力下降是老年人跌倒的最重要因素（陈如杰等，2018；王哲培等，2018），步行能力是老年人日常生活最基本的运动能力，是上肢力量、下肢力量、平衡能力的统筹（Shumway-Cook et al.，2000）。同时，以往缺乏通过机器学习的方法对注意与整体运动能力之间复杂关系进行的研究。贝叶斯网络作为一种置信网络和生成模型，提供了高可解释性，在解决系统决策问题方面具有先天的理论优势，与深度神经网络相比，贝叶斯网络具有它的优势和应用场景（瞿锡垚等，2019）。因此，本研究采用贝叶斯因果结构图，统合考察上肢力量、下肢力量、平衡能力、步行能力与选择性注意间的关系，以探究选择性注意与四种代表性运动能力间的影响路径。

二　研究方法

（一）研究对象

利用海报招募北京市 59 岁以上能独立行走、视力良好的健康老年人。排除标准为：正接受物理治疗、患心脑血管疾病、头部受创（或其他脑外伤病史）等无法满足测试要求，同时采用简易智能量表确认没有认知缺陷或潜在神经缺陷。最终招募研究对象 53 名（年龄为 59～77 岁，$M=67.69$，$SD=4.70$），所有人签订知情同意书并独立完成测试。研究对象基本信息如表 1 所示。

表 1　研究对象基本信息（*M*，*SD*）

性别	人数（人）	年龄（岁）	身高（厘米）	体重（公斤）	受教育年限（年）
男	25	69.0，4.3	169.0，6.4	67.8，9.6	16.9，3.6
女	28	67.2，5.0	157.1，4.9	61.0，9.8	15.3，4.1

（二）测量方法

1. 选择性注意

采用双重任务范式（Hawkes et al.，2012）测量选择性注意，所有测试均在上午完成。双重任务范式包含在无级变速跑步机上走路和面孔识别测试（汪亚珉，黄雅梅，2011）两项任务，要求被试根据自身情况选择适宜速度，热身 5 分钟，适应走步模式后，边走路边进行面孔识别测试。从“中国情绪图片库”中选 15 幅悲伤情绪面孔、15 幅快乐情绪面孔作为面孔识别测试任务的刺激材料。面孔识别测试实验流程为：屏幕中央呈现 600 ms 白色注视点“+”，注视点消失后呈现 3000 ms“面孔图片”。被试通过左食指按“F”键，右食指按“J”键尽可能快又准地判断出情绪，按键对应的情绪面孔类型在被试间进行了平衡。被试按下按键后出现下一个“+”，之后呈现 3000 ms “面孔图片”。每次测试进行 120 次面孔识别，耗时 5 分钟，测试前告知被试判断次数，给予心理预期，避免测试单调使被试失去兴趣而降低准确性。

单任务测试被试只需完成面孔识别测试。

观察指标包括：单任务和双任务条件下悲伤面孔正确率、快乐面孔正确率、悲伤面孔反应时、快乐面孔反应时、悲伤面孔正确反应时、快乐面孔正确反应时。

2. 运动能力

研究选取运动能力的变量为握力、30 秒连续坐起、闭眼单足站立和起立行走计时。

（1）握力（handgrip strength，Taekema et al.，2010）：握力主要测试上肢肌肉群发达度，测试前臂和手部肌肉力量，反映上肢力量发展水平。体能测试常以握力体重指数形式体现，即把握力大小与被试体重联系起来，获得科学的体力评估。

（2）30 秒连续坐起（30-s chair-stand test，Jones et al.，1999）：评估老年人下肢力量的经典方法，重测信度为 0.84～0.92，效度为 0.71～0.78（Jones et al.，1999）。被试坐在高 43 厘米、无扶手椅子中间，后背挺直，两脚与肩同宽，双手环抱于胸前。过程：听到“开始”口令，被试起立站直，后坐下，再起立再坐下，循环往复，记录 30 秒时间内连续坐起次数。

（3）闭眼单足站立（single leg stance-eyes closed，Riemann et al.，1999）：测量人体在没有可视参照物时，仅依靠前庭器官平衡感受器和全身肌肉协调运动，维持全身单脚支撑状态时间，评价被试平衡能力，重测信度为 0.98。过程：放松状态下闭眼自然站立，听到“开始”口令后抬一只脚（自主），脚尖离地后计时，支撑脚移动或抬起脚落地时停表。

（4）起立行走计时（the timed “Up & Go”，Steffen et al.，2002）：评估老年人步行能力与基本运动能力，重测信度为 0.99，效度为 0.81（Podsiadlo & Richardson，1991）。过程：被试穿着舒适鞋子，坐在高度为 46 厘米有扶手的椅子上，后背靠在椅背上，两臂放在扶手上。发出“准备-走”口令后计时，被试站起，以舒适的步速向前直线走 3 米到标示线处后往回走，坐在椅子上且后背舒服靠在椅背上时停表，记录所用时间。

（三）数据处理与统计

本研究将“选择性注意”与“运动能力”相关特征变量编码，对53份数据进行描述性统计分析。采用Pearson相关分析单、双任务变量与运动能力间关系。研究数据均为同一个场景下实验所得，数据观测值除“性别”特征为离散值，其他特征均为连续变量，且成对出现。通过绘制箱形图检验数据是否存在异常值，有异常值的特征列表为双任务悲伤面孔反应时、双任务快乐面孔反应时、双任务悲伤面孔正确率、单任务悲伤面孔正确率、单任务快乐面孔正确率、双任务快乐面孔正确率、握力、闭眼单足站立。对于有异常值的特征列，使用该列平均值修正；通过绘制两两变量间的可视化结果图，发现数据符合线性相关。使用KS检验分析，若p值大于0.05，则数据服从正态分布，可进行Pearson相关分析。KS检验图显示双任务悲伤面孔正确率、单任务悲伤面孔正确率、单任务快乐面孔正确率、握力不服从正态分布，对双任务悲伤面孔正确率进行4次方处理；对单任务悲伤面孔正确率进行平方处理；对单任务快乐面孔正确率进行5次方处理；对握力进行取log处理。处理后再进行KS检验，检验结果显示服从正态分布。

三　结果

（一）选择性注意与运动能力的描述性统计与相关分析

单任务和双任务情绪面孔注意与运动能力的描述性统计分析结果如表2所示。进一步的相关分析发现，握力与双任务悲伤面孔正确反应时（$p=0.002$）、双任务快乐面孔正确反应时（$p=0.001$）显著相关。30秒连续坐起与双任务悲伤面孔反应时（$p=0.018$）、双任务快乐面孔反应时（$p=0.010$）、单任务快乐面孔反应时（$p=0.028$）、单任务快乐面孔正确反应时（$p=0.037$）显著相关。闭眼单足站立与双任务悲伤面孔反应时（$p=0.043$）、双任务快乐面孔反应时（$p=0.038$）、双任务悲伤面孔正确反应时（$p=0.002$）、双任务快乐面孔正确反应时（$p=0.002$）显著相关。起立行走计时与双任务悲伤面孔正确率（$p=0.010$）、双任务快乐面孔正确率（$p=0.034$）、双任务快乐面孔正确反应时（$p=0.013$）、单任务悲伤面孔正确率（$p=0.014$）显著相关。

表 2　观测变量的描述性统计分析结果

变量	M（SD）	悲伤面孔 正确率（%）		快乐面孔 正确率（%）		悲伤面孔 反应时（ms）		快乐面孔 反应时（ms）		悲伤面孔 正确反应时（ms）		快乐面孔 正确反应时（ms）	
		单任务	双任务	单任务	双任务	单任务	双任务	单任务	双任务	单任务	双任务	单任务	双任务
		0.92（0.05）	0.88（0.06）	0.88（0.09）	0.85（0.07）	732.56（105.72）	753.73（132.26）	723.85（139.89）	742.33（131.22）	726.49（103.53）	769.89（142.96）	723.88（142.86）	757.67（149.42）
握力	21.86（8.55）	-0.05	-0.04	0.13	0.16	0.08	0.10	0.12	0.11	0.08	-0.47**	0.17	-0.47**
30秒连续坐起	20.40（5.91）	-0.01	-0.2	-0.07	-0.14	-0.22	-0.40*	-0.36*	-0.39*	-0.22	-0.25	-0.34*	-0.27
闭眼单足站立	5.34（3.65）	-0.18	-0.17	0.05	-0.11	-0.04	-0.26*	-0.1	-0.25*	-0.06	-0.36**	-0.11	-0.39**
起立行走计时	8.71（2.07）	0.29*	0.38*	-0.17	-0.21*	-0.17	-0.02	0.06	0.06	-0.16	0.35	0.05	0.37*

注：* $p<0.05$，** $p<0.01$。

（二）选择性注意与运动能力的贝叶斯因果分析

本研究的主题是选择性注意与运动能力的关系，由于使用的数据属于无监督的数据，即没有标签的数据，只有特征数据，所以不可以使用回归或者分类等有监督的算法来研究。

我们先进行了特征间的相关性分析，需要注意的是，特征之间的 Pearson 相关性仅仅是基于我们实验数据的具体数值分布计算出来的关联程度，仅能代表特征之间数据的关联程度，不能直接进行因果判定。因果判定需要根据实验的具体情况，即实验数据与特征的相关逻辑来完成，更多的时候还需要借助其他分析方法来综合判断。因此本研究在下文中使用贝叶斯网络进行变量之间的因果关系判断。

贝叶斯网络是一种置信网络、一个生成模型，同时还是一个简单的白盒网络，提供了高可解释性的可能。相较于深度神经网络，贝叶斯网络仍有它的优势和应用场景。比如在故障分析、疾病诊断等场景下，以贝叶斯网络为代表的一些网络更加有优势。本研究的场景符合上述场景要求。因此，本研究选择贝叶斯网络学习方法分析选择性注意与运动能力的关系。贝叶斯网络的一个重要性质是：当一个节点的父节点概率分布确定之后，该节点条件独立于其所有的非直接父节点。这个性质方便我们计算变量之间的联合概率分布。

一般来说，多变量非独立随机变量的联合概率分布计算公式如下：

$$P(x_1, x_2, \ldots, x_n) = P(x_1)P(x_2 \mid x_1)P(x_3 \mid x_1, x_2)\cdots P(x_n \mid x_1, x_2, \cdots, x_{n-1})$$

将选择性注意与运动能力的相关特征对应到公式中，即年龄（X1）、双任务悲伤面孔正确率（X2）、单任务悲伤面孔正确率（X3）、握力（X4）。

有上述性质后，该公式就可简化为：

$$P(x_1, x_2, \ldots, x_n) = \prod_{i=1}^{n} P[x_i \mid Parents(x_i)]$$

研究选用 Python 语言中的 pgmpy 包进行贝叶斯网络学习，pgmpy 是一款基于 Python 的概率图模型包，主要包括贝叶斯网络、马尔可夫、蒙特卡洛等常见概率图模型的实现以及推断方法，由于除性别外的所有特征变量均为连续变量，在 Pearson 相关特征分析的基础上，选取所有的特征变量进行离散化处理，使数据符合贝叶斯网络要求，使用 pgmpy 下相关算法进行最优结构搜索，构成贝叶斯网络结构图，最后通过参数学习，得到具体节点概率表。

使用 pgmpy 包进行贝叶斯网络学习获得最优网络结构以及节点概率表的应用步骤如下。

步骤 1. 在 Pearson 相关分析的基础上，选取所有的特征变量，由于除性别外的所有特征变量均为连续变量，在 Pearson 相关特征分析的基础上，选取所有的特征变量进行离散化处理，使数据符合贝叶斯网络要求。

步骤 2. 确定网络结构（拓扑）用以反映变量节点之间的依赖关系。也就是明确图的结构。因为本研究的数据量与特征不是很大，通过 pgmpy. estimators 包下的 Hill Climb Search 来获得网络节点。

步骤 3. 明确每条边上的条件概率。通过 pgmpy. estimators 包下的极大似然估计进行节点的概率表估计。

（三）选择性注意与运动能力的贝叶斯因果结构图分析

基于实验数据，将贝叶斯网络模型可视化得到贝叶斯单任务结构图（见图 1）、贝叶斯双任务结构图（见图 2）、贝叶斯整体网络结构图（见图 3）。

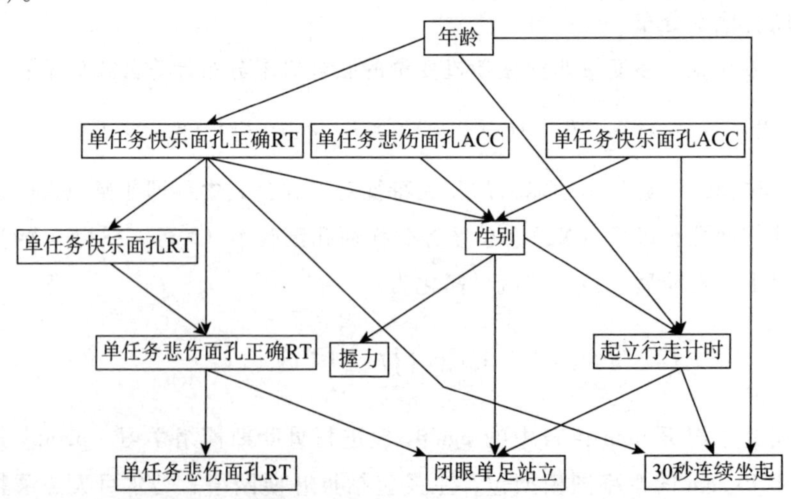

图 1　贝叶斯网络单任务选择性注意与运动能力的结构

说明：RT 为反应时，ACC 为正确率。下同。

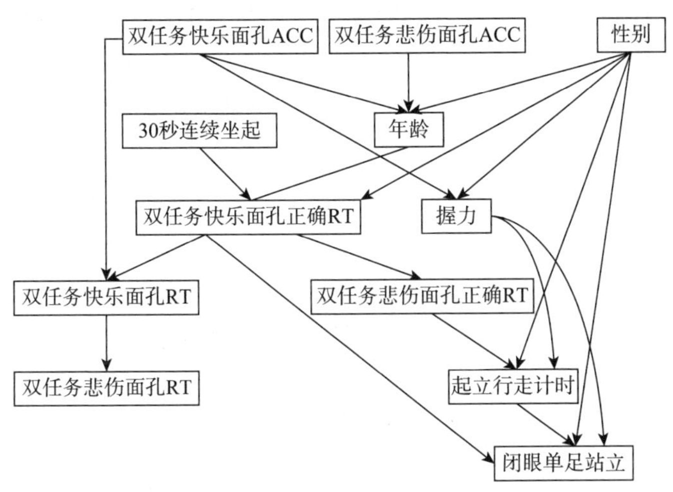

图 2　贝叶斯网络双任务选择性注意与运动能力的结构

将单任务结构图结合矩阵热力图与显著性分析，可以看出形成以下路径：性别→握力，性别→闭眼单足站立，年龄→单任务快乐面孔正确反应时→单任务悲伤面孔正确反应时→单任务悲伤面孔反应时，单任务快乐面孔正确反应时→30 秒连续坐起，单任务快乐面孔正确率→起立行走计时→30 秒连续坐起等。

将双任务结构图结合矩阵热力图与显著性分析，可以看出形成以下路径：双任务快乐面孔正确率→握力，性别→握力，30 秒连续坐起→双任务快乐面孔正确反应时→双任务悲伤面孔正确反应时→起立行走计时，30 秒连续坐起→双任务快乐面孔正确反应时→双任务快乐面孔反应时→双任务悲伤面孔反应时，双任务快乐面孔正确率→握力→闭眼单足站立，性别→闭眼单足站立，性别→双任务快乐面孔正确反应时→闭眼单足站立等。

将单任务变量与双任务变量整合得到贝叶斯整体网络结构图，结合矩阵热力图与显著性分析，对于握力，形成单任务快乐面孔正确率→双任务快乐面孔正确率→握力，单任务快乐面孔正确反应时→单任务快乐面孔反应时→双任务快乐面孔反应时→单任务悲伤面孔正确反应时→性别→握力这 2 条因果路径；对于 30 秒连续坐起，形成单任务快乐面孔正确率→双任务快乐面孔正确率→30 秒连续坐起，单任务快乐面孔正确率→年龄→30 秒连续坐起，单任务快乐面孔正确反应时→双任务快乐面孔反应时→双任务快乐面孔正确反应时→30 秒连续坐起 3 条路径；对于闭眼单足站立，形成双任务快乐面孔正确率→握力→闭眼单足站立，单任务快乐面孔正确反应时→单任务快乐面孔反应时→双任务快乐面孔反应时→双任务快乐面孔正确反应时→闭眼单足站立，起立行走→闭眼单足站立 3 条路径；对于起立行走计时，形成单任务快乐面孔正确率→单任务快乐面孔正确反应时→起立行走 1 条路径。

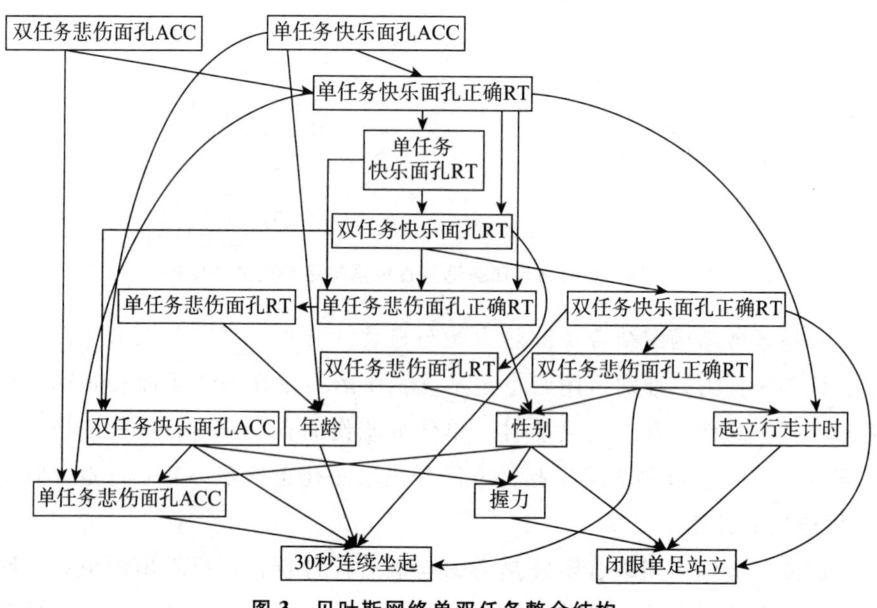

图 3 贝叶斯网络单双任务整合结构

四 讨论

（一）老年人选择性注意与上肢运动功能的关系

本研究发现选择性注意与握力存在相关性。单任务中，被试的认知资源均用于单一任务中，所以单任务能够较好地反映被试的认知能力总量；而双任务采用情绪面孔识别与运动，包含更多认知需求，被试需要将认知资源进行分配，所以在贝叶斯整体网络结构图中，影响路径均为单任务对双任务产生影响。共形成 2 条因果路径。

第一条因果路径中，单任务和双任务条件下快乐情绪识别的正确率和反应时能够预测握力表现。第二条因果路径中，单任务快乐面孔反应时和双任务快乐面孔反应时与正确率能够预测握力表现。这可能是因为，在认知加工过程中，情绪优先引起个体注意，占用较多的认知资源（张晓雯等，2012），削弱个体将有限的认知资源分配到运动能力上。Mullick 等（2015）对认知功能与上肢运动功能关系进行元分析，发现认知功能与上肢运动功能中度相关。Ji 等（2021）以脑卒中患者为对象，研究认知能力与恢复上肢运动能力关系发现，认知需求量对急性脑卒中患者上肢运动功能恢复产生一定影响，认知需求量更大的任务不仅与感知觉脑区相关，也能在背侧前岛叶这种与复杂认知相关的脑区产生影响，说明急性脑卒中患者后期康复过程需考虑认知需求量。在注意力方面，Gomes 等（2021）发现注意力焦点促进脑卒中患者上肢运动时间和速度优化，注意力焦点选择也对上肢运动功能产生不同的影响。本研究中，被试在双任务中的反应时越长，说明其一方面认知资源水平越有限，另一方面选择性注意的调整能力越差，反映在上肢运动能力中就是握力水平越低。

（二）老年人选择性注意与下肢运动功能的关系

本研究中，选择性注意与下肢运动功能存在相关性。在双任务中，情绪面孔的识别占用了被试一定认知资源，影响被试下肢运动能力。比如情绪任务反应时和情绪任务正确率均能对 30 秒连续坐起产生影响，共形成 3 条因果路径。

三条因果路径共同表现为，单任务快乐面孔识别正确反应时预测双任务快乐面孔识别的反应时和正确率以及双任务悲伤面孔识别的正确率，进而预测 30 秒连续坐起的表现。这和以往研究结果一致。Yang 等（2007）研究显示，经过为期四周的双任务训练后，慢性中风患者的行走能力相较于未接受训练的慢性中风患者显著增强，这表明双任务训练有助于被试通过选择性注意更有效地将认知资源分配至动作控制上。Plummer-D'Amato 等（2012）发现健康成年人在执行“搬运物体行走”双任务时，虽然下肢行走能力基本保持不变，但上肢能力下降。这种上、下肢能力变化差异反映了认知资源在双任务执行过程中的分配差异，即为保持行走平衡，下肢获得了更多的认知资源，而上肢获得的认知资源相对减少。此外，选择性注意在选择信息进行优先加工时，也对认知资源的分配产生影响，这种认知资源的分配在行为层面体现为运动能力变化。这表明选择性注意对运动能力的影响是整体性的影响，而非仅限于某一特定的运动能力。

（三）老年人选择性注意与平衡能力的关系

平衡能力与诸多肌肉肢体功能相关，是整体运动协调性的重要体现。本研究除闭眼单足站立外，其他运动能力也与平衡能力相关。本研究发现，老年人选择性注意与平衡能力在多个方面存在相关，如闭眼单足站立与面孔识别正确率、面孔识别反应时、面孔识别正确反应时都存在相关性；30秒连续坐起与面孔识别反应时和面孔识别正确反应时存在相关性。面孔识别反应时与正确反应时均对闭眼单足站立和起立行走计时形成因果关系。

Bloem 等（2001）提出在行走过程中，人体会采取“姿态优先”策略，即通过调整肢体来优先保持身体平衡。选择性注意作为一种信息加工的优先指标，可能也会倾向于优先处理与身体平衡相关的信息，从而影响肢体运动功能。老年人在动作控制上更采用实时控制，这需耗费更多认知资源来完成走路和保持平衡的任务，无法启动自动化加工过程。面对较复杂任务时，老年人可能会产生焦虑与恐惧，这促使他们在运动时更集中于内部注意，导致肌肉系统广泛低效地激活，无法启动自动化，加剧姿势不稳定性和平衡问题。另外，随着衰老，认知资源逐渐减少，在执行任务时可供分配的认知资源总量变少。这两点使老年人在识别任务上的反应速度变慢，外在行为表现为执行双任务能力减弱。

值得注意的是，除选择性注意与上肢运动功能和下肢运动功能形成负相关的路径之外，本研究在选择性注意与起立行走计时中形成的路径为正相关。起立行走计时是一项综合了上肢运动能力、下肢运动能力和平衡能力的复杂运动任务。在双任务中，被试将更多的认知资源运用到面孔识别任务中，也说明可以将更多认知资源运用到起立行走计时任务中，使得起立行走计时任务成绩更好。这也说明选择性注意与运动功能中的平衡功能有更高的相关性。

（四）老年人选择性注意与运动能力关系及机制

本研究发现，选择性注意与各运动能力间相关，并初步推断运动能力衰退和选择性注意衰退之间存在同步性，两者紧密相连。从发展的视角看，这一发现具有积极意义，它揭示了加强运动或提升选择性注意水平可能带来互惠利益，进而为设计干预手段、延缓老年人运动能力和选择性注意衰退提供了新思路。本研究创新点和意义在于统合考虑运动能力并使用了贝叶斯网络分析，通过节点形式直观展现变量，并用节点间的线明确揭示了变量间的关系。通过初步的贝叶斯网络学习，得到老年人选择性注意与运动能力间四条影响路径，说明老年人选择性注意与运动能力间的因果关系，这为保障老年人的身体健康提供了潜在的干预措施。

大脑统合作用是运动领域中的“外部干扰-身体平衡适应理论”的重要假说（渡部和彦，王芸，2014），该假说指出大脑的中枢加工器是决定运动行为表现的核心机制，这种机制很可能与 Pashler 的反应选择瓶颈（Response-Selection Bottleneck，RSB）模型中的任务加工过程三阶段（瓶颈前阶段、瓶颈阶段和瓶颈后阶段）（吴彦文等，2014；Pashler，1994a，1994b），以及信息加工研究范式的心理潜伏期高度重合（牟炜民等，1999）。按照这种假说的解释推断，作为内在机制中枢加工器的重要指标，选择性注意直接指向了其外显行为表现的运动能力。具体来说，根据 Pashler 的反应选择瓶颈模型，多个刺激同时输入，瓶颈前阶段和瓶颈后阶段能与另一任务瓶颈阶段并行加工，但瓶颈阶段的中枢加工器一次只能加工一个任务（吴彦文等，2014；Pashler，1994a，1994b）。因此，当两个任务同时需要进行中枢反应选择加工时，注意的选择性指向了注意资源量的分配。有研究表明选择性注意对视觉加工大脑神经元具有调节作用，包括负责运动信息加工的中颞叶和内侧颞叶及顶叶（黄玲等，2019）。Krebs 等（2021）通过刺激老年人左前额皮质与认知训练相结合，发现老年人在步行过程中注意力得到显著改善。

（五）本研究的不足

本研究通过贝叶斯因果分析的方法阐述了老年人选择性注意和运动能力之间的关系，但仍存在以下三点不足：（1）本研究所选取的被试数量较少，被试选择存在偏差，未来研究可以通过招募 60 岁以上的不同地区的老年人来更加系统地探究该问题，以提高研究结果的生态效度；（2）缺少进一步的干预研究来探究直接的因果关系，未来的研究可以通过干预的手段，来考察选择性注意对运动能力的预测作用；（3）本研究仅探究了现象，未研究机制，未来研究可采用核磁共振成像技术整合皮层下皮质，推进两者间关系大脑机制的认知研究。

五　结论

老年人选择性注意与运动能力是相关的，同时运动能力衰退和选择性注意衰退也存在因果关系。选择性注意更多地和运动能力子成分协调性中的平衡功能有关，可能的解释是信息加工研究范式的心理潜伏期和注意的反应选择瓶颈三阶段与平衡有关的大脑统合作用相重合，这可能是我们毕生发展中稳定存在的认知策略的模式。

本文第一作者已于 2022 年 12 月 16 日不幸意外离世，谨以此文沉痛悼念！

作者贡献和利益冲突声明：刘钰负责研究的构思与设计，数据的收取、分析、解释，以及论文撰写的主要工作；苏瑞负责论文结果解释、内容修改与格式校对；苏彦捷对研究构思与设计进行指导，并负责对本研究的全部过程进行监督与修改；何卫、曹春梅、丁宇、李爽负责数据采集和内容校对。本文所有作者均无利益冲突。

参考文献

陈洁颖，卢昭延 .（2020）. 老年人运动能力与跌倒风险的相关性研究 . *体育科学进展，8*（4），284-289. doi：10. 12677/APS. 2020. 84046

陈如杰，吴庆文，王冬燕，刘广天，董胜莲，戈玉杰 .（2018）. 弹力带训练对衰弱前期老年人平衡能力的影响 . *华北理工大学学报（医学版）*，（6），490-496. doi：10. 19539/j. cnki. 2095-2694. 2018. 06. 015

渡部和彦，王芸 .（2014）. 老年人的身体平衡能力与“外部干扰适应理论” . *体育科学，34*（2），54-59. doi：10. 16469/j. css. 2014. 02. 008

郭小军，罗照盛 .（2019）. 基于速度与准确率权衡的心理测量学模型及应用 . *心理学探新，39*（5），451-460.

黄玲，李梦莎，王丽娟，张喜淋 .（2019）. 视觉选择性注意的神经机制 . *生理学报，71*

(1), 11-21. doi: 10. 13294/j. aps. 2019. 0005

李燕，黄丽华 .(2019). 老年人平衡能力评估及干预的研究进展 . *中华护理杂志，54* (4), 603-608. doi: 10. 3761/j. issn. 0254-1769. 2019. 04. 026

牟炜民，张侃，郭素梅 .(1999). 反应选择和反应组织影响因素的实验研究 . *心理学报，31* (4), 411-417.

瞿锡垚，刘学军，张礼 .(2019). 一种增加先验知识库的贝叶斯网络推理模型 . *计算机技术与发展，29* (8), 92-95. doi: 10. 3969/j. issn. 1673-629X. 2019. 08. 018

汪亚珉，黄雅梅 .(2011). 面孔识别中的构形加工与特征加工 . *心理科学进展，19* (8), 1126-1137. doi: 10. 3724/SP. J. 1042. 2011. 01126

王哲培，张凯，保罗，汪毅，白震民 .(2018). 太极拳对老年女性下肢静态平衡、本体感觉与功能活动的影响 . *中华老年骨科与康复电子杂志*，(5), 296-301.

魏源 .(2019). 老年人握力的参考值及其与内在能力的关系 . *中华预防医学杂志，53* (6), 624. doi: 10. 3760/cma. j. issn. 0253-9624. 2019. 06. 105

吴彦文，游旭群，李海霞 .(2014). 注意力资源限制与双任务的相互干扰机制 . *心理学报，46* (2), 174-184. doi: 10. 3724/SP. J. 1041. 2014. 00174

张晓雯，禤宇明，傅小兰 .(2012). 情绪效价对趋避反应的作用 . *心理科学进展，20* (7), 1023-1030. doi: 10. 3724/SP. J. 1042. 2012. 01023

郑桂海，李四化，张森 .(2009). 体育运动中选择性注意的研究方法 . *北京体育大学学报*，(2), 142-144. doi: 10. 19582/j. cnki. 11-3785/g8. 2009. 02. 042

Basak, C., & Verhaeghen, P. (2003). Subitizing speed, subitizing range, counting speed, the stroop effect, and aging: Capacity differences and speed equivalence. *Psychology and Aging*, *18* (2), 240-249. doi: 10. 1037/0882-7974. 18. 2. 240

Bloem, B. R., Valkenburg, V. V., Slabbekoorn, M., & M, D, Willemsen. (2001). The multiple tasks test: Development and normal strategies. *Gait & Posture*, *14* (3), 191-202. doi: 10. 1016/S0966-6362 (01) 00141-2

Decullier, E., Couris, C. M., Beauchet, O., Zamora, A., Annweiler, C., Dargent, Molina, P., & Schott, A, M. (2010). Falls and faller profiles. *The Journal of Nutrition, Health & Aging*, *14* (7), 602-608. doi: 10. 1007/s12603-010-0130-x

Fernandez, N. B., Hars, M., Trombetti, A., & Vuilleumier, P. (2019). Age-related changes in attention control and their relationship with gait performance in older adults with high risk of falls. *NeuroImage*, *189*, 551-559. doi: 10. 1016/j. neuroimage. 2019. 01. 030

Fitts, P. M., & Deininger, R. L. (1954). S-r compatibility: Correspondence among paired elements within stimulus and response codes. *Journal of Experimental Psychology*, *48* (6), 483-492. doi: 10. 1037/h0054967

Gomes, C., Cacho, R. O., Nobrega, V., Galvo, F., & Cacho, E. (2021). Effects of attentional focus on upper extremity motor performance in post stroke patients: A randomized pilot study. *Medicine*, *100* (9), e24656. doi: 10.1097/MD.0000000000024656

Hawkes, T. D., Siu, K. C., Silsupadol, P., & Woollacott, M. H. (2012). Why does older adults? Balance become less stable when walking and performing a secondary task? Examination of attentional switching abilities. *Gait & Posture*, *35* (1), 159-163. doi: 10.1016/j.gaitpost.2011.09.001

Holtzer, R., Friedman, R., Lipton, R. B., Katz, M., Xue, X., & Verghese, J. (2007). The relationship between specific cognitive functions and falls in aging. *Neuropsychology*, *21* (5), 540-548. doi: 10.1037/0894-4105.21.5.540

Holtzer, R., Verghese, J., Xue, X., & Lipton, R. B. (2006). Cognitive processes related to gait velocity: Results from the Einstein Aging Study. *Neuropsychology*, *20* (2), 215-223. doi: 10.1037/0894-4105.20.2.215

Hsu, C. L., Nagamatsu, L. S., Davis, J. C., & Liu-Ambrose, T. (2012). Examining the relationship between specific cognitive processes and falls risk in older adults: A systematic review. *Osteoporosis International*, *23* (10), 2409-2424. doi: 10.1007/s00198-012-1992-z

Ibeneme, S. C., Ekanem, C., Ezuma, A., Iloanusi, N., Lasebikan, N. N., & Lasebikan, O. A. (2018). Walking balance is mediated by muscle strength and bone mineral density in postmenopausal women: An observational study. *Bmc Musculoskeletal Disorders*, *19* (1), 84. doi: 10.1186/s12891-018-2000-3

Ji, E. K., Wang, H. H., Jung, S. J., Lee, K. B., & Lim, S. H. (2021). Graded motor imagery training as a home exercise program for upper limb motor function in patients with chronic stroke: A randomized controlled trial. *Medicine*, *100* (3), e24351. doi: 10.1097/MD.0000000000024351

Jones, C. J., Rikli, R. E., & Beam, W. C. (1999). A 30-s chair-stand test as a measure of lower body strength in community-residing older adults. *Research Quarterly for Exercise and Sport*, *70* (2), 113-119. doi: 10.1080/02701367.1999.10608028

Kim, Soo. Ji., & Yoo, Ga. Eul. (2020). Rhythm-Motor Dual Task intervention for fall prevention in healthy older adults. *Frontiers in Psychology*, *10*, 3027. doi: 10.3389/fpsyg.2019.03027

Krebs, C., Peter, J., Wyss, P., Brem, A. K., & Klppel, S. (2021). Transcranial electrical stimulation improves cognitive training effects in healthy elderly adults with low cognitive performance. *Clinical Neurophysiology*, *132* (6), 1254-1263. doi: 10.1016/j.clinph.2021.01.034

Li, Z., & Lou, J. (2019). Flanker tasks based on congruency manipulation are biased measures of selective attention in perceptual load studies. *Attention Perception & Psychophysics*, *81* (6), 1836-1845. doi: 10.3758/s13414-019-01730-7

Liu, Y., Chan, J. S. Y., & Yan, J. H. (2014). Neuropsychological mechanisms of falls in older adults. *Frontiers in Aging Neuroscience*, *6*, 64-71. doi: 10.3389/fnagi.2014.00064

Moray, N. (1970). Towards a quantitative theory of attention. *Acta Psychologica*, *33*, 111-117. doi: 10.1016/0001-6918 (70) 90126-5

Mullick, A. A., Subramanian, S. K., & Levin, M. F. (2015). Emerging evidence of the association between cognitive deficits and arm motor recovery after stroke: A meta-analysis. *Restorative Neurology and Neuroscience*, *33* (3), 389-403. doi: 10.3233/RNN-150510

Nagamatsu, L. S., Kam, I. W. Y., Liu-Ambrose, T., Chan, A., & Handy, T. C. (2013). Mind-Wandering and falls risk in older adults. *Psychology and Aging*, *28* (3), 685-691. doi: 10.1037/a0034197

Nonnekes, J., Dibilio, V., Barthel, C., Solis-Escalante, T., & Weerdesteyn, V. (2020). Understanding the dual-task costs of walking: A startreact study. *Experimental Brain Research*, *238* (5), 1359-1364. doi: 10.1007/s00221-020-05817-8

Nougier, T., & Bonnel, A. (1991). Information processing in sport and orienting of attention. *International Journal of Sport Psychology*, *22*, 307-327.

Pashler, H. (1994a). Dual-task interference in simple tasks: Data and theory. *Psychological Bulletin*, *116* (2), 220-224. doi: 10.1037/0033-2909.116.2.220

Pashler, H. (1994b). Divided attention: Storing and classifying briefly presented objects. *Psychonomic Bulletin & Review*, *1* (1), 115-118. doi: 10.3758/BF03200766

Plummer-D'Amato, P., Cohen, Z., Daee, N. A., Lawson, S. E., Lizotte, M. R., & Padilla, A. (2012). Effects of once weekly dual-task training in older adults: A pilot randomized controlled trial. *Geriatrics & gerontology international*, *12* (4), 622-629. doi: 10.1111/j.1447-0594.2011.00825.x

Podsiadlo, D., & Richardson, S. (1991). The timed "Up & Go": A test of basic functional mobility for frail elderly persons. *Journal of the American Geriatrics Society*, *39* (2), 142-148. doi: 10.1111/j.1532-5415.1991.tb01616.x

Posner, M. I., & Boies, S. J. (1971). Components of attention. *Psychological Review*, *78* (5), 391-408. doi: 10.1037/h0031333

Riemann, B. L., Guskiewicz, K. M., & Shields, E. W. (1999). Relationship between clinical and forceplate measures of postural stability. *Journal of Sport Rehabilitation*, *8*, 71-82. doi: 10.1123/jsr.8.2.71

Rijken, N., Engelen, B. V., Rooy, J. D., Weerdesteyn, V., & Geurts, A. (2015). Gait propulsion in patients with facioscapulohumeral muscular dystrophy and ankle plantarflexor weakness. *Gait & Posture*, *41* (2), 476-481. doi: 10.1016/j.gaitpost.2014.11.013

Shumway-Cook, A., Brauer, S., & Woollacott, M. (2000). Predicting the probability for falls in community-dwelling older adults using the timed up & go test. *Physical Therapy*, *80* (9), 896-903. doi: 10.1093/ptj/80.9.896

Steffen, T. M., Hacker, T. A., & Mollinger, L. (2002). Age-and gender-related test performance in community-dwelling elderly people: Six-minute walk test, Berg Balance Scale, Timed Up & Go Test, and gait speeds. *Physical Therapy*, *82* (2), 128-137. doi: 10.1093/ptj/82.2.128

Taekema, D. G., Gussekloo, J., Maier, A. B., Westendorp, R. G. J., & de Craen, Anton, J. M. (2010). Handgrip strength as a predictor of functional, psychological and social health. A prospective population-based study among the oldest old. *Age and Ageing*, *39* (3), 331-337. doi: org/10.1093/ageing/afq022

Wu, Y., Dai, Y., Jia, Y., Yu, S., & Wang, W. (2020). Carotid artery plaques and unilateral spatial neglect in the elderly. *Medicine*, *99* (4), e18998. doi: 10.1097/MD.0000000000018998

Yang, Y. R., Wang, R. Y., Chen, Y. C., & Kao, M. J. (2007). Dual-task exercise improves walking ability in chronic stroke: A randomized controlled trial. *Archives of Physical Medicine & Rehabilitation*, *88* (10), 1236-1240. doi: 10.1016/j.apmr.2007.06.762

Causal Relationship Between Selective Attention and Exercise Performance in Older Adults Based on Bayesian Networks

Liu Yu

(School of Psychological and Cognitive Sciences, Peking University, Beijing, 100091, China; Department of Psychology, Guizhou Minzu University, Guiyang, 550025, China)

Su Rui, Su Yanjie

(School of Psychological and Cognitive Sciences, Peking University, Beijing Key Laboratory of Behavior and Mental Health, Beijing, 100091, China)

He Wei

(China Institute of Sport Science, Beijing, 100061, China)

Cao Chunmei, Ding Yu

(Division of Sports Science and Physical Education, Tsinghua University, Beijing, 100084, China)

Li Shuang

(Department of Psychology, Guizhou Minzu University, Guiyang, 550025, China)

Abstract: This study investigates the relationship between different level of exercise performance and selective attention in older adults, aiming to explore the influence of attention on the exercise performance of the elderly. A total of 53 healthy individuals aged 59 and above were recruited for the study. The measurement of selective attention was conducted using a dual-task paradigm, while exercise performance was assessed through grip strength, 30-second continuous sit-to-stand, closed-eye single-leg stance, and timed walking tasks. The results revealed significant correlations between selective attention and various exercise performance. Bayesian causal analysis indicated a causal relationship between selective attention and individual components of motor abilities, suggesting that the decline in exercise performance and selective attention may occur synchronously and be causally linked.

Keywords: Bayesian Networks; Older Adults; Dual-Task; Selective Attention; Exercise Performance

社会心态对民众参与慈善捐赠的影响：基于中国社会心态调查（2022）的实证研究*

张　静
（中国社会科学院大学社会与民族学院）

王俊秀**
（温州医科大学精神医学学院，中国社会科学院社会学研究所）

摘　要　本文探讨了社会心态对中国民众慈善捐赠意愿和行为的影响，利用中国社会心态调查（2022）的数据，分析了社会情绪、社会认知和社会价值观三个维度对慈善捐赠的作用。研究发现，社会安全感、社会公平感、社会信任感和国家认同对慈善捐赠意愿有显著正向影响，其中，影响最大的因素是国家认同。社会情绪、社会支持感、生活满意度、利他主义和共同富裕信念对慈善捐赠意愿和行为都具有显著影响，其中，对捐赠行为影响最大的因素是利他主义。本研究提供了一个框架，综合分析社会心态的多维属性如何推动社会的慈善行为，对于提升公众的慈善意识和参与度具有重要意义。

关键词　社会心态　慈善　捐赠意愿　捐赠行为

一　引言

慈善事业作为推动社会正义、增进社会团结及促进经济平衡的关键力

---

* 本文受教育部哲学社会科学研究重大课题攻关项目“新冠肺炎疫情对国民社会心态影响研究”（项目编号：21JZD038）的资助。

** 通讯作者：王俊秀，温州医科大学精神医学学院教授，中国社会科学院社会学研究所研究员，E-mail：wang_jx@cass.org.cn。

量，其发展受到社会和心理等多重因素的影响。现有研究已经探讨了慈善捐赠的多种影响因素，比如宏观层面的研究关注经济增长（汪大海，南锐，2012）、税收政策（丁美东，2008）、公益组织服务（杜兰英等，2012）等对慈善捐赠的影响；微观层面的研究则着重于个体层面因素，包括个人收入（刘凤芹，卢玮静，2013）、教育背景（朱健刚，刘艺非，2024）、宗教信仰（Jamal et al.，2019）、性别差异（周泽将，2014）、职业特征（刘凤芹，卢玮静，2013）、政治面貌（徐苏琳，2021）以及主观社会地位（刘长江，2018）等。此外，也有部分研究关注社会网络（Lenzi et al.，2012；Unger et al.，2022）、社会信任（南方，罗微，2013）等社会心理因素对慈善捐赠行为的影响。尽管这些研究为我们理解慈善捐赠提供了重要视角，但它们往往忽略了社会心态这一宏观社会心理的潜在影响。社会心态对慈善捐赠的影响是至关重要的，因为慈善捐赠不仅仅是个体经济资源的转移，它还反映了社会的道德水平、社会责任感和人与人之间的互助精神等。社会心态具有整体性的力量，能够在多个层面上影响慈善捐赠行为。杨宜音（2012）提出的向下模型认为，当某种社会心态逐渐形成后，它就会作为一个整体自上而下影响个体和群体，向下过程中重要的通路是社会影响，包括服从、依从、从众、合作等过程。社会心态体现了社会结构中非还原性的宏观特性，为分析社会情绪、共同信念和共享价值观如何推动社会的慈善行为提供了一个框架。

社会心态作为一个多维且动态演变的宏观社会心理现象，其复杂性远远超出了单一维度的社会信任或社会网络研究范畴。过往的学术研究往往忽视了从文化与社会背景的多角度综合分析社会心态的多维属性，这种局限性导致对个体慈善捐赠意愿与行为影响机制的深入理解存在明显不足。因此，应当致力于构建一个更为全面的理论框架，以揭示社会心态对个体慈善捐赠行为的作用机制和影响路径。特别是在当前中国这样一个经历着快速经济发展和社会结构转型的国家背景下，公众的价值观念和行为模式正经历着显著的演变（周怡，2021），这也为探讨社会心态与慈善捐赠行为之间的关系提供了一个独特的研究情境。

因此，本研究旨在深入探讨以下问题：在中国特定的社会文化背景下，哪些关键的社会心态维度显著地影响民众的慈善捐赠意愿和行为？这些影响是否存在可识别的模式或趋势？通过系统性研究，本文期望为理解慈善捐赠背后的心理和社会基础提供新的宏观视角，从而有助于理解慈善捐赠行为在社会层面上的复杂性和动态性。此外，社会心态强调社会整体对个体本质和行为方式的重要影响，体现了社会结构对个体行为的形塑功能。在当前社会转型和价值多元化的背景下，研究社会心态如何影响慈善捐赠行为，对于提升公众的慈善意识和参与度，引导社会风气，推动社会公平与和谐具有重要的现实意义。

二 文献分析与研究假设

关于社会心态的界定和测量在学界有不少研究，杨宜音（2006）认为社会心态是“一段时间内弥散在整个社会或社会群体/类别中的宏观社会心境状态，是整个社会的情绪基调、社会共识和社会价值观的总和”，它是社会个体心态同质性的体现，但不是简单汇总，而是具有独特功能的心理现象，反映个人与社会的宏观心理关系。马广海（2008）认为社会心态是与特定社会状况或变迁相关联的，是存在于社会群体中的情绪、认知、行为意向和价值取向的总和。它是社会心理的动态部分，具有即时性和直接性。两位学者都强调了社会心态与社会情绪、社会认知、价值观和社会行为意向等心理层面紧密相关，且对个体及群体行为有重要影响。王俊秀（2014）提出了社会心态的结构和测量方法，包括社会需要、社会认知、社会情绪、社会价值和社会行为倾向等方面的指标体系，并且进一步细化出每个一级指标下属的二级指标，便于操作化测量。综合过往研究和指标的可测量性，本研究将社会心态分为社会情绪、社会认知和社会价值观三个指标来进行测量，并分别进一步细化，以研究其对慈善捐赠意愿和行为的影响，研究框架和变量关系如图 1 所示。

（一）社会情绪

社会情绪由基本情绪、复合情绪和集体情感氛围三个层面构成，源自个体在社会互动中的初级情绪反应，共同塑造了某一时期的社会情绪基础。这些情绪在特定情境下成为群体共享的体验，长期积累可能演化为一种情感文化。基本情绪主要包括满意/高兴、厌恶/恐惧、愤怒/强硬和失望/悲伤，复合情绪则包括自豪、羞愧、嫉妒、仇恨、希望和懊悔等，而集体情

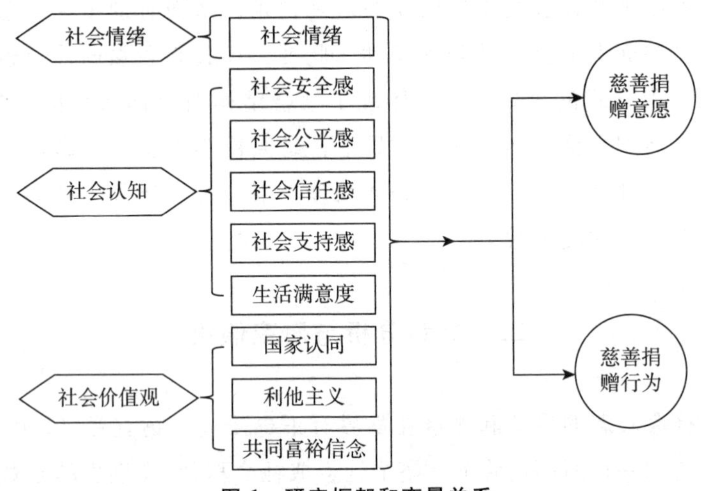

图 1　研究框架和变量关系

感氛围涉及焦虑、怨恨、浮躁、愉悦、平静、郁闷和冷漠等集体情绪表现形式（王俊秀，2014）。快乐的人相比痛苦的人更容易做出亲社会行为，这些特质也促使他们更倾向于进行慈善捐赠（Drouvelis & Grosskopf，2016）。由此，本研究提出假设 1：社会情绪对慈善捐赠具有显著的影响，积极的社会情绪能够提升人们参与慈善活动的意愿和捐赠行为频率。

（二）社会认知

社会认知的指标包含多个，王俊秀（2014）提出社会认知的下一级指标包括个体社会认知、群体社会认知和社会思维。社会心态更关注群体社会认知和社会思维；而群体社会认知的下一级指标是群体社会认知的结果，包括幸福感、社会安全感、社会支持感、社会公平感、社会信任感、社会成就感、效能感、归属感等。本文选择与研究问题关系更为密切的社会安全感、社会公平感、社会信任感、社会支持感和生活满意度来分析。

社会安全感通常指的是个体在社会环境中感到安全和受保护的程度，包括对个人安全、财产安全以及社会秩序的信任感。当社会安全感不足或者社会陷入某种危机之时，慈善捐赠相关行为也会随之减少。当社会安全感较高时，个体可能更少关注个人的安全和风险规避，因此更愿意承担捐赠可能带来的风险或损失（Brown & Rooney，2010）。由此，本研究提出假设 2a：民众的社会安全感对慈善捐赠有显著影响，社会安全感越强，慈善捐赠意愿越强，捐赠行为频率越高。

有学者研究了捐赠财务操作的公正性对捐赠意愿和行为的影响。Li 和 Feng（2021）探讨了捐赠者对财务结果公平性、财务程序公平性和财务信息公平性的感知如何影响其捐赠意愿。结果发现捐赠者对财务结果公平性的感知直接影响其捐赠意愿，而对财务程序公平性和财务信息公平性的感知则通过直接和间接途径影响捐赠意愿。这表明，捐赠者期望慈善机构在财务操作上透明和公正，以及在捐赠过程中高度参与和信息充分披露。Xu 等（2020）则选取了相反的角度，通过实验法探究了不公平感如何影响捐赠决策。结果表明，捐赠者对于不公平的捐赠提议持有厌恶感，即使慈善机构本身是值得捐赠的，捐赠者也可能因为提议的不公平性而拒绝捐赠。这一发现强调了在慈善捐赠过程中，从捐赠提议的公平性到捐赠后财务处理的公正性，都是影响捐赠者决策的重要因素。因此，社会公平感在慈善捐赠中扮演着至关重要的角色。基于此，本研究提出假设 2b：民众的社会公平感对慈善捐赠有显著影响，社会公平感越强，慈善捐赠意愿越强，捐赠行为频率越高。

“社会信任感是对社会、人际关系、组织的信任的认知和感受。”（王俊秀，2013）首先，那些通常愿意信任他人的人更有可能进行捐赠（Bekkers，2003）；其次，非营利慈善组织必须赢得公众的信任才能吸引捐赠（Bekkers，2006）。常进锋和章洵（2023）基于中国家庭追踪调查（CFPS 2018）的数据研究发现，社会信任程度越高，青年做出慈善捐赠行为的概率越大。Chapman 等（2021）通过元分析调查数据进一步证实，信任与捐赠行为之间存在正相关关系。基于文献的结果，本研究提出假设 2c：民众的社会信任感对慈善捐赠有显著影响，社会信任感越强，慈善捐赠意愿越强，捐赠行为频率越高。

社会支持感是个人在社会中感受到的来自他人、家庭、群体、组织、社会的精神、心理、行动上的帮助、鼓励等形式的支持（王俊秀，2013）。有研究揭示了社会网络规模与慈善捐赠行为之间的正相关关系（Lenzi et al.，2012）。慈善捐赠者与非慈善捐赠者形成各自的社会关系网，而社会关系在慈善捐赠同群效应中具有积极的作用（List & Price，2009）。还有研究提出，社会网络的密度和社会互动的频率可以正向预测个体的慈善捐赠行为（Unger et al.，2022）。这些研究表明，社会网络和社会支持感不仅在个体参与慈善捐赠的决策过程中起着重要作用，而且也影响着捐赠的频率。因此，本研究提出假设 2d：民众的社会支持感对慈善捐赠有显著影响，社会支持感越强，慈善捐赠意愿越强，捐赠行为频率越高。

生活满意度与捐赠行为之间存在显著的关系。个人向慈善组织的捐款金额与生活满意度之间存在正向关联，即慈善捐赠在个人收入中所占比例越高，其家庭的生活满意度越高（Mesch et al.，2017；Song et al.，2019）。不过，以往研究中更多地把慈善捐赠作为影响生活满意度的变量，而较少研究生活满意度对慈善捐赠的影响。基于二者的正相关关系，本研究提出假设 2e：民众的生活满意度对慈善捐赠有显著影响，生活满意度越高，慈善捐赠意愿越强，捐赠行为频率越高。

（三）社会价值观

社会价值观的次级指标涵盖了对国家的认知、道德理念、公民意识、公私观念、责任感、对财富的态度、对人际关系的看法、对权力的理解以及文化价值观等（王俊秀，2013）。国家认同感是一种深层次的集体自我概念，它涉及个体对自己所属国家的认知、情感和评价。国家认同感对慈善捐赠影响很大，对 1004 名英国受访者的在线调查发现，民族主义者更倾向于捐赠给国内慈善机构（Hart & Robson，2019）。利他主义价值观则是一种以他人利益为重的道德取向，它强调个体在社会互动中应当超越自我利益，关注和帮助他人。利他主义通常是那些在不期待任何回报的情况下，出于帮助他人和为他人带来快乐的愿望而采取的行动（Sauri，2022）。当人们在目睹他人遭受痛苦时，表现出关心、爱和温柔，就是利他主义的典型表现（Hazim et al.，2023）。

另外，社会价值观还可以通过塑造个体的道德观，对财富观念产生影响。第三次分配体现了基于道德责任的财富再分配原则，它是指人们完全出于自愿的捐赠和转移收入，比如对公益事业的捐献，这是出于特定文化价值观下的道德力量的分配，也是实现公平正义和共同富裕的一种分配新形态（孙春晨，2022）。在本研究中，我们结合慈善这一研究主题，采用与其相关的指标来衡量受访者的财富观念倾向性，即其对实现共同富裕的信心。对实现共同富裕信心强的群体，更有可能通过慈善捐赠这种形式，为实现共同富裕的目标而捐赠。基于以上的分析，本研究提出如下假设。

假设 3a：民众的国家认同对慈善捐赠有显著影响，国家认同感越强，慈善捐赠意愿越强，捐赠行为频率越高。

假设 3b：民众的道德观念对慈善捐赠有显著影响，道德观念越强，慈善捐赠意愿越强，捐赠行为频率越高。

假设 3c：民众的共同富裕信念对慈善捐赠有显著影响，共同富裕信念越强，慈善捐赠意愿越强，捐赠行为频率越高。

三 研究方法

（一）数据来源

本文使用的数据来自 2022 年中国社会心态调查（Chinese Social Mentality Survey 2022），由中国社会科学院社会学研究所社会心理学研究中心于 2022 年 7~11 月完成。根据第六次全国人口普查数据，在全国 30 个省（自治区、直辖市）进行分层抽样和 PPS 概率抽样，抽取 145 个县（市、区）的 314 个城镇社区，对其中在现地址居住 6 个月及以上的 18~70 周岁居民进行抽样调查。调查采用计算机辅助面访调查方式进行。实地调查时，由督导员带领若干访问员组成访问小组，以团队工作方式赴各县（市、区）完成入户问卷访问。本次调查最终获得有效问卷 10071 份。样本的主要特征如表 1 所示。

表 1 样本的主要特征

单位：人，%

变量	类别	人数	占比
性别	男性	4529	44.97
	女性	5542	55.03
出生年代	20 世纪 50 年代	501	4.97
	20 世纪 60 年代	1558	15.47
	20 世纪 70 年代	2537	25.19
	20 世纪 80 年代	3052	30.30
	20 世纪 90 年代	1992	19.78
	2000 年以后	431	4.28

续表

变量	类别	人数	占比
受教育程度	小学及以下	306	3.04
	初中	1812	17.99
	高中/中专/职高/技校	4147	41.18
	大专	2181	21.66
	本科及以上	1624	16.13
宗教信仰	无	8815	87.53
	有	1256	12.47
户籍	农村	4816	47.83
	城市	5253	52.17
政治面貌	非中共党员	9605	95.37
	中共党员	466	4.63

（二）测量工具

1. 因变量

本研究使用题目“您是否愿意为以下活动提供慈善捐助?”测量民众的慈善捐赠意愿。将慈善活动分为“扶贫、济困”“扶老、救孤、恤病、助残、优抚”“资助教育、卫生、体育、养老场所和硬件建设”“资助教育、卫生、体育、养老等领域购买社会化服务”“用于科技创新、科学研究”“弘扬传统文化”六个类型，题目内部一致性良好（Cronbach α 系数为 0.89）。采用李克特 7 点量表计分，被调查者从 1（非常不愿意）到 7（非常愿意）进行选择。将 6 道题的均分作为总体慈善捐赠意愿的得分。自我报告的慈善捐赠行为使用题目“您是否为帮助受困受灾的人而捐款捐物?”进行测量，采用李克特 7 点量表计分，被调查者从 1（从来没有）到 7（总是）进行选择。

2. 自变量

综合文献中关于社会心态的衡量方法和能采集到的数据，社会心态使用社会情绪、社会认知和社会价值观三个方面的指标进行测量。

社会情绪分别选取上班和在家的情绪状态作为衡量依据，包括愉悦或享受、生气或愤怒、担忧或害怕、伤心或悲哀、平静或轻松、厌恶。采用 7

点计分（1=从来没有，7=总是），对于负向情绪采用反向计分，即得分越高情绪越低。将两个维度各6个方面的得分加总求均值得到社会情绪变量，数值越大表明社会情绪越积极。本研究中所有题目内部一致性良好，Cronbach α 系数为0.80。

社会认知包括社会安全感、社会公平感、社会信任感、社会支持感、生活满意度。社会安全感（Cronbach α=0.86）的测量具体包括人身、个人和家庭财产、交通、医疗药品、食品、劳动、个人信息、环境、居住安全感以及总体上的安全状况，采用7点计分（1=非常不安全，7=非常安全）。总均值越高，社会安全感越强。社会公平感采用社会心态调查中测量总体公平感的项目，即请被调查者评价社会总体公平情况，采用7点计分（1=非常不公平，7=非常公平），数值越大，社会公平感越强。社会信任感（Cronbach α=0.91）包括一般社会信任和对陌生人的信任两个部分，取两题均值，数值越大，社会信任感越强。社会支持感（Cronbach α=0.70）考察被调查者社会支持的来源，包括家人、朋友、政府和机关、社会组织四个方面，采用7点计分（1=完全不能获得支持，7=完全能获得支持），总均值越大，社会支持感越强。生活满意度采用生活满意度量表（Cronbach α=0.85）测量，包含5个题目，采用7点计分（1=非常不同意，7=非常同意），总均值越大，生活满意度越高。

社会价值观包括国家认同、利他主义、共同富裕信念。采用国家认同量表测量民众对国家的认同感（Cronbach α=0.79），量表包含四个项目，采用7点计分（1=非常不同意，7=非常同意），总均值越大，国家认同越高。利他主义通过对陌生人的帮助频率来测量，采用7点计分（1=从来没有，7=总是），数值越大，利他主义道德观念越强。共同富裕信念主要衡量被调查者的共同富裕信心，以“你对实现共同富裕的信心是?”来衡量，采用7点计分（1=完全没信心，7=非常有信心），分值越高，信心越强。

3. 控制变量

本文使用调查数据中的性别、年龄、户籍、受教育程度、宗教信仰、政治面貌、主观社会阶层等变量作为控制变量。年龄变量使用出生年代划分，数值越大，越年轻。

四　结果与分析

（一）描述性统计结果

总体慈善捐赠意愿均值为4.95，接近5，表明受访者的平均捐赠意愿处于中等偏上的水平；标准差为1.04，说明受访者在捐赠意愿上存在一定程度的差异（见表2）。从图2可以看出，受访者对于“弘扬传统文化”的捐赠意愿最高，其次是“用于科技创新、科学研究”、“扶老、救孤、恤病、助残、优抚”和“扶贫、济困”，而对于“资助教育、卫生、体育、养老等领域购买社会化服务”和“资助教育、卫生、体育、养老场所和硬件建设”的捐赠意愿相对较低。

总体慈善捐赠行为均值为3.33，表明受访者的实际捐赠行为整体处于中等偏低的水平。相对标准差（标准差除以均值）为0.41，这表明变异程度占平均水平的41%，这在类似研究中被认为是相对较大的变异（见表2）。从图3可以看出慈善捐赠行为频率为“有时”的人数最多，慈善捐赠行为频率为“总是”的人数最少，整体呈现正偏态分布，即处于较低频率的捐赠者较多，而处于较高频率的捐赠者较少。

表2　主要变量的描述性统计结果

变量类别	变量	均值	标准差
社会认知	社会安全感	5.14	0.79
	社会公平感	5.04	1.05
	社会信任感	4.37	0.88
	社会支持感	4.99	0.87
	生活满意度	5.07	0.97
社会情绪	社会情绪	5.49	0.73
社会价值观	国家认同	5.66	0.87
	利他主义	3.10	1.37
	共同富裕信念	5.25	1.27
慈善捐赠	慈善捐赠意愿	4.95	1.04
	慈善捐赠行为	3.33	1.37

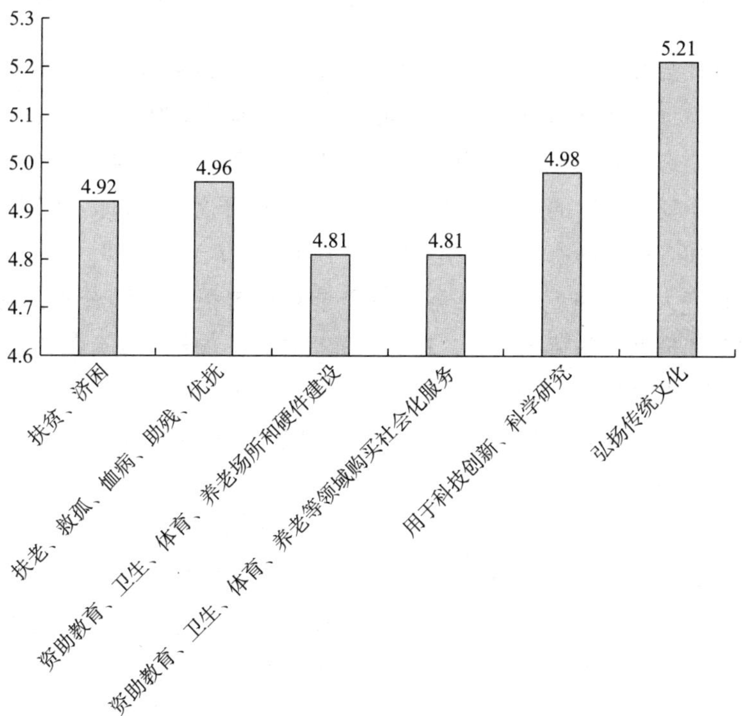

图 2　慈善捐赠意愿各个项目得分均值

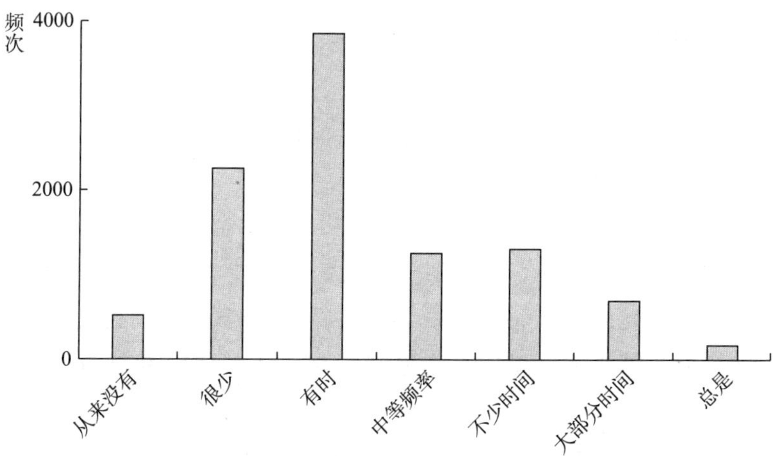

图 3　慈善捐赠行为频率分布情况

（二）社会心态对慈善捐赠意愿和慈善捐赠行为的影响

针对社会心态对慈善捐赠意愿和慈善捐赠行为影响的研究构建了4个线性回归模型（见表3）。其中，社会心态对慈善捐赠意愿影响方面，在没有添加社会心态变量的模型1中，模型的 $F=65.29$，$p<0.001$，R^2 为0.05，说明人口学变量构建的模型对慈善捐赠意愿的解释度较低，模型2在模型1的基础上加入社会心态变量，模型的 R^2 为0.25，$F=263.03$，$p<0.001$，模型的拟合度大幅提升，说明社会心态变量对慈善捐赠意愿有较大的影响。从模型3和模型4的情况来看，针对慈善捐赠行为的模型拟合度比较低，加入社会心态变量后 R^2 从0.03提升到0.17，模型显著性检验 F 值从33.75提升到172.90，$ps<0.001$，说明社会心态对慈善捐赠行为也有一定影响。

1. 社会情绪

回归模型2显示，社会情绪对慈善捐赠意愿具有显著影响，说明社会情绪越积极，慈善捐赠意愿越强，当社会情绪的积极度提高一个单位时，慈善捐赠意愿会增加0.12个单位。虽然0.12的系数看起来不大，但考虑到慈善捐赠意愿可能本身就是一个相对有限的数值范围，这个边际效应在实际中可能具有重要意义。它可能意味着通过提升社会情绪，可以有效地提升慈善捐赠意愿。从模型4来看，社会情绪对慈善捐赠行为的影响也是显著的，并且影响的方向为正，故假设1成立。

2. 社会认知

在社会认知因素中，社会安全感、社会公平感、社会信任感、社会支持感、生活满意度均影响了慈善捐赠意愿，其中社会支持感和生活满意度也显著影响了慈善捐赠行为。

模型2显示，社会安全感显著影响了慈善捐赠意愿，并且社会安全感越强，慈善捐赠意愿也越强。这表明，当人们处于更安全、更信任的社会环境时，更可能表现出慈善捐赠意愿。模型4的结果显示，社会安全感对慈善捐赠行为没有显著影响，说明从意愿到行为还受其他因素影响。以上结果表明，假设2a部分成立。

从模型2来看，社会公平感对慈善捐赠意愿具有显著影响，且社会公平感越强，慈善捐赠意愿越强，这说明，当人们认为社会是公平的时，他们可能会感到更有义务回馈社会。公平的社会环境可能被视为对慈善行为的正

表 3　社会心态对慈善捐赠影响的回归模型

变量	模型 1：慈善捐赠意愿			模型 2：慈善捐赠意愿			模型 3：慈善捐赠行为			模型 4：慈善捐赠行为		
	b	β	*SE*	*b*	β	*SE*	*b*	β	*SE*	*b*	β	*SE*
性别	0.02	0.01	0.02	0.04*	0.02*	0.02	-0.04	-0.01	0.03	-0.03	-0.01	0.03
年龄	-0.01	-0.01	0.01	-0.00	-0.00	0.01	-0.04**	-0.04**	0.02	-0.05**	-0.04**	0.01
受教育程度	0.06***	0.06***	0.01	0.03**	0.03**	0.01	0.10***	0.07***	0.02	0.05**	0.03**	0.02
政治面貌	0.18**	0.04**	0.05	0.13**	0.03**	0.05	0.24**	0.04**	0.07	0.15*	0.02*	0.07
宗教信仰	-0.05	-0.02	0.04	0.08**	0.03**	0.03	-0.08	-0.02	0.05	0.01	0.00	0.04
户籍	-0.08**	-0.04**	0.02	-0.03	-0.02	0.02	-0.08**	-0.03**	0.03	-0.09**	-0.03**	0.03
主观社会阶层	0.14***	0.20***	0.01	0.07***	0.10***	0.01	0.12***	0.13***	0.01	0.04***	0.04***	0.01
社会情绪				0.12***	0.08***	0.02				0.06**	0.03**	0.02
社会安全感				0.07***	0.05***	0.02				0.01	0.01	0.02
社会公平感				0.03**	0.03**	0.01				-0.03	-0.02	0.02
社会信任感				0.09***	0.07***	0.01				0.02	0.01	0.02
社会支持感				0.14***	0.11***	0.01				0.17***	0.11***	0.02
生活满意度				0.06***	0.05***	0.01				0.16***	0.11***	0.02
国家认同				0.27***	0.22***	0.01				0.02	0.01	0.02
利他主义				0.11***	0.14***	0.01				0.31***	0.32***	0.01
共同富裕信念				0.06***	0.07***	0.01				0.08***	0.08***	0.01
（常量）	4.11		0.06	-0.21		0.11	2.67		0.07	-0.28		0.15
R^2	0.05			0.25				0.03			0.17	

注：* $p<0.05$，** $p<0.01$，*** $p<0.001$。性别，男=0；政治面貌，非中共党员=0；宗教信仰，无=0；户籍，农村=0。

向激励，因为其可为个体提供一个积极的反馈循环，即捐赠的物资能够被公平地使用。但是从模型 4 来看，在慈善捐赠行为的模型中并不显著，假设 2b 部分成立。这说明，即使有意愿，如果缺乏方便的捐赠渠道或对慈善组织和项目的信息了解不足，也可能阻碍捐赠行为的发生。

从模型 2 来看，社会信任感越强，慈善捐赠意愿越强，社会信任感每提高一个单位，慈善捐赠意愿提升 0.09。这与 Putnam 的社会资本理论相符，该理论认为社会信任是社会资本的核心组成部分，能够促进社会成员之间的合作与亲社会行为（Gelderblom，2018）。国内也有学者发现城市居民在社会信任方面的得分越高，即他们对社区领导的信任度、参与社区活动的频率以及帮助社区其他成员的意愿越高，则捐赠越积极（南方，罗微，2013）。社会信任感对慈善捐赠行为的影响不显著，假设 2c 部分成立。

从模型 2 和模型 4 的结果来看，社会支持感越强，慈善捐赠意愿越强，慈善捐赠行为越多，社会支持感每提高一个单位，慈善捐赠意愿和行为分别提升 0.14 和 0.17，假设 2d 成立。也就是说，能感觉到被他人支持和帮助的人更愿意做出捐赠行为，这更像是一种基于人际关系的互惠。Sugden（1986）提出的“互惠理论”认为，人们慈善行为的动机并不是改善他人福利，还会考虑他人的行为和潜在的互惠关系。

生活满意度越高，慈善捐赠意愿越强，慈善捐赠行为越多，生活满意度每提高一个单位，慈善捐赠意愿和行为分别提升 0.06 和 0.16，假设 2e 成立。生活满意度较高的个体往往感受到较多的积极情绪和生活控制感，这可能促使他们更愿意采取利他行为，如慈善捐赠。

3. 社会价值观

表 3 回归结果显示，国家认同变量对慈善捐赠意愿有显著影响，说明国家认同感越强慈善捐赠意愿越强，国家认同每提高一个单位，慈善捐赠意愿提升 0.27，国家认同对慈善捐赠行为没有显著影响，假设 3a 部分成立。从标准化回归系数看，在慈善捐赠意愿的影响上，国家认同的影响明显高于其他社会心态变量。慈善活动是对国家、社会的一种奉献行为，对国家的认同感越强往往意味着对国家、社会的归属感和责任感越强，慈善捐赠意愿也越强。

利他主义对慈善捐赠意愿和行为都有显著影响，说明利他主义观越强慈善捐赠意愿越强，慈善捐赠行为越多，利他主义每提高一个单位，慈善捐赠意愿和行为分别提升 0.11 和 0.31，假设 3b 成立。从标准化回归系数看，对慈善捐赠行为的影响方面，利他主义的影响明显高于其他社会心态变量。

在共同富裕信念上，如模型 2 和模型 4 所示，其对慈善捐赠意愿和行为都有显著影响，说明共同富裕信念越强慈善捐赠意愿越强，慈善捐赠行为越多，假设 3c 成立。共同富裕体现了一种价值观和价值追求，即追求社会的和谐与均衡发展。当这种价值观被广泛接受和内化时，人们更可能通过慈善捐赠来实践这一价值观，以实现个人与社会的共同发展。共同富裕的理念鼓励公民积极参与社会事务，慈善捐赠是社会参与的一种形式。当人们相信通过自己的行动可以促进社会的整体富裕时，他们更有可能通过捐赠来参与和推动社会进步。另外，根据《社会心态蓝皮书：中国社会心态研究报告（2022）》，民众对实现共同富裕的信心较强（王俊秀，陈满琪，2023），而社会心态具有传播性，个体的行为和态度往往会受到周围人的影响。在一个积极追求共同富裕的社会环境中，慈善捐赠行为可能会被模仿和传播，从而形成一种积极的社会风尚。当人们对共同富裕持有积极信念时，他们更可能相信慈善捐赠能够对社会做出积极贡献，从而增强捐赠意愿。

五　结论与讨论

本研究分别探讨了社会情绪、社会认知和社会价值观等社会心态对慈善捐赠意愿与行为的影响，为理解个体慈善行为背后的心理和社会机制提供了重要的实证支持。

在社会情绪方面，研究发现社会情绪越积极，慈善捐赠意愿越强，这个正向效应说明，在其他条件不变的情况下，一个更积极乐观的社会情绪环境可能会激发个人更强烈的捐赠意愿。这与心理学理论中的情绪对行为的影响相符合，即积极的情绪能够促使个体更加关注他人的需求，产生帮助他人的意愿。同时，积极的情绪可以增强个体与社会的联系，使个体更倾向于通过慈善捐赠来加强这种社会联系。

在社会认知方面，研究发现社会安全感、社会公平感、社会信任感对慈善捐赠意愿有显著正向影响，当个体感受到社会的安全和稳定时，他们更愿意为社会福祉做出贡献，因为他们相信这样的行为不会带来过多的风险或不确定性。社会支持感、生活满意度对慈善捐赠意愿和行为都具有显著影响，社会支持感的增强可能使个体更愿意回报社会，因为他们期望通过捐赠获得社会认同和正面反馈（钱晓田，2019）。生活满意度对慈善捐赠的正向影响可以用过往研究来解释，生活满意度可以增强个体的社会责任感和亲社会动机（Song et al.，2019），在中国的文化背景下，这可能与传统儒家文化中的价值观有关，即在自身生活满意的情况下，个体更倾向于“兼济天下”帮助他人。

在社会价值观方面，研究发现国家认同对慈善捐赠意愿有显著正向影响，并且国家认同比其他社会心态变量对慈善捐赠意愿影响更大。这符合社会认同理论，强烈的国家认同感意味着个体认为自己与国家的福祉紧密相连，因此更可能通过慈善捐赠来支持社会和国家的利益（Tajfel et al.，1979）。利他主义和共同富裕信念对慈善捐赠意愿和行为都具有显著影响，并且利他主义在所有社会心态变量中对慈善捐赠行为的影响最大。利他主义在过往文献中也被验证与慈善捐赠行为高度相关，许多人出于表达自我的强烈动机而采取行动（Perry et al.，2008）。利他主义直接引导个体将资源和关注点转向社会弱势群体和公共福利，培养公众的利他主义精神不仅能够激发个体的捐赠行为，还能够促进社会公平和正义，增强社会的互助精神。同时，从结果来看，共同富裕信念也不可忽视，当人们相信通过自己的行动可以促进社会的整体富裕时，他们更有可能通过捐赠来参与和推动社会进步。在一个积极追求共同富裕的社会环境中，慈善捐赠行为可能会被模仿和传播，从而形成一种积极的社会风尚。

通过以上分析，本研究为理解社会心态如何影响慈善捐赠提供了证据，为理解慈善捐赠行为提供了新的视角，并为慈善组织制定有效的捐赠激励策略提供了依据。但研究仍有一些方面可以完善，也有一些问题值得未来研究进一步探讨。比如，对社会心态的衡量可以更加全面，以更好地刻画社会心态对慈善捐赠的影响。本研究中，虽然各变量对意愿与行为的影响系数存在差异，但是由于慈善捐赠意愿被细分为“扶贫、济困”以及“用于科技创新、科学研究”等六个维度，而慈善捐赠行为则专注于扶危济困，这限制了直接比较两者受影响差异的可能性，未来的研究可以开发更为统一和综合的测量工具，以更准确地捕捉个体在不同慈善领域的捐赠意愿和行为。未来的研究还可以通过实验设计和纵向研究来深入探究这些因素对慈善捐赠的影响机制，进一步探讨不同社会心态因素如何交互影响慈善捐赠行为，以及不同情境下它们之间的交互作用。

作者贡献和利益冲突声明：张静负责研究设计、数据分析和论文撰写；王俊秀负责研究设计和研究指导，并负责对本研究的全部过程进行监督与修改；数据来源为中国社会科学院社会学研究所社会心理学研究中心的社会心态调查数据库。本文所有作者均无利益冲突。

参考文献

常进锋，章洵 .（2023）. 互联网使用、社会信任与青年慈善捐赠行为——基于 CFPS 2018 的实证分析 . *江汉大学学报（社会科学版）*，（6），47-57. doi：10. 16387/j. cnki. 42-1867/c. 2023. 06. 005

丁美东 .（2008）. 个人慈善捐赠的税收激励分析与政策思考 . *当代财经*，（7），29-33. doi：10. 3969/j. issn. 1005-0892. 2008. 07. 005

杜兰英，赵芬芬，侯俊东 .（2012）. 基于感知视角的非营利组织服务质量、捐赠效用对个人捐赠意愿影响研究 . *管理学报*，（1），89-96. doi：10. 3969/j. issn. 1672-884X. 2012. 01. 015

刘凤芹，卢玮静 .（2013）. 社会经济地位对慈善捐款行为的影响 . *北京师范大学学报（社会科学版）*，（3），113-120.

刘长江 .（2018）. 公益慈善的社会心理机制 . *心理技术与应用*，（2），109-117. doi：10. 16842/j. cnki. issn2095-5588. 2018. 02. 006

马广海 .（2008）. 论社会心态：概念辨析及其操作化 . *社会科学*，（10），66-73. doi：10. 3969/j. issn. 0257-5833. 2008. 10. 009

南方，罗微 .（2013）. 社会资本视角下城市居民捐款行为的影响因素分析 . *北京师范大学学报（社会科学版）*，（3），121-128.

钱晓田 .（2019）. 高校社会捐赠的动力机制与策略选择 . *江苏社会科学*，（3），111-115. doi：10. 13858/j. cnki. cn32-1312/c. 2019. 03. 014

孙春晨 .（2022）. 实现共同富裕的三重伦理路径 . *哲学动态*，（1），13-20.

汪大海，南锐 .（2012）. 中国慈善捐赠与经济增长关系——基于 1997-2011 的数据分析 . *中国市场*，（46），76-82. doi：10. 3969/j. issn. 1005-6432. 2012. 46. 012

王俊秀 .（2013）. 社会心态的结构和指标体系 . *社会科学战线*，（2），167-173.

王俊秀 .（2014）. 社会心态：转型社会的社会心理研究 . *社会学研究*，（1），104-124. doi：10. 19934/j. cnki. shxyj. 2014. 01. 007

王俊秀，陈满琪 .（2023）. 社会心态蓝皮书：中国社会心态研究报告（2022）. 北京：社会科学文献出版社 .

徐苏琳 .（2021）. 青年公民网络慈善捐赠现状及影响因素研究 . 硕士学位论文，成都：四川大学 .

杨宜音 .（2006）. 个体与宏观社会的心理关系：社会心态概念的界定 . *社会学研究*，（4），117-131. doi：10. 19934/j. cnki. shxyj. 2006. 04. 006

杨宜音 .（2012）. 社会心态形成的心理机制及效应 . *哈尔滨工业大学学报（社会科学版）*，（6），2-7. doi：10. 3969/j. issn. 1009-1971. 2012. 06. 003

周怡 .（2021）. 新生代价值观和行为模式研究的新路径 . *学术月刊*，（10），130-141. doi：10. 19862/j. cnki. xsyk. 000288

周泽将 .（2014）. 女性董事影响了企业慈善捐赠吗？——基于中国上市公司的实证研究 . *上海财经大学学报*，（3），78-85. doi：10. 16538/j. cnki. jsufe. 2014. 03. 005

朱健刚，刘艺非 .（2024）. 影响慈善捐赠的显著因素：收入水平与受教育程度的对比分析 . *吉林大学社会科学学报*，（2），186-204.

Bekkers，R.（2003）. Trust，accreditation，and philanthropy in the Netherlands. *Nonprofit and Voluntary Sector Quarterly*，*32*（4），596-615. doi：10. 1177/089976400325810

Bekkers，R.（2006）. Keeping the faith：Origins of confidence in charitable organizations and its consequences for philanthropy. In *NCVO/VSSN Researching the Voluntary Sector Conference*（pp. 13-14）. Warwick University，Coventry，United Kingdom.

Brown，M. S.，& Rooney，P. M.（2010）. Giving following a crisis：An historical analysis. https://scholarworks. iupui. edu/handle/1805/5778

Chapman，C. M.，Hornsey，M. J.，& Gillespie，N.（2021）. To what extent is trust a prerequisite for charitable giving? A systematic review and meta-analysis. *Nonprofit and Voluntary Sector Quarterly*，*50*（6），1274-1303. doi：10. 1177/08997640211003250

Drouvelis，M.，& Grosskopf，B.（2016）. The effects of induced emotions on pro-social behaviour. *Journal of Public Economics*，*134*，1-8. doi：10. 1016/j. jpubeco. 2015. 12. 012

Gelderblom，D.（2018）. The limits to bridging social capital：Power，social context and the theory of Robert Putnam. *The Sociological Review*，*66*（6），1309-1324. doi：10. 1111/1467-954X. 12631

Hart，D. J.，& Robson，A.（2019）. Does charity begin at home? National identity and donating to domestic versus international charities. *Voluntas: International Journal of Voluntary and Nonprofit Organizations*, *30*, 865–880. doi: 10. 1007/s11266–019–00102–x

Hazim, H., Anggraenni, R. P., & Bahodirovna, A. M. (2023). Altruistic actions in COVID–19 corpses care: Empathy, modeling, and more. In *Proceedings of the International Conference on Advance Research in Social and Economic Science* (*ICARSE* 2022) (pp. 476–484). Atlantis Press. doi: 10. 2991/978–2–38476–048–0_50

Jamal, A., Yaccob, A., Bartikowski, B., & Slater, S. (2019). Motivations to donate: Exploring the role of religiousness in charitable donations. *Journal of Business Research*, *103*, 319–327. doi: 10. 1016/j. jbusres. 2019. 01. 064

Lenzi, M., Vieno, A., Perkins, D. D., Pastore, M., Santinello, M., & Mazzardis, S. (2012). Perceived neighborhood social resources as determinants of prosocial behavior in early adolescence. *American Journal of Community Psychology*, *50* (1–2), 37–49. doi: 10. 1007/s10464–011–9470–x

Li, X., & Feng, L. (2021). Impact of donors' financial fairness perception on donation intention in nonprofit organizations after COVID–19 outbreak. *PLoS ONE*, *16* (6), e0251991. doi: 10. 1371/journal. pone. 0251991

List, J., & Price, M. K. (2009). The role of social connections in charitable fundraising: Evidence from a natural field experiment. *Journal of Economic Behavior & Organization 69* (2): 160–169. doi: 10. 1016/j. jebo. 2007. 08. 011

Mesch, D., Osili, U., Okten, C., Han, X., Pactor, A., & Ackerman, J. (2017). Charitable giving and life satisfaction: Does gender matter. *Women's Philanthropy Institute*. doi: 10. 2307/2234133

Perry, J. L., Brudney, J. L., Coursey, D., & Littlepage, L. (2008). What drives morally committed citizens? A study of the antecedents of public service motivation. *Public Administration Review*, *68* (3), 445–458. doi: 10. 1111/j. 1540–6210. 2008. 00881. x

Sauri, S. (2022). Indonesian altruism through crowdfunding platform at Kitabisa. com. *ILTIZAMAT: Journal of Economic Sharia Law and Business Studies*, *2* (1), 273–280.

Song, J., Gu, C., & Zuo, B. (2019). Effect of charitable behavior on life satisfaction: A parallel multivariable mediation model. *Social Behavior and Personality: An International Journal*, *47* (3), 1–8. doi: 10. 2224/sbp. 7701

Sugden, R. (1986). *The economics of rights*, *co-operation and welfare*. Oxford, UK: Blackwell. doi: 10. 1057/9780230536791

Tajfel, H., Turner, J. C., Austin, W. G., & Worchel, S. (1979). An integrative theory of intergroup conflict. *Organizational Identity: A Reader*, *56* (65), 9780203505984–16.

Unger, A., Papastamatelou, J., & Arpagaus, J. (2022). Do social networks increase donation frequency? The Swiss context. *Current Psychology*, *41* (12), 8885-8896. doi: 10.1007/s12144-020-01335-6

Xu, Q., Yang, S., Huang, Q., Chen, S., & Li, P. (2020). A sense of unfairness reduces charitable giving to a third-party: Evidence from behavioral and electrophysiological data. *Neuropsychologia*, *142*, 107443. doi: 10.1016/j.neuropsychologia.2020.107443

The Impact of Social Mentality on Public Participation in Charitable Donations: Evidence from the Chinese Social Mentality Survey 2022

Zhang Jing

(School of Sociology and Ethnology, University of Chinese Academy of Social Sciences, Beijing, 102488, China)

Wang Junxiu

(School of Psychiatry, Wenzhou Medical University, Wenzhou, 325035, China; Institute of Sociology, Chinese Academy of Social Sciences, Beijing, 100732, China)

Abstract: This paper explored the impact of social mentality on the willingness and behavior of Chinese citizens to donate to charity. Using data from the Chinese Social Mentality Survey (2022), it analyzed the influence of three dimensions of social mentality—social emotions, social cognition, and social values—on charitable donations. The study found that a sense of social security, a sense of social fairness, a sense of social trust, and national identity have a significant positive impact on the willingness to donate to charity, with national identity having a greater influence than other social mentality variables. Social emotions, a sense of social support, life satisfaction, altruism, and the belief in common prosperity all have a significant impact on both the willingness and behavior of charitable donations, with altruism having the greatest influence on charitable behavior. This research provides a comprehensive framework for understanding how the multidimensional attributes of social mentality promote charitable behavior in society, which is of great significance for enhancing public awareness and participation in charitable activities.

Keywords: Social Mentality; Charity; Donation Willingness; Donation Behavior

民族社区心理

语言转用对蒙古族大学生族群认同的影响[*]

张积家[**]

（广西师范大学教育学部）

匡玉英

（深圳技术大学附属中学）

王佳佳

（中共北京市东城区委党校）

摘　要　通过两个实验考察语言转用对蒙古族大学生族群认同的影响。实验1包括三个子实验，实验1a采用自我-他人重叠量表考察语言转用对族群归属感的影响，实验1b采用族群温度评定量表考察语言转用对族群外显态度的影响，实验1c采用族群名称启动范式考察语言转用对族群内隐态度的影响。实验2采用族群参照范式考察语言转用对蒙古族大学生族群信息加工的影响。结果发现：语言转用对本族群归属感影响较小，却拉近与转用语言族群之间的距离；语言转用不影响族群态度，无论是外显态度还是内隐态度均是如此；语言转用不影响对内群体的信息加工，却增强对转用语言族群的信息加工。研究结果符合动态建构理论的预言，对铸牢中华民族共同体意识和推广使用国家通用语言文字具有重要启示。

关键词　蒙古族　语言转用　族群认同

---

*　本文受教育部民族教育发展中心“铸牢中华民族共同体意识教育”委托项目资助。

**　通讯作者：张积家，广西师范大学教育学部教授，E-mail：zhangjj1955@163.com。

一 引言

语言转用（language shift）是一个族群或族群中的部分人放弃使用本族群语言转而使用其他族群语言的现象（戴庆厦，王远新，1987），又称为语言替代。语言转用发生的一般过程是族群中首先出现了双语和多语，随后区分出优势语言和弱势语言，继而优势语言占优势而弱势语言被替换掉（张京花，李英浩，2017）。在我国，语言转用有 3 种类型：①少数民族转用汉语；②少数民族转用另一少数民族的语言；③汉族转用少数民族的语言。语言转用存在客观及主观两个方面的原因：客观上有族群分布的变迁、人口数量的多寡、政治军事力量的强弱、族群国家的权力不平等、两种语言的相对地位、经济文化水平的高低、族群关系的好坏、语言的特点等；主观上有父母对本族群语言的态度、个体的价值观等（冯红梅，张晓传，2018）。

族群认同反映了个体如何理解所属族群及对所属群体的依恋程度，是对本族群的态度、信念及族群身份的承认（Phineey，1996）。根据族群认同分辨我族和他族，涉及认知和情感（徐迪，2017）。族群边界理论认为，只有形成了自我与他者的边界，产生族群归属感和认同感，才能够成为不同的族群（Barth，1969）。族群认同的要素包括：①族群知觉，指个体对本族群和他族群的了解，包括与族群有关的知识、特征、历史、习俗和与他族群的差异；②族群身份认同，指个体以所属族群的知觉和概念为基础，习得族群标记；③族群态度，指个体回应本族群和他族群的方式；④族群行为，指个体的行为是否符合本族群的要求（Phineey & Rotheram，1987）。由于族群认同的概念不统一，对族群要素的界定亦不相同。在本研究中，族群认同主要是指族群归属感、族群态度和族群知觉。

语言是否为构成族群认同的必要成分？语言转用与族群认同的关系怎样？对于这些问题，不同理论有不同的回答。

客观主义理论认为，语言对于维持族群身份是不可或缺的（Conversi，1990）。语言与族群认同之间是客观关系，存在根基性的情感联系（Anderson，1991）。作为民族的重要特征，语言确立了族群边界。民族语言认同理论认为，少数民族的成员通过学习本民族的语言来增强族群认同，族群成员保持族群语言的意愿越强烈，族群认同就越强（Giles & Johnson，1987）。因此，语言转用以后，族群将无法传承族群的文化，随着时间的推移和社会的发展，通过语言建构的族群认同将不断弱化，族群特征将不断消失。马克思指出："语言本身是一定共同体的产物。"（马克思，1955）新的语言关联性理论认为，语言塑造大脑，影响认知，构建民族（张积家，2015）。既然语言是共同体的产物，是构成民族的要素，若语言发生了转用，通过语言建构的族群认同将不断弱化，转而增强对转用语言族群的认同。一些证据支持客观主义理论。例如，对良苏人和同仁土族的调查发现，语言转用后的族群成员对本族群文化的认同不断弱化，对转用语言文化的认同不断增强（陈海宏，谭丽亚，2019；王远新，2009）。

主观主义理论认为，语言转用不会导致族群认同的弱化或消失。族群认同的维持并不仅仅依赖于族群语言的使用。语言只是族群的边界之一，维持族群认同不只有语言一个标记。族群认同包括原始层面和行为层面。原始层面：族群起源的信仰、历史记忆。行为层面：①语言行为，指族群语言的使用和知识；②社会行为，指族群文化行为，如习俗（Eastman & Reese，1981）。当族群发生语言转用时，只要在原始信仰层面维护族群，认同就会持续下去。也有一些证据支持主观主义理论的观点。例如，即使众多的达斡尔族人转用了汉语，他们也依然保持着原有的姓氏，因而对族群意识具有强化作用（刘宏宇，李琰，2011）。语言转用以后，回族仍然保持着强烈的族群认同，这种认同源自宗教认同（马红艳，2001）。瑶族的语言分属于汉藏语系苗瑶语族瑶语支、苗语支和汉藏语系壮侗语族侗水语支，却不影响瑶族成员的族群认同（费孝通，2020）。羌族没有一种彼此沟通的"羌语"，却不缺乏族群身份意识（王明珂，2020）。

近年来，越来越多的学者倾向于动态建构观点，认为语言转用与族群认同之间的关系是建构的和变化的（Moya & Boyd，2015）。认同产生于交际，是在互动的情境中与语言相互建构的，而且是多元的、流动的过程（Lin，2014）。语言转用对族群认同的影响有时间、群体、社交网络、地区、年龄和时代的差别（Sankar，1997）。例如，语言转用不影响城镇白族的族群认同，但在山区里只说白语的人认为语言是族群认同的唯一标记（尹小荣，2016）。老年犹太人认为语言是族群认同的标志，年轻人却较少这样认为（王锋，2010）。在保加利亚刚建国时，语言被视为反抗希腊统治的武器；在国家建设过程中，标准语构成了族群认同的工具；当国家发展到一定阶段时，出现了语言纯化的民族主义（Guardado，2010）。元分析发现，族群认同与语言熟练程度之间存在中等程度的正相关，语言与族群认同之间的关系既非完全依赖的，也非完全自由的，个人特征和社会结构都影响着族群认同（Mu，2015）。

蒙古族是一个跨国族群，在我国主要分布在东北地区和内蒙古地区。根据第六次全国人口普查的数据（2010年），我国的蒙古族人口约有650万人，语言未转用的人口约有200万人（30.8%），蒙-汉双语者约有260万人（40.0%），转用汉语的人口约有120万人（18.5%）。本研究以语言转用汉语的蒙古族人和蒙-汉双语者为对象，探讨其族群认同是否存在差异。如果存在差异，这种差异又将如何体现？已有研究显示，语言转用对族群认同有影响，但影响的程度不同，很少有研究者探讨语言转用影响族群认同的心理机制。基于此，本研究拟从族群归属感（心理距离）、族群态度和族群信息加工三个方面来考察。根据客观主义理论，语言转用将影响蒙古族大学生的族群归属感，增加对本族群的心理距离，减少对转用语言族群（汉族）的心理距离，语言转用的蒙古族大学生将对转用语言族群（汉族）态度更积极，在转用语言族群（汉族）的参照下记忆成绩更佳；根据主观主义理论，语言转用不影响蒙古族大学生的族群归属感、族群态度和族群信息加工；根据动态建构观点，语言转用对蒙古族大学生的族群归属感、族群态度和族群信息加工的影响是建构的和变化的，对族群认同的不同成分会有不同的影响。

二　实验1　语言转用对族群归属感和族群态度的影响

（一）实验1a　语言转用对族群归属感的影响

采用量表法测量大学生与本民族、转用语言民族和无关民族的心理距离，作为族群归属感的指标。被试与相关族群的心理距离越近，说明他们对相关族群的归属感越强；被试与相关族群的心理距离越远，说明他们对相关族群的归属感越弱。

1. 被试

基于效果量（0.25）和期望功效值（0.95），采用G * power 3.1软件，计算样本量为 44 人。实际为蒙古族大学生 81 人，其中语言转用者（只会说汉语，不会说也听不懂蒙古语，下同）42 人，蒙-汉双语者（会说蒙古语和汉语，也会写蒙文与中文，下同）39 人；男生 39 人，女生 42 人；平均年龄为 20.49 岁（SD=1.10）。

2. 实验设计

2（被试类型：语言转用者/蒙-汉双语者）×3（族群类型：蒙古族/汉族/纳西族）混合设计。因变量为被试选择的心理距离指数。

3. 材料与程序

采用自我-他人重叠量表进行测验（牛忠辉等，2010）。要求被试首先想象自己和三个民族之间的关系，然后在 7 个交叠程度不同的圆形中选出一个最能够代表自己和相关民族关系的图形，在图形上打钩。题目打印在 A4 纸上，被试明确任务以后，根据自己的标准在相关的图形上打钩，采用 7 点评分，1 代表“心理距离遥远”，7 代表“心理距离非常近”。得分越高，代表自己与相关民族的心理距离越近。

以蒙古族为例，材料和任务如下：

接下来请你在 7 个交叠程度不同的双圆图形中，选出最能够代表自己和蒙古族之间关系的图形，并且在图形上打钩。

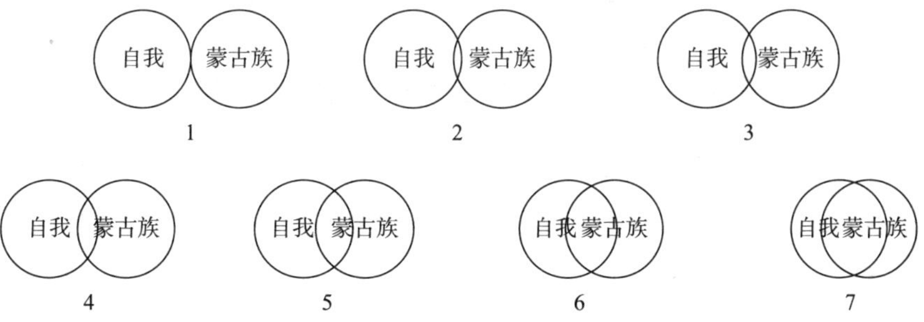

4. 结果与分析

方差分析显示，被试类型的主效应不显著，$F(1, 79) = 0.29$，$p>0.05$。族群类型的主效应显著，$F(2, 78) = 284.67$，$p<0.001$，$\eta_p^2=0.88$，95% CI=［0.83，0.91］。被试类型与族群类型的交互作用显著，$F(2, 78) = 12.19$，$p<0.001$，$\eta_p^2=0.24$，95% CI=［0.08，0.37］。简单效应分析表

明，语言转用者与蒙古族和汉族的距离差异不显著，$p=0.53$，均显著小于与纳西族的距离，$ps<0.001$；蒙-汉双语者与蒙古族的距离显著小于与汉族和纳西族的距离，$ps<0.001$，与汉族的距离显著小于与纳西族的距离，$p<0.001$。蒙-汉双语者与蒙古族的距离显著小于语言转用者，$p=0.02$；语言转用者与汉族的距离显著小于蒙-汉双语者，$p<0.001$；两组被试与纳西族的距离差异不显著，$p=0.27$。

5. 小结

实验 1a 表明，语言转用在一定程度上影响了蒙古族大学生与本民族和汉族的心理距离。对于本民族，蒙-汉双语者的心理距离比语言转用者近，语言转用增加了与本民族的心理距离。但由于语言转用者与本民族的心理距离分数较高（$M=5.67$，7 点量表），故可以认为族群归属感的减弱只是程度上的（见表 1）。语言转用的积极效果是拉近了与转用语言族群（汉族）的心理距离。

表 1　被试对不同族群的心理距离指数的平均数和标准差

被试类型	人数	族群类型		
		自我-蒙古族	自我-汉族	自我-纳西族
语言转用者	42	5.67（1.87）	5.88（1.38）	1.48（1.15）
蒙-汉双语者	39	6.49（1.12）	4.44（1.82）	1.77（1.31）

（二）实验 1b　语言转用对蒙古族大学生族群外显态度的影响

态度有外显与内隐之分，前者个体能够意识到，容易受社会赞许性影响，后者个体意识不到，更为真实。实验 1b 探讨语言转用对蒙古族大学生族群外显态度的影响。

1. 被试

样本量计算同实验 1a，所需人数为 44 人。实际选取蒙古族大学生 78 人，其中语言转用者 39 人，蒙-汉双语者 39 人；女生 40 人，男生 38 人；平均年龄为 20.82 岁（$SD=1.04$）。

2. 材料与程序

采用族群温度评定量表（吕庆燕，王有智，2011），让被试评定对不同人群感到温暖或冷淡的程度。材料和任务如下：

请评估你对以下人群感到温暖或冷淡的程度（0 感觉最冷，5 感觉中立，10 感觉最暖）：

（1）蒙古族（10　9　8　7　6　5　4　3　2　1　0）

（2）汉族（10　9　8　7　6　5　4　3　2　1　0）

（3）纳西族（10　9　8　7　6　5　4　3　2　1　0）

题目打印在 A4 纸上，被试明确要求以后，根据自己的标准在相关数字上打钩，记录被试的评定分数。

3. 结果与分析

方差分析显示，被试类型的主效应不显著，$F(1, 76) = 0.08$，$p > 0.50$。族群类型的主效应显著，$F(2, 75) = 147.87$，$p < 0.001$，$\eta_p^2 = 0.80$，95%CI = [0.71，0.84]。被试对蒙古族的态度（$M = 9.51$）显著好于对汉族（$M = 8.01$）和纳西族（$M = 3.63$）的态度，$ps < 0.001$，对汉族的态度显著好于对纳西族的态度，$p < 0.001$。被试类型和族群类型的交互作用不显著，$F(2, 75) = 1.90$，$p > 0.05$。

4. 小结

实验 1b 表明，语言转用者和蒙-汉双语者对本民族、汉族和纳西族的外显态度无显著差异，均为蒙古族>汉族>纳西族，说明语言转用并未影响蒙古族被试对本民族、汉族和纳西族的外显态度（见表 2）。

表 2　被试族群温度评定量表得分的平均数和标准差

被试类型	人数	族群类型		
		蒙古族	汉族	纳西族
语言转用者	39	9.18（1.47）	8.23（2.57）	3.62（2.65）
蒙-汉双语者	39	9.85（0.96）	7.79（1.95）	3.64（2.73）

（三）实验 1c　语言转用对蒙古族大学生族群内隐态度的影响

1. 被试

基于效果量（0.25）和期望功效值（0.95），采用 G * power 3.1 软件，计算所需样本量为 54 人。实际选取蒙古族大学生 57 人，其中语言转用者

29 人，蒙-汉双语者 28 人；女生 29 人，男生 28 人；平均年龄为 20.54 岁（SD = 1.08）。

2. 实验设计

2（被试类型：语言转用者/蒙-汉双语者）×3（启动族群名称：蒙古族/汉族/纳西族）×2（词性：积极词/消极词）混合设计。被试类型为组间变量，启动族群名称和词性为组内变量，因变量为对词汇颜色判断的反应时和正确率。

3. 材料与程序

由启动族群-靶词对构成。启动族群为族群类别名称“蒙古族/汉族/纳西族”，靶词为 132 个积极与消极人格特质形容词，其中，积极词和消极词各 66 个（每一族群类别名称条件 22 个，21 个用于实验，1 个用于练习）。特质词皆选自《现代汉语频率词典》（北京语言学院语言教学研究所，1986），且积极词和消极词的笔画、词频得到匹配（ps>0.05）。此外，30 名同质被试采用 5 点量表对词语进行效价评定（1 = 非常消极，5 = 非常积极），效价差异显著（p<0.001）。本实验采用 E-Prime 软件呈现实验材料。在实验开始前，把材料混合打在一张 A4 纸上交给被试，确定被试熟悉后开始实验。在实验开始后，被试坐在计算机前，眼睛距离屏幕约 80cm。实验流程为：首先在屏幕中央呈现注视点“+”300ms，接着呈现黑色字体启动族群名称或“＊＊＊＊”600ms，随后窥屏 500ms 之后快速呈现靶词 300ms，被试需要尽快判断靶词的颜色并按键反应。被试将左、右手食指放在键盘 J、F 键上。系统自动记录被试的反应时和正误。共有 126 个试次，其中练习试次 6 个，材料随机呈现。实验 Ic 流程如图 1 所示。

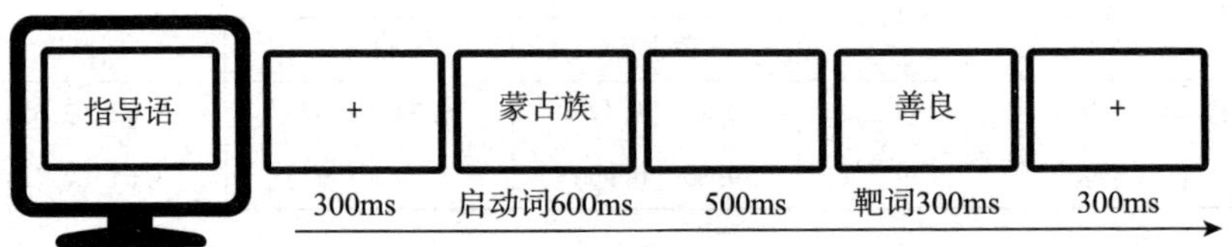

图 1　实验 1c 流程

4. 结果与分析

分析时删去错误和三个标准差外的数据，删除率未超过 5%。结果如表 3 所示。

表 3　被试的平均反应时和平均正确率

单位：ms，%

被试类型	启动族群名称	词性			
		积极词		消极词	
		反应时	正确率	反应时	正确率
语言转用者	汉族	601（95）	93（9）	606（102）	92（11）
	蒙古族	603（88）	93（10）	609（87）	91（12）
	纳西族	594（79）	92（10）	579（78）	93（11）
语言未转用者	汉族	604（108）	88（10）	605（108）	88（10）
	蒙古族	590（89）	85（13）	619（110）	87（10）
	纳西族	605（90）	88（9）	592（92）	88（10）

方差分析表明，启动族群名称的主效应显著，$F(2, 53) = 4.70$，$p = 0.01$，$\eta_p^2 = 0.15$。词性和启动族群名称的交互作用显著，$F(2, 53) = 9.66$，$p < 0.001$，$\eta_p^2 = 0.27$。简单效应分析表明，对积极词的颜色判断不受启动族群名称影响，$F(2, 53) = 0.43$，$p > 0.05$；对消极词的颜色判断受启动族群名称影响，$F(2, 53) = 13.89$，$p < 0.001$，$\eta_p^2 = 0.34$。蒙古族启动的反应时显著长于纳西族启动，$p < 0.001$，95%CI = [14.81, 42.50]，汉族启动的反应时也显著长于纳西族启动，$p = 0.02$，95% CI = [2.54, 38.62]。蒙古族启动和汉族启动的反应时差异不显著，$p > 0.05$。其他的主效应和交互作用均不显著，$ps > 0.05$。错误率的方差分析表明，各种主效应和交互作用均不显著，$ps > 0.05$。

5. 小结

实验 1c 表明，无论语言是否发生了转用，蒙古族大学生对积极词的颜色判断均不受启动族群名称影响。这说明，被试对本民族、汉族和纳西族均持有积极的内隐态度。被试对消极词的颜色判断受启动族群名称影响，蒙古族启动和汉族启动的反应时均显著长于纳西族启动。

三　实验 2　语言转用对蒙古族大学生族群信息加工的影响

实验 2 探讨语言转用对蒙古族大学生族群信息加工的影响。族群参照效应是指加工自己所在群体的信息能够获得比语义加工更好的记忆效果。实验 2 将考察语言转用是否影响蒙古族大学生的族群参照效应。

（一）被试

样本量计算同实验 1a，所需人数为 44 人。实际选取蒙古族大学生 60 人，其中语言转用者 30 人，蒙-汉双语者 30 人，平均年龄为 21.05 岁（SD= 1.09），男女性别比例大体均衡，视力或矫正视力正常。

（二）实验设计

2（被试类型：语言转用者/蒙-汉双语者）×3（参照族群：蒙古族/汉族/纳西族）混合设计。被试类型为组间变量，参照族群为组内变量。

（三）材料与程序

从《现代汉语频率词典》选取中等频度人格形容词 180 个，积极词和消极词各半，词汇分别与三个族群对应，得到“汉族-积极词、汉族-消极词、蒙古族-积极词、蒙古族-消极词、纳西族-积极词、纳西族-消极词”6 组词对，每组 30 个词对。选取了 120 个形容词作为学习阶段材料，另外 60 个形容词仅在测验阶段出现。在测验阶段，由 60 个学过形容词（积极词与消极词各半）与 60 个未学过形容词（积极词与消极词各半）构成了 120 个再认词。匹配积极词和消极词的笔画数和熟悉度（$ps>0.05$），30 名同质被试采用 5 点量表评定词语的效价（1 = 非常消极，5 = 非常积极），效价差异显著（$p<0.001$）。实验 2 同样采用 E-Prime 软件呈现实验材料，且被试需熟悉材料后方可进行正式实验。实验分为三个阶段：学习，分心，测验。在学习阶段，首先在屏幕中央呈现“+”注视点 300ms，空屏 500ms，接着出现参照条件问句“你觉得下面这个词适合描述汉族（蒙古族或纳西族）吗?”800ms，紧接着在问句的下方呈现红色人格形容词 3000ms，问句和形容词一起呈现，词出现即让被试反应，如果在 3000ms 内未反应，系统即自动进入对下一词判断。判断方式为：“是”按 F 键，“否”按 J 键。按键方式被试间平衡。学习阶段完成后，进入分心阶段。被试进行 20 个三位数加减乘除运算。然后，进入测验阶段。测验阶段要求被试判断屏幕上呈现形容词是否在学习阶段出现过。主试向被试讲解 R/K 的含义，确定被试理解

后开始实验。将学习阶段呈现的60个形容词和新的60个形容词混合在一起呈现。实验流程为：先呈现“+”注视点300ms，空屏500ms，之后呈现形容词，要求判断该词是否在学习阶段出现过，并且做按键反应，“C”表示出现过，“M”表示未出现过，如果判断词出现过，屏幕呈现注视点“+”300ms，进一步要求被试按键判断是“记得”还是“知道”，“记得”（R）表示清楚记得词在学习阶段出现过，“知道”（K）表示词仅有熟悉感；如果判断词未出现过，不再进行“记得/知道”判断，屏幕直接呈现下一词。判断没有时间限制，系统自动记录被试的反应时和反应的正误。学习阶段和测验阶段都包括120试次，材料随机呈现。在正式实验前，用非实验材料做6次练习。实验2流程如图2所示。

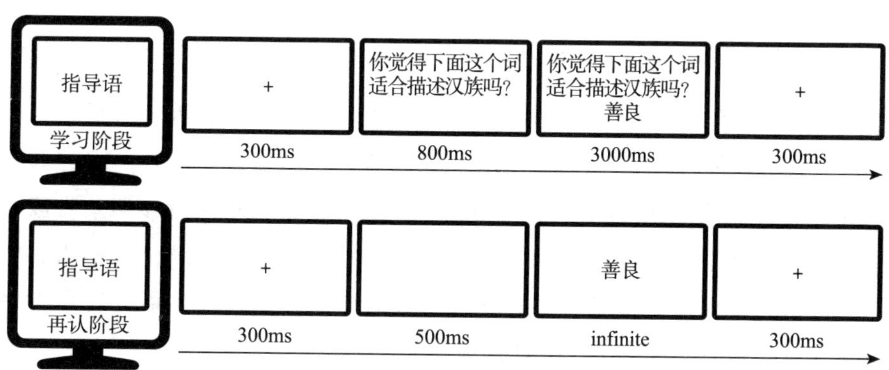

图2　实验2流程

（四）结果与分析

R成绩和K成绩如表4所示。

表4　被试R/K判断率的平均数和标准差

记忆类型	语言转用者			蒙-汉双语者		
	参照汉族	参照蒙古族	参照纳西族	参照汉族	参照蒙古族	参照纳西族
R	0.67（0.20）	0.65（0.19）	0.59（0.20）	0.58（0.28）	0.65（0.27）	0.55（0.31）
K	0.11（0.16）	0.10（0.12）	0.12（0.14）	0.10（0.17）	0.10（0.18）	0.14（0.18）

（1）“记得”（R）成绩分析

方差分析显示，参照族群的主效应显著，$F(2,\ 57) = 14.00$，$p <$

0.001，$\eta_p^2=0.33$。参照族群和被试类型的交互作用显著，$F(2, 57)=3.86$，$p=0.03$，$\eta_p^2=0.12$。简单效应分析表明，蒙-汉双语者参照蒙古族的成绩显著好于参照汉族，$p=0.02$，95%CI=［0.01，0.13］，显著好于参照纳西族，$p<0.001$，95%CI=［0.04，0.17］，参照汉族和参照纳西族的成绩之间差异不显著，$p>0.05$；语言转用者参照蒙古族的成绩显著好于参照纳西族，$p=0.04$，95%CI=［0.02，0.13］，参照汉族的成绩也显著好于参照纳西族，$p<0.001$，95%CI=［0.35，0.13］，参照蒙古族与参照汉族的成绩之间差异不显著，$p>0.05$。

（2）对“知道”（K）成绩的分析

方差分析表明，各种主效应和交互作用不显著，$ps>0.10$。

（五）小结

族群参照范式研究主要关注“记得”（R）判断成绩，因为它反映了个体的自我认知加工。蒙-汉双语者参照蒙古族的成绩显著好于参照汉族和纳西族，说明蒙-汉双语者出现了本民族参照效应；语言转用者参照蒙古族与参照汉族的成绩无显著差异，均显著高于参照纳西族的成绩，表明语言转用使得族群成员对本民族和汉族具有类似的族群参照效应，语言转用者将本民族与汉族的信息均纳入了自我建构中。

四　讨论

（一）关于语言转用对族群归属感的影响

实验1a表明，语言转用影响蒙古族大学生的族群归属感。语言转用对族群归属感的影响可以从三方面来分析。

第一，语言转用对本民族（内群体）的归属感有影响，但程度并不明显。该结果说明，语言只是族群的标识之一，失去了本民族语言不会使个体与本民族的心理距离明显增加，即不会失去对本民族的归属感。这可以从族群身份标签效应来解释。族群身份标签是个体先天获得的族群身份，虽然它是先天地、被动地获得的，却让族群成员经历了从符号走向心灵的社会化过程。在此过程中，族群成员完成了社会成员和族群成员的双重身份建构。个体在童年期就对族群身份有了一定感知，处于青春期时则在不断的经历和探索中形成了族群身份固化，而大多数人到了成年期已具有稳定的族群身份认同（Martin & Ruble，2010）。族群身份标签不仅具有工具功能，还具有情感功能。根基论认为，族群归属感来自根基性的情感联系，更多的是“生来就有的成员资格”。一种身份的确立意味着个体会以特定的身份来看待世界，此时，“我”不是一个独立的个体，而是主体间性先于主体性（甘布尔，2007）。族群身份标签引导人们去探索族群的历史、渊源与感情（刘红旭，2013），进而走向更深层次的和根深蒂固的族群认同，促使族群认同成为个体自我的一部分。

第二，语言转用拉近了族群成员与转用语言族群（汉族）的心理距离。对于转用语言族群——汉族，语言转用者的心理距离要短于蒙-汉双语者。这可以用“母语意识”效应来解释。对于母语，有两种界定，一是个体出生后最先接触、掌握的语言，即第一语言；二是本族语。本研究取第一种解释。语言习得是个体置身于社会环境中不断领悟语言指代意义并且发声的过程（刘红旭，2013）。个体在学习母语的过程中，会潜移默化地受该语言族群所具备的精神气质影响，逐渐具备该语言族群所具有的思维习惯。母语的价值经常体现在族群归属感上。

第三，无论是否发生了语言转用，蒙古族大学生与本民族和汉族的心理距离都显著短于与纳西族的心理距离。这与个体对其他族群的熟悉度有关。汉族是我国的主体民族，汉族人口占我国总人口的91.11%（2020年数据），蒙古族人又与汉族人长期杂居在一起，成为许多社区的主体居民，对汉族同胞就更加熟悉。而且，随着互联网的发展，社交媒体是大学生接触信息的重要载体，这种新媒体网络空间更容易模糊族群之间的边界，形成更大规模的虚拟的共同语言社区，因而促进个体对主体民族的了解。研究发现，西藏高校大学生对中央级微博和相关微信公众号的关注率与对自治区主流微博和相关微信公众号的关注率区别不大（许亚锋，2016）。对主流语言群体的关注会使少数民族成员对主体民族更加熟悉，心理距离更近。相比之下，由于蒙古族主要居住在北方边疆，纳西族居住在西南边疆，二者之间的空间距离遥远，个体与纳西族成员交往少，相互之间不熟悉，在心理上就较为疏远。

（二）关于语言转用对族群态度的影响

实验 1b 的结果表明，蒙古族被试对本民族、汉族和纳西族的外显态度依次为蒙古族>汉族>纳西族，语言转用与否未对族群成员的外显态度产生显著的影响。实验 1c 的结果表明，无论语言是否发生了转用，被试对积极词的颜色判断均不受启动族群名称影响，说明被试对本民族、汉族和纳西族均具有积极的内隐态度。但是，个体对消极词的颜色判断受启动族群名称影响，在蒙古族名称和汉族名称启动下的反应时均长于在纳西族名称启动下，说明被试对本民族、汉族的内隐态度具有一致性，而对纳西族的内隐态度有一定的差异。其心理机制为：在加工启动族群名称时，引发了被试对蒙古族和汉族的积极情感，消极词出现会引发被试的消极情感，与启动族群名称引发的积极情感相冲突，占用了认知资源，因而延长了被试对消极词的颜色判断的反应时。相对而言，纳西族名称启动时引发的积极情感低，与消极词呈现引发的消极情感冲突小，对消极词的颜色判断自然就迅速。

（三）关于语言转用对族群信息加工的影响

研究表明，只有当族群成员对本族群具有较高的认同并且将其内化为自我图式的一部分时，才会出现内群体参照优势效应（Conway & Pleydell-Pearce，2000）。实验 2 的结果表明，蒙-汉双语者对本民族的信息加工产生了群体参照效应，说明被试将本民族纳入了自我中。语言转用者不仅对本民族产生了群体参照效应，对汉族也产生了群体参照效应，说明他们已经将本民族和汉族均纳入了自我中。

语言学习理论认为，当个体学习一种新语言时，对该语言的学习和运用会带来“语言结果”和“非语言结果”。语言结果是指语言学习的工具性，非语言结果是指语言学习的人文性。两种结果之间存在此消彼长的动态关系，即当族群成员对某种语言的学习不断深入和提高时，个体将更认同转用语言族群的文化，削弱对本族群的认同（冯红，张超蕊，2018）。实验 2 的结果不完全符合语言学习理论的预言。在本研究中，语言转用者并未明显地降低对本族群的认同（虽然有一定程度的降低），却增强了对外族群（汉族）的认同，产生了外群体的内化。并且，由于并未对纳西族产生同样的外群体内化效应，该现象与语言接触有关。群际接触理论认为，当语言发生接触时，个体增加了对外群体的了解，从而减少了偏见（Stathi et al.，2012）。但是，以往研究并未探究是否语言接触越多甚至发生了语言转用时，个体对相关族群的认知就会越深刻。本研究从认知层面证实了该假设，即语言转用产生了对外群体的信息加工优势。当个体转用了其他族群的语言时，促进了个体对该族群相关信息的记忆，并且随着了解的加深，该族群的信息会被整合到个体的认知结构中，成为自我的一部分。当个体对外群体的信息加工不断完善时，个体对外群体的内化程度也提高，对外群体的评价就更加客观和理性。因此，语言转用对族群认同的一个重要影响是：语言转用导致了外群体的内化。此外，虽然有研究表明，语言转用减少了对外群体的偏见，促进了对外群体的偏爱，同时亦减弱了对本民族的认同（党尚，2014），但这一模式在本研究中并未得到验证。在本研究中，语言转用者对本民族和汉族的信息加工没有显著的差异，表明他们对本民族和汉族已经达到了同样的内化水平。这是一个重要的发现：语言转用并未明显削弱蒙古族被试对本族群的认同，却增强了对转用语言族群（汉族）的认同（胡兆义，2015）。因此，还需要对具体问题做具体分析。首先，在我国，蒙古族与汉族的交往交流交融历史悠久，从元代起，蒙古族就分布在全国各地与汉族杂居，语言转用的现象非常普遍。即使在内蒙古地区，除牧区外，蒙古族与汉族和其他民族也杂居在一起，汉语成为各民族同胞的共同交际语。其次，蒙古族重视教育。元代以来，蒙古族为了让后代更好地发展，十分重视汉语教育，双语和语言转用的现象非常普遍。蒙古族在许多科学文化领域做出了重要的贡献，涌现出许多著名学者和文化名人，他们在蒙古族的蒙汉双重认同形成中起到了重要作用。

总之，语言转用对蒙古族人的族群认同有影响，但这种影响是复杂的，对族群信息加工有显著的影响，对族群归属感影响较小，对族群态度没有影响。蒙古族大学生对外族群态度更多的是由族际接触决定的。因此，本研究的结果支持动态建构理论的预言。

（四）本研究的结果的启示

本研究的结果对铸牢中华民族共同体意识和建立和谐的语言环境具有重要启示。

首先，在民族地区，应该尽早地开展国家通用语言的推广和使用，使少数民族成员从幼儿期起就掌握国家通用语言。推广和使用国家通用语言文字是我国的基本国策。本研究表明，语言转用促进了族群成员的外群体内化，对本民族认同影响较小。因此，可以免去对推广和使用国家通用语言文字会减弱对本民族认同的担心，放心地推广和使用国家通用语言文字。这不仅有助于少数民族同胞对外群体的内化和认同，也是铸牢中华民族共同体意识的需要，同时还有利于少数民族同胞的学习、生活与工作，既具有文化性，也具有工具性。

其次，我国是一个多民族国家，每一个民族的成员都应该树立“双母语”意识。双母语是指个体在成长环境中，不是只有一种语言，而是存在多种语言（方小兵，2015）。“母语”不仅是本民族语言，还包括国家通用语言。国家通用语言是中华民族共同体的“母语”。掌握普通话和规范汉字是获得中华民族认同的基础之一，民族认同应该服从和服务于中华民族共同体认同。

最后，蒙古族大学生对本民族和汉族均具有高水平的认同，对纳西族的认同水平却相对低。这说明，充分的族际接触是产生族际认同的基本条件。因此，要加强不同民族成员的族际接触，促进各民族的交往交流交融。在直接接触难以充分实现的情况下，充分利用铸牢中华民族共同体意识教育的机会，让个体通过与56个民族间接接触（如准社会接触、想象接触、替代接触等）来增进对不同民族的了解与感情。

五　结论

语言转用对蒙古族大学生的本族群归属感影响较小，却拉近了与转用语言族群（汉族）之间的心理距离；语言转用不影响蒙古族大学生的族群态度，无论是外显态度还是内隐态度均是如此。

语言转用不影响蒙古族大学生对内群体的信息加工，却增强了对转用语言族群（汉族）的信息加工。

语言转用对蒙古族大学生族群认同的影响符合动态建构理论的预言。

作者贡献和利益冲突声明：张积家负责研究的构思与设计，并负责对本研究的全部过程进行监督与修改以及论文内容与格式的校对；匡玉英和王佳佳负责数据的收取、分析、解释和论文撰写的主要工作。本文所有作者均无利益冲突。

参考文献

安德鲁·甘布尔.(2007). *政治和命运*. 南京：江苏人民出版社.

北京语言学院语言教学研究所.(1986). *现代汉语频率词典*. 北京：北京语言学院出版社.

陈海宏，谭丽亚.(2019). 怒族良苏人语言转用的文化人类学思考. *内蒙古民族大学学报（社会科学版）*，(5)，25-29. doi：10. 14045/j. cnki. nmsx. 2019. 05. 005

戴庆厦，王远新.(1987). 论我国民族的语言转用问题. *语文建设*，(4)，13-17. doi：10. 16412/j. cnki. 1001-8476. 1987. 04. 003

党尚.(2014). *伊犁苏拉宫满族的文化变迁与民族认同*. 硕士学位论文，石河子：石河子大学.

方小兵.(2015). 多语环境下"母语"概念的界定：困境与出路. *语言文字应用*，(2)，77-86. doi：10. 16499/j. cnki. 1003-5397. 2015. 02. 010

费孝通.(2020). *中华民族多元一体格局*. 北京：中央民族大学出版社.

冯红，张超蕊.(2018). 西方语言研究群体主流意识形态认同困境及其化解策略. *齐齐哈尔大学学报（哲学社会科学版）*，(4)，124-126. doi：10. 13971/j. cnki. cn23-1435/c. 2018. 04. 034

冯红梅，张晓传.(2018). 我国少数民族语言转用及对策研究. *贵州民族研究*，(2)，211-214. doi：10. 13965/j. cnki. gzmzyj10026959. 2018. 02. 045

胡兆义.(2015). 双重认同的整合：多民族国家认同建构的政策评析. *广西民族研究*，(5)，15-26.

刘红旭.(2013). 族群社会化：族群身份生成的社会机制. *黑龙江民族丛刊*，(3)，31-36. doi：10. 16415/j. cnki. 23-1021/c. 2013. 03. 020

刘宏宇，李琰.(2011). 从达斡尔族的语言转用看城市化进程对少数民族语言发展的影响. *中南民族大学学报（人文社会科学版）*，(2)，79-83. doi：10. 19898/j. cnki. 42-1704/c. 2011. 02. 016

吕庆燕，王有智.(2011). 藏族、汉族大学生内外群体偏爱效应的差异研究. *西北民族研究*，(3)，98-103+91.

马红艳.(2001). 回族语言及其反映的民族认同心理. *青海民族学院学报（社会科学

版），（4），108-110.

马克思 .（1955）. *政治经济学批判*. 北京：人民出版社 .

孟乐，叶灿，王佳佳，张积家 .（2022）. 内藏班高中生对国内外民族的容器隐喻、群际态度和助人倾向 . *心理学报，54*（11），1366-1380. doi：10. 3724/SP. J. 1041. 2022. 01366

牛忠辉，蒋赛，邱俊杰，申之美，张锋 .（2010）. 社会距离对他人行为表征的影响：评价内容效价的作用 . *应用心理学，16*（4），291-300.

王锋 .（2010）. 论语言在族群认同中的地位和表现形式 . *云南师范大学学报（哲学社会科学版），42*（4），72-77.

王明珂 .（2020）. *华夏边缘：历史记忆与族群认同*. 上海：上海人民出版社 .

王远新 .（2009）. 青海同仁土族的语言认同和民族认同 . *中央民族大学学报（哲学社会科学版），36*（5），106-112. doi：10. 15970/j. cnki. 1005-8575. 2009. 05. 020

徐迪 .（2017）. 族群认同的概念阐释及特征要素探析 . *贵州民族研究，38*（5），9-12. doi：10. 13965/j. cnki. gzmzyj10026959. 2017. 05. 002

许亚锋 .（2016）. 主流新媒体对西藏大学生国家认同的建构现状 . *新闻研究导刊，7*（17），11-12.

杨红升，黄希庭 .（2007）. 中国人的群体参照记忆效应 . *心理学报，39*（2），235-241.

尹小荣 .（2016）. 语言与民族认同国外研究综述（2010—2015）. *语言战略研究，1*（1），80-87. doi：10. 19689/j. cnki. cn10-1361/h. 2016. 01. 011

张积家 .（2015-11-3）. 语言关联性理论：语言影响认知 . *中国社会科学报*.

张京花，李英浩 .（2017）. 接触语言学视域下民族地区语言演变现象研究 . *民族高等教育研究，5*（2），64-70. doi：10. 14045/j. cnki. rhen. 2017. 02. 012

Anderson, B. (1991). *Imagined communities: Reflections on the origin and spread of nationalism* (2nd ed.). London: Verso.

Barth, F. (1969). *Ethnic groups and boundaries: The social organization of culture difference.* Boston: Little Brown & Company.

Conversi, D. (1990). Language or race? The choice of core values in the development of Catalan and Basque nationalisms. *Ethnic and Racial Studies*, *13* (1), 50-70. doi: 10. 1080/01419870. 1990. 9993661

Conway, M. A., & Pleydell-Pearce, C. W. (2000). The construction of autobiographical memories in the self-memory system. *Psychological Review*, *107* (2), 261-288. doi: 10. 1037//0033-295X. 107. 2. 261

Eastman, C. M., & Reese, T. (1981). Associated Language: How language and ethnic identity are related. *General Linguistics*, *21* (2), 109-116.

Giles, H., & Johnson, P. (1987). Ethnolinguistic identity theory: A social psychological approach to language maintenance. *International Journal of the Sociology of Language*, *68*, 66-99. doi: 10.1515/ijsl.1987.68.69

Guardado, M. (2010). Heritage language development: Preserving a mythic past or envisioning the future of Canadian identity. *Journal of Language, Identity, and Education*, *9* (5), 329-346. doi: 10.1080/15348458.2010.517699

Lin, W.S. (2014). Language-A stimulus for bulgarian nationalism. *Linguistic World*, *2*, 57-69.

Martin, C.L., & Ruble, D. (2010). Children's search for gender cues: Cognitive perspectives on gender development. *Current Directions in Psychological Science*, *13* (2), 67-70. doi: 10.1111/j.0963-7214.2004.00276.x

Moya, C., & Boyd, R. (2015). Different selection pressures give rise to distinct ethnic phenomena: A functionalist framework with illustrations from the Peruvian Altiplano. *Human Nature*, *26* (1), 1-27. doi: 10.1007/s12110-015-9224-9

Mu, G.M. (2015). A meta-analysis of the correlation between heritage language and ethnic identity. *Journal of Multilingual and Multicultural Development*, *36* (3), 239-254. doi: 10.1080/01434632.2014.909446

Phineey, J.S. (1996). When we talk about American ethnic groups, what do we mean? *American Psychologist*, *51* (9), 918-927. doi: 10.1037/0003-066X.51.9.918

Phineey, J.S., & Rotheram, M.J. (1987). Chindren's ethnic socialization: Themes and implications. In J.S. Phinney and M.J. Rotheram (eds.), *Children's ethnic socialization: Pluralism and development*. Newbury Park, CA: Sage Publications. doi: 10.2307/584449

Sankar, V. (1997). *Language shift and maintenance among the Malaysian Iyers*. Kuala Lumpur: University of Malaya.

Stathi, S., Tsantila, K., & Crisp, R. (2012). Imagining intergroup contact can combat mental health stigma by reducing anxiety, avoidance and negative stereotyping. *Journal of Social Psychology*, *152* (6), 746-757. doi: 10.1080/00224545.2012.697080

The Influence of Language Shift on Ethnic Identity of Mongolian College Students

Zhang Jijia
(Faculty of Education, Guangxi Normal University,
Guilin, 541004, China)

Kuang Yuying
(Shenzhen Technology University Affiliated High School,
Shenzhen, 516200, China)

Wang Jiajia
(Party School of the Dongcheng District Committee of the
CPC, Beijing, 100010, China)

Abstract: Language shift is a universal social phenomenon. This study investigates the influence of language shift on ethnic belonging, ethnic perception and ethnic attitude for Mongolian through investigation and experiment. The results showed that: Mongolian college students have a positive attitude towards language use, and language use patterns vary with language status; language shift have little effect on the belonging of the ethnic group, but enhances the belonging of the language shift ethnic group; language shift does not affect the information processing of the in-group, but enhances the information processing of the language switching group; language shift does not affect ethnic attitudes. The whole study showed that the influence of language shift on ethnic identity is limited and complex, and the positive and negative effects coexist, which conforms to the prediction of constructional theory. The research results have important implications for the construction of the sense of community of the Chinese nation and the promotion of the national common language.

Keywords: Mongolian; Language Shift; Ethnic Identity

民族地区易地搬迁社区适应性发展的社会心理服务路径*

李　静**
（兰州大学铸牢中华民族共同体意识研究基地，三亚学院）

叶家璨
（兰州大学铸牢中华民族共同体意识研究基地，西北少数民族研究中心）

摘　要　民族地区特殊的地理位置、多元的民族构成和复杂的历史文化，致使区域内易地搬迁后续治理兼具移民脱贫致富、民族团结进步的双重属性。作为国家既定规划范畴内的社区空间和居住格局安排，安置移民本身的主体能动性并非指复原过去的生产方式与社会结构，而是在社区中重建共同体生活场域。立足于社会心理服务的柔性人文策略，以及易地搬迁社区面临的一系列治理困境，社会心理服务促进易地搬迁社区适应性发展的作用机制在于破除贫困观念桎梏、克服“消极心态”存续以及化解“客人意识”阻碍的心理困境。并借此突破口，完善易地搬迁社区治理的柔性人文导向、构建易地搬迁社区互嵌互融的心理环境和激发安置移民迈向脱贫振兴内生动力的实践路径，以期为民族地区易地搬迁社区探索可推广的治理路径。

关键词　民族地区　易地搬迁社区　社会心理服务　适应性发展

---

* 本文受国家社会科学基金重大项目“铸牢中华民族共同体意识的前沿问题研究”（项目编号：24&ZD196）的资助。

** 通讯作者：李静，兰州大学铸牢中华民族共同体意识研究基地首席专家，三亚学院特聘教授，E-mail：jingli@ lzu. edu. cn。

“安土重迁，故土难离”是中国特有的社会文化心理，而这一心理特征在易地搬迁中展现得淋漓尽致。易地搬迁是我国民族地区精准扶贫“五个一批”工程的关键所在，其目的在于以居住空间改善和生计方式转型来实现安置移民阻断代际贫困的目标，从根本上摆脱“一方水土养不起一方人”的贫困问题。作为一项复杂的社会系统工程，易地搬迁一方面涉及传统乡土社会生产力和生产关系的调整，另一方面则更强调移民个体文化形态、社会关系网络以及心理与行为等维度的重塑。如今，“搬得出”的问题已得到解决，如何“稳得住”和“能融入”，却成了易地搬迁社区普遍面临的治理困境。

离开生养之地，移民安置仍面临激活移民内生动力以及社区秩序重建等现实挑战。相较于水库移民、拆迁移民、灾害移民等其他移民安置工程，民族地区易地搬迁的特殊之处在于以改善安置移民生计方式为首要目的，并计划以适宜成本为其提供普惠性基础设施与基本公共服务（檀学文，2019）。既有研究主要关注生计因素在其中的作用，并结合易地搬迁政策演进（翟绍果等，2019）、相对贫困治理（黄志刚，黎洁，2022）以及移民空间生产（郑娜娜，许佳君，2019）等社会经济视角加以探讨，而较少从移民内在情感的角度出发进行考虑。易地搬迁意味着一种告别土地及传统生产劳作方式的模式，取而代之的是“家园易位”的城镇社区化生活理念（Liu et al.，2023）、体系以及模式的空间再造（Chen et al.，2023）和价值重塑（Wang et al.，2023）。从“安身立命”到“安心立命”，安置移民最直观的变化在于他们从原住村寨社会的“身体离场”（Body-leave）和“身份离场”（Identity-leave）（Caxaj & Cohen，2019），与此相伴的还有在原有纯粹知性概念和直观经验之间起中介作用的认知结构的转型。

近年来，有学者提出安置移民心理适应的形成机制和改进建议（Xu et al.，2023），从兼有社会文化发展一体化效应的移民文化自身机能（Zhu et al.，2021）、移民群体内部社会结构特征（Zhang et al.，2022）和特有的社会心理机制（Pan et al.，2021）等内隐层面去探索治理路径。诚然，渗透了移民自我认知及其与他人互动而建立起来的一系列心理资源，是他们应对搬迁后潜在内生动力阻滞风险的有效保障。从本质上看，民族地区易地搬迁应被归类于党和国家主导下自愿生态移民范畴，其开端可以追溯到国家与移民在搬迁规划阶段的良性政策互动，并在遵循“政府引导，群众自愿”的基本原则下由地方政府组织实施。搬迁伊始，在易地搬迁政策制定及实施中，无论是易地搬迁社区安置点选择、建房补助还是动员搬迁宣传工作，党和国家皆以明确的顶层设计与充分的财政支持保障安置移民的安居乐业。追寻这样的脉络，面对搬迁后如何激发移民内生动力的长效可持续发展机制，以积极的社会心态迈向共建、共治、共享的社区治理共同体，亦需要以紧扣顶层设计的举措靶向安置移民心态协同的社区共同体建设。

一 “复原力”与“适应性”概念辨析

在遵循一种跨越式城镇化建设的逻辑指导下，民族地区易地搬迁社区本身具有一定的周期性、系统性和复杂性特质。在社会变迁和空间重构过程中，“社区复原力”（Community Resilience）为民族地区易地搬迁社区化解结构性风险提供了参考框架。复原力（Resilience）最早被定义为个体应对危险环境下，与保护因子之间相互作用过程中产生的一种能力（Rutter，1987），也指人们面对挫折和逆境时能够有效应对，从困境中恢复甚至反弹的心理特征（Gordon，1996），并且应视其为个体良好的适应结果（Mastern，2001）。作为个体遇挫弥坚的能力（Connell et al.，1994），复原力的核心在于促使个体抵御威胁其生命、发展以及功能等的一系列不利事件或压力（Ungar & Hadfield，2019）。而后，伴随复原力的概念被应用于社区研究领域，其内容又导向社区在遭遇外部灾害的干扰和冲击时的适应恢复以及学习能力（Sharifi & Yamagata，2016）。综述已有研究，关于社区复原力有“结构观”和“功能观”的双维度解释。一方面，“结构观”将社区内各个子系统视为一个稳定而持久的结构，并在不同时空下发挥着特定功能（Tusaie & Dyer，2004）。同时，社区内各成员亦能够通过集体行动来干预和减少扰动所造成的社区系统功能紊乱（Norris et al.，2008）。另一方面，“功能观”则更强调结构内部各自成分与外部情境相互作用所表现出的特征和能力（Amery，2019）。例如，有研究表明个体文化结构、自我的积极情感和种族观念是促使个体复原力和积极行为发展的重要资源（Belgrave et al.，2000）。上述研究也为社区复原力理论应用于易地搬迁社区提供了参考。再如，在部分针对西南民族地区易地搬迁移民心理适应与搬迁后歧视知觉的研究中，由集中安置带来的同质性居住环境虽然在一定程度上对移民起到了心理缓冲作用，但当个体知觉到不安全信息或环境时，寻求社区、学校、家庭的支持是他们摆脱应激状态的应对策略（李科生等，2023；朱海等，2023）。

在政府主导下的大规模搬迁行动中，民族地区易地搬迁社区既无法完全依赖于国家行政力量的直接介入，也无法仅仅依靠社区的自我管理。在这种情境下，相较于社区复原力指向的通过自身调节适应来达到系统稳态的过程，易地搬迁社区迈向适应性发展则更强调从社区的基层治理属性出发，通过充分整合党政部门资源、后扶优惠政策、干群治理潜力和区域内外专业力量，协调配合促成基层治理的集体意志和集体行动，以此实现内群体成员发展新的能力应对外部环境，以及增强在自然、社会环境变迁时的应对能力和环境变化后的恢复能力。其中，易地搬迁社区迈向适应性发展是动态过程，而社区适应性则是其具体属性。基于过程视角，民族地区易地搬迁社区迈向适应性发展就是关注社区在应对外部环境及一系列不确定因素时的一种过程机制；基于特征视角，民族地区易地搬迁社区的适应性，即社区依托于自身的政策和社会资本发挥创新生成内生动力的“催化剂”作用。

综述已有研究，可以发现嵌入个体在不利环境中良好的适应过程是建设心理复原力的有效方式。将视角聚焦于易地搬迁社区，则是嵌入社区中安置移民所面临的集体困难情境（如客观的不利事件类型、危机发展时期；主观的焦虑情绪、歧视知觉等），这种社区复原力建设显然契合移民自我发展能力和信心建立在可行能力基础之上的必要条件。然而，易地搬迁社区作为需要深度变革的主体，无论后扶路径究竟为何，有两个特点始终无法绕过，即易地搬迁社区的重构性与发展性。一方面，搬迁后，作为主体性存在的移民本身无法重新回到原有的生产方式与社会结构。无论世代生活于传统村寨的安置移民是因为生存环境恶劣而被迫迁移，还是经过理性计算而主动搬迁，他们面对的都是国家既定规划范畴内的社区空间安排和居住格局。从传统村寨到安置社区，原有以血缘、地缘为基础的村落共同体的瓦解，以乡村为单位的行政边界的解体，以及生计边界的模糊和集体记忆的嬗变，除非是自愿回流，否则移民在时空上难以回到原有的生活方式。另一方面，对于游走于城乡之间的安置移民而言，个体生活的变换总是需要意识层面的重组，并作为联结个人改变和社会变迁反思过程的一种反思性投射。无论是注重地理边界的外显取向，以乡村振兴接续安置移民内生动力的生计发展，还是聚焦内隐心理过程，以安置移民社会适应的内在机制抉择更优的和谐共生状态，都需要基层社会将易地搬迁及其配套政策视为增强移民自我发展内生动力的机遇。因此，站在适应性角度，民族地区易地搬迁社区无论是政策导向还是治理方略，皆应呈现一种物质和精神双发展状态，既要注重传统基层社会治理层面的外延拓展，也要注重社会心理服务层面的内涵发展，还要实现二者的有机整合。而且在政策导向中不能将二者分离，更不能从治理实践上将二者进行条块化分割。

二　社会心理服务促进适应性发展的作用机制

社会心理服务强调科学利用心理学的规律与方法，立足于人民获得感、幸福感和安全感，培育积极向上的社会心态（王俊秀，2020），从国家层面出发解决社会宏观的心理建设问题（辛自强，2018）。虽然目前学术界尚未对其界定达成共识，但在内容上都指向社会心理服务兼顾健康治理与社会治理双重功能，并且二者之间属于表里和偏正之互动关系，其目的在于以“身心共治”促进社会“善治”为目标从正面开展心理建设，从而实现社会治理对当下社会情绪、情感的有效引导（黄亮等，2020），塑造中华民族的统一文化情感认同和人类命运共同体认同（李静，强健，2021）。从民族地区易地搬迁社区层面出发，作为政府与移民之间的桥梁纽带和社会治理的神经末梢，当前社区面临诸多社会心理问题的挑战，安置移民复杂的社会心态不可避免地表现在基层治理过程中，这也要求社会心理服务具备不同于传统社区公共事务管理的柔性人文策略。

在已有研究中，民族地区易地搬迁社区被定义为民族地区易地扶贫搬迁集中安置移民聚集生活所形成的共同体及其活动区域（叶家璨，王晓刚，2022）。民族地区特殊的地理位置、多元的民族构成和复杂的历史文化，致使区域内搬迁后基层治理兼具移民脱贫致富与民族团结进步的双重属性。由搬迁带来的族际流动既是实现各民族空间互嵌的自然延续，同时也是满足各民族情感交融的现实需要。与此同时，社会心理服务视域下的民族地区易地搬迁社区治理也应导向兼具“工具—价值理性”的政治行为，以实现和维护移民权利为核心，完善社会保险与社会福利等基本公共服务供给制度，保障社会民生，化解社会矛盾，促进社会公平，推动社会有序和谐发展。

（一）破除贫困观念的桎梏：激发安置移民自我发展的内生动力

自西方贫困文化（Culture of Poverty）概念提出以来，长期处于贫困状态的群体被建构了一套特定的价值观念、生活方式和行为规范（Lewis，1966），并持续形塑在贫困环境中成长的个体人格及其基本特征（Small et al.，2010）。搬迁前，民族地区安置移民的贫困问题往往肇始于外部资源（自然、经济、社会、家庭、教育资源等）的匮乏，外部资源的匮乏继而又会造成个体心理资源的贫乏，并在代际传递、形成和固化。所谓“授人以鱼，不如授人以渔”，依托社会心理服务构建安置移民长效自我发展机制，则是“授人以渔，不如授人以志”（傅安国等，2019）。对于民族地区易地搬迁社区而言，这一外力帮扶下移民主观能动性的启动就显得尤为重要。

“内生动力”属于中国特色的贫困治理理念，应用于贫困社区治理，它同社会心理服务的政策语境不谋而合。移民接受环境挑战并积极融入迁入地，不可避免地会因资源条件、自身能力、自我身份以及未来预期的差距同迁入地要求产生落差和冲突，移民在集体记忆中熟悉的生产模式和生活方式无法继续沿用到新环境，势必会产生挣扎、焦虑、沮丧等一系列心理困扰。与此同时，伴随搬迁，民族地区安置移民在流动中也逐渐加深了对客观世界的认知，塑造了具有民族与地域文化特质的思维方式。而社会心理服务作为一种独立于制度性政策保护、个体偶发帮扶的特殊路径，能够有效地把握这种基于族际社会互动与情感交融的内生性集体意识。这能够让实现安置的移民在明确自身发展需求的同时，使外生扶持资源与内生心理资源相互协调，从而构建阻断贫困文化代际传递的协同机制。

（二）克服“消极心态”的存续：培育安置移民积极向上的社会心态

社会心态是指人们对自身和现实社会所秉持的社会共识、社会情绪和价值取向等社会心境状态。有别于传统的公共治理和民族地区其他社会建设，社会心态所展示的心理集体特征承载着各民族成员、各内群体成员的思想和感觉方式（杨宜音，2006）。各民族成员在自然生态和社会环境交互过程中逐渐衍生而来的心理和行为活动的总和，则是各民族成员社会心态的宏观展示。易地搬迁在很大程度上改变了民族地区安置移民原有的社会治理形态，失地后的“不安”、归属感的缺失、生活方式的变迁等，在搬迁伊始往往会导致其产生烦恼、焦虑等负面情绪，是阻碍其进一步迈向适应性发展的重要因素。

针对消极社会心态导致的易地搬迁社区基层治理问题，社会心理服务的作用机制不仅在于通过传统心理咨询与治疗的方法对移民心理健康问题进行解决，更在于以基层社会治理的柔性人文策略促进移民积极社会心态的培育。在民族地区易地搬迁社区持续动态的“社会—生态”系统中，社区适应性发展本质上源于安置移民改善生计与谋求更好发展的意愿，在“自上而下”的各级部门助推之下得以普遍化实施，并引入多元治理主体与地区治理优势特色来保障安置移民的可持续发展。在此过程中，党和国家在社区治理、民族团结、乡村振兴方面的持续政策供给与合理引导监督，基层社区多维治理创新与优化服务资源配置，移民生计能力提升与有效社会融入，以及市场主体的夯实产业基础与履行社会责任，是构建社会心理服务“心理建设路径”和“系统管理路径”有效结合的最直接方式。

（三）化解“客人意识”的阻碍：增强安置移民社区共同体认同

社区认同作为一种特殊类型的社会认同，既关涉个体角色位置和自我的形成（Puddifoot，1994），同时又关系到社会群体与个人的互动（辛自强，凌喜欢，2015）。一方面，各民族安置移民都有着自己世代承袭的历史记忆、文化习俗、固有的信仰以及思想观念，搬迁前相对封闭的空间环境又在一定程度上深化了原有的文化独立性。虽然安置移民从传统村寨来到城镇定居，但城乡空间的变化并非意味着个体市民意识的转变，从而导致其难以对迁入地产生归属感与认同感，并经由不同主体构成集体性社会行动。另一方面，易地搬迁社区属于典型的“候鸟型社区”，有限的就业选择范围与不太可观的经济收入无法有效保障移民的个人与家庭消费，通过跨市、跨省的手段前往经济发展水平更高的城市是他们走向富裕的唯一路径。由此便引发了社区中具备劳动力条件的安置移民的认同困境，在经历了大规模、远距离的搬迁后，安置移民的日常生活常处于一种“阈限”阶段，他们今后的未来取向伴随着广阔的机遇而具备更多可能性。

共同内群体认同模型认为，各内群体之间的隔阂和偏见往往是社会分类的结果（Gaertner et al.，1993）。在前因条件影响下，两个原本分离的不同群体，通过扩大感知到的群际边界，将最初的我们（内群体）以及他们（外群体）泛化为一个包容水平更广的"我们"（共同内群体）（管健，荣杨，2020）。在此过程中，其认知表征可被定义为一个包含更广阔维度的上位群体认同，即共同内群体认同。社区治理共同体改变了传统基层社会治理中由政府主导的单一模式，通过将社区中各参与主体共同体利益关联整合的方法，有效弥补了多元治理主体各自为政的"碎片化"困境。安置移民在培养对搬迁社区的情感寄托与生活归属感知过程中，其参与社区共治的动机与对社区的认同感可谓是一体两面的问题。为坚持安置移民情感与规范、行为与价值的统一，则需要社会心理服务在治理过程中有效应对"个人"和"集体"层面特征中存在的困惑，在兼顾风险治理、应急管理、社会服务等多重机制的前提下，消除移民离开故土的不适，保障移民与政府达成信任关系，增强移民对易地搬迁社区的归属感与认同感。

三　社会心理服务促进适应性发展的实践路径

立足社会心理服务的政策文本，显见的是社会心理服务承担了以心理健康为主线的健康治理，和以心态建设为主线的社会治理双重逻辑（张淑敏，吕小康，2021）。民族地区社会心理服务则更强调立足民族地区现实条件，在充分尊重各民族成员心理与行为特点的前提下，建立起有效维护族际和谐关系与增强中华民族共同体认同的制度体系和治理模式（王晓刚等，2021）。总的来说，当前我国民族地区易地搬迁治理正朝着系统化、科学化、精准化方向发展，从安置移民迈向适应性发展的共同体参与目标出发，也存在些许地方可进一步完善。

（一）推进由心而治：完善易地搬迁社区治理的柔性人文导向

民族地区易地搬迁通过生产生活场景的深度变革，直接改善了安置移民的生存环境与发展机遇，并伴随多种外部政策资源扶持倾斜。立足社会心理服务视角，做好民族地区易地搬迁社区治理创新，同样需要相应的政策作为保障，同时伴随整合党政部门资源、干群治理潜力和区域内外专业力量等治理主体、治理资源的协同合作。

一是完善多阶段、多层次的社会心理服务政策治理网络。在社会心理服务应用于民族地区易地搬迁社区治理的概念和框架之间，需要提出一套公共政策治理命题，作为联结国家政策制定与地方执行的桥梁。在公共政策制定过程中，充分利用心理学规律与方法，以安置移民心理需求为导向评估政策的合理性。

二是把握心理服务宏观政策与地方知识的协同配合。民族地区具备丰富的治理资源与治理特色，民族地区易地搬迁社区迈向适应性发展的心理服务路径，亦应立足所在区域政策、文化、社会和心理等现实基础。与之相对应，民族地区社会经济文化发展也需要引入社会心理服务进行辅助和支持。

三是在社区治理主体结构上将社会心理服务纳入基层治理框架。需要明确的是，社区党建引领下的多元参与强调社区组织在基层的集中统一领导地位，同时由地方政府主导自上而下进行管理。在此过程中，通过政府购买等措施充分吸纳外来企业、NGO、社工机构等外生社会力量，协同社区自组织、社区居民、志愿者等内生社会力量共同参与社区公共服务，满足安置移民多样化、多维度的内生性发展诉求。从而以“党建引领”和“权能归位”的方式，在秉持社会治理的多元共建精神基础上，保障社区走向“共同体参与”的适应性发展目标。

（二）立足民族团结：构建易地搬迁社区互嵌互融的心理环境

作为极具中国特色的政策话语，本土化社会心理服务的功能之一在于维护民族团结、促进民族交融、维持区域稳定发展与增强中华民族共同体认同这一宏观社会心态的培育。从社区共同体认同到中华民族共同体认同，社会心理服务的治理方略同铸牢中华民族共同体意识的民族工作主线存在内在一致性取向。移民在面临地理边界变化的同时，其内在的整体性认知结构也亟待做出调整，以达到主观能动性的调节适应客观环境需求的心理目标，这也对民族地区易地搬迁社区的社会心理服务提出了不同于一般城乡社区的要求。

具体而言，一是落实安置移民“城—乡”户籍转变，以安置移民共有的市民身份认同强化社区共同体参与目标。借由户籍制度扶持下的相对平等的福利保障体系建设，以公平、公正、公开的原则促进安置移民社会保障与社区基本公共服务均等化，以共有社会身份构建平等互惠、团结友爱、同气连枝的各民族互嵌社区环境。

二是提振社区文化多样性与共同性的尊重与认同，凝聚安置移民多元一体的社区归属感。易地搬迁社区是各民族文化交融互通的展演场域，在将各民族生活方式及文化隐喻呈现于社区这一共同体生活场域过程中，安置移民必然需要对本民族与他民族活动所蕴含的文化精神进行诠释与再解读。这样“同化于己，顺应于物”的主客互动过程，同时也是移民突破族际分界，自觉建构利益相关、情感相通、结构相连的社区共同体的过程。

三是完善社会心理服务网络，搭建易地搬迁社区族际交往平台。完善的服务平台建设是社会心理服务实现正常运转的组织载体，而社区是社会心理服务网络建设中最为基础和最为关键的平台（李静，马小莉，2023）。易地搬迁社区应在充分考虑社区内安置移民心理特征与具体诉求基础上，完善不同治理策略与公共服务之间的衔接配套，鼓励移民参与社区居民自治章程制定与执行等相关工作，视其为制度讨论、制定与执行的主体。发挥具有较好教育背景的移民、党员移民以及社区干部等骨干成员的先锋模范作用，给予移民基于其现有可行能力的治理与实践空间。

（三）面向共同富裕：激发安置移民迈向脱贫振兴的内生动力

立足动机心理学视角，以人为主体的“驱力”与“需求”是解释其各种行为发生的根源，即各类需要具有推动有机体从事各种行为的动能（Rohde，1946）。显然，要想解决易地搬迁后续扶持路径问题，一方面需要我们从思辨的视角提炼公共政策发展的驱力构成，把握政策内在逻辑和发展规律；另一方面也应从实践的角度将政策发展驱力转换为安置移民内生发展动力，从而尽快落实基层公共治理的“最后一公里”，让安置移民从社区这一社会治理的“神经末梢”中感知公共服务的效度和温度。

一是制定社会心理服务助力共同富裕的专项行动方案，重视生计接续在移民心理诉求中的重要性。基层政府及社区可通过协同配合，立足安置移民多元化就业择业需要，加大社区职业技能培训投入力度，用好社区公益岗位兜底移民就业，完善托底安置工作。

二是面向安置移民开展科学道德素养教育和心理健康教育普及工作。

虽然社会心理服务并非狭义治疗意义上的心理健康服务体系，但心理健康服务依然是社会心理服务的重要组成部分。而且教育普及工作的目标导向也不是被动地防止安置移民出现所谓“心理问题”，而是在构筑多元整合的社区服务体系基础上，为安置移民普及心理健康和道德素养知识，在社区中营造关爱心理健康的良好氛围。

三是重视心理评估在基层民生政策制定中的作用。个体幸福感作为一种积极的心理体验，反映的是安置移民正向的心理感受和蓬勃的发展心态（彭丽丽，2021）。由于移民幸福感和生活满意度的主观性特质，不同群体对美好生活的期待也难以做到一式一样（孙丽璐，郑涌，2010）。因此，迁入地基层政府和社区可将基层社会心理服务情况作为易地搬迁社区后续扶持评估指标之一。在明确对于移民幸福感、幸福指数等专有名词的科学界定前提下，借鉴脱贫攻坚时期精准扶贫第三方评估的成功实践，结合移民收入、消费等可持续生计现实情况，构建移民科学的幸福指数评估体系。

四 结语

在中华民族5000年的文化长河里，“安居乐业”是中国传统乡土社会极为认同的一种文化观念，因为中国人所依存的“日出而作，日落而息”的传统生计方式、认同的地方知识及情感联结皆来自土地及其所依附的家族制度等社会文化系统（冯友兰，2008）。村落与土地既滋养了他们，也束缚了他们。与之相对应，“搬迁”则被视为个体“背井离乡”的惨痛遭遇。在“留”或“走”的抉择中，土地资源、区位地理、亲缘关系、社会文化等都可被视作影响他们抉择的主要变量。无论是被迫遗弃生存之源，还是主动脱离以血缘、地缘关系为纽带的社会文化共同体的护佑，都可以看出世代生活于传统村寨的人们是不愿主动选择搬迁的，在已经成长为一种精神气质的地方依恋影响下，至少“搬迁”不会是他们实现脱贫致富的主观首选。

如今，在党和国家的政策设计和行政逻辑中，“移民搬迁”“集中安置”之所以能够成为关乎安置移民生产关系、社会关系的深度变革，其本质在于通过“抽离化”的空间转换与再造机制，将安置移民世代继替的情感联结从地方性、乡土性场景中“挖出来”。从易地搬迁社区层面出发，若是我们将传统社会治理与社会心理服务看作一种相互递进的路径关系，即安置移民应先拥有物质生活保障，后考虑其精神文明幸福，那么安置移民搬迁后的一系列诉求则可参考马斯洛的需求层次理论对研究框架做进一步的设计。然而，移民的物质生活保障与精神文明幸福是相互交织于社区之中的，递进的推演逻辑或许并不能有效地把握其社会变迁整体视角下社会心理服务的内在价值。

诚然，安置移民迈向适应性发展注定是一个复杂的治理与发展过程，从 20 世纪中叶我国水库移民的历史经验中可知，易地搬迁后续治理过程中若无法有效保障移民生计发展与社会适应问题，势必会引发“返迁”等一系列社会问题。纵观民族地区易地搬迁社区迈向适应性发展进程，社会心理服务体系的定位与目标应当立足于不同民族空间环境、经济发展水平、文化习俗、社会模式以及心理等现实基础，从而在基层社区建设与治理过程中充分发挥各民族优势和特色。另外，民族地区空间环境的更新与传统习俗、社会交往的变迁也应当以社会心理服务的“软治理”模式来加以引导和辅助，从而让安置移民在保留曾经生活于传统村寨而留下的生产生活、社会文化记忆的同时，增强社区认同感和归属感，并以此为突破口铸牢中华民族共同体意识，激发其迈向脱贫致富的内生动力，实现“以治身入手而安心，以治心还安其身”的社会心理服务“善治”之道。

作者贡献和利益冲突声明：李静负责研究的构思与设计，并负责对本研究的全部过程进行监督与修改；叶家璨负责论文撰写的主要工作，以及论文内容与格式的校对。本文所有作者均无利益冲突。

参考文献

冯友兰 .（2008）. *中国哲学简史* . 天津：天津社会科学院出版社 .

傅安国，吴娜，黄希庭 .（2019）. 面向乡村振兴的心理精准扶贫：内生动力的视角 . *苏州大学学报（教育科学版）*，7（4），25 - 33. doi：10. 19563/j. cnki. sdjk. 2019. 04. 004

管健，荣杨 .（2020）. 共同内群体认同：建构包摄水平更高的上位认同 . *西北师大学报*

（社会科学版），*57*（1），39-49. doi：10. 16783/j. cnki. nwnus. 2020. 01. 005

黄亮，齐巍，孙时进 .（2020）. 社会心理服务体系的多视角反思与整合构建策略 . *心理科学*，*43*（6），1483-1489. doi：10. 16719/j. cnki. 1671-6981. 20200629

黄志刚，黎洁 .（2022）. 易地扶贫搬迁后续扶持政策对农户多维相对贫困的影响 . *资源科学*，*44*（9），1905-1917. doi：10. 18402/resci. 2022. 09. 13

李静，马小莉 .（2023）. 民族社区心理服务推进当代社会治理的路径创新 . *民族学刊*，*14*（10），58-68+153. doi：10. 3969/j. issn. 1674-9391. 2023. 10. 007

李静，强健 .（2021）. 民族地区社会心理服务的困境及优化 . *民族学刊*，*12*（5），41-49+111. doi：10. 3969/j. issn. 1674-9391. 2021. 05. 006

李科生，张婷，马鹏，莫明芸，潘文浩 .（2023）. 生活事件与搬迁青少年焦虑情绪的关系：应对方式和社会支持的中介作用 . *中国临床心理学杂志*，*31*（5），1243-1247. doi：10. 16128/j. cnki. 1005-3611. 2023. 05. 043

彭丽丽 .（2021）. 社会心理服务体系建设研究：回顾与展望 . *社区心理学研究*，*11*，79-95.

檀学文 .（2019）. 中国移民扶贫 70 年变迁研究 . *中国农村经济*，（8），2-19.

孙丽璐，郑涌 .（2010）. 移民文化适应的研究趋势 . *心理科学进展*，*18*（3），496-504.

王俊秀 .（2020）. 多重整合的社会心理服务体系：政策逻辑、建构策略与基本内核 . *心理科学进展*，*28*（1），55-61. doi：10. 3724/SP. J. 1042. 2020. 00055

王晓刚，陈秋燕，王梦龙 .（2021）. 新时代民族地区社会心理服务体系的理论思考与构建 . *民族学刊*，*12*（5），50-59+112. doi：10. 3969/j. issn. 1674-9391. 2021. 05. 007

辛自强 .（2018）. 社会心理服务体系建设的定位与思路 . *心理技术与应用*，*6*（5），257-261. doi：10. 16842/j. cnki. issn2095-5588. 2018. 05. 001

辛自强，凌喜欢 .（2015）. 城市居民的社区认同：概念、测量及相关因素 . *心理研究*，*8*（5），64-72.

杨宜音 .（2006）. 个体与宏观社会的心理关系：社会心态概念的界定 . *社会学研究*，（4），117-131+244. doi：10. 19934/j. cnki. shxyj. 2006. 04. 006

叶家璨，王晓刚 .（2022）. 乡村振兴背景下民族地区安置社区“身心同安”整体性治理创新路径 . *民族学刊*，*13*（11），79-88+150. doi：10. 3969/j. issn. 1674-9391. 2022. 11. 010

翟绍果，张星，周清旭 .（2019）. 易地扶贫搬迁的政策演进与创新路径 . *西北农林科技大学学报（社会科学版）*，*19*（1），15-22. doi：10. 13968/j. cnki. 1009-9107. 2019. 01. 03

张淑敏，吕小康 .（2021）. 社会心理服务体系的政策语境与行动逻辑 . *南开学报（哲学社会科学版）*，（6），68-77.

郑娜娜，许佳君.(2019). 易地搬迁移民社区的空间再造与社会融入——基于陕西省西乡县的田野考察. *南京农业大学学报（社会科学版）*, *19*（1），58－68＋165. doi：10. 19714/j. cnki. 1671－7465. 2019. 0007

朱海，宋香，曾练平，姚菊，闫如雪，刘红亚.(2023). 同伴侵害对易地扶贫搬迁青少年非自杀性自伤行为的影响：歧视知觉与体验回避的链式中介作用. *中国临床心理学杂志*, *31*（4），826－830. doi：10. 16128/j. cnki. 1005－3611. 2023. 04. 012

Amery，F.(2019). Resilience in British social policy：Depoliticising risk and regulating deviance. *Politics*, *39*（3），363－378. doi：10. 1177/0263395718777920

Belgrave，F. Z.，Chase-Vaughn，G.，Gray，F.，Addison，J. D.，& Cherry，V. R.(2000). The effectiveness of a cultureand gender-specific intervention for increasing resiliency among African American preadolescent females. *Journal of Black Psychology*, *26*（2），133－147. doi：10. 1177/0095798400026002001

Caxaj，C. S.，& Cohen，A.(2019). "I will not leave my body here"：Migrant farmworkers' health and safety amidst a climate of coercion. *International Journal of Environmental Research and Public Health*, *16*（15），2643. doi：10. 3390/ijerph16152643

Chen，Y.，Zhu，Q.，& Li，H.(2023). Measuring the accessibility deprivation of concentrated resettlement communities in China：An integrated approach of space syntax and multicriteria decision analysis. *Applied Geography*, *150*, 102839. doi：10. 1016/j. apgeog. 2022. 102839

Connell，J. P.，Spencer，M. B.，& Aber，J. L.(1994). Educational risk and resilience in African-American youth：Context，self，action，and outcomes in school. *Child Development*, *65*（2），493－506. doi：10. 1111/j. 1467－8624. 1994. tb00765. x

Gaertner，S. L.，Dovidio，J. F.，Anastasio，P. A.，Bachman，B. A.，& Rust，M. C.(1993). The common ingroup identity model：Recategorization and the reduction of intergroup bias. *European Review of Social Psychology*, *4*（1），1－26. doi：10. 1080/14792779343000004

Gordon，K. A.(1996). Resilient Hispanic youths' self-concept and motivational patterns. *Hispanic Journal of Behavioral Sciences*, *18*（1），63－73. doi：10. 1177/07399863960181007

Lewis，O.(1966). The culture of poverty. *Scientific American*, *1*（4），19－25. doi：10. 1007/BF03182237

Liu，Y.，Huang，Z.，Chen，J.，& Nie，L.(2023). Diagnosis of the livelihood sustainability and its obstacle factors for poverty-alleviation-relocation residents in tourism communities：Data from China. *Sustainability*, *15*（7），6224. doi：10. 3390/su15076224

Mastern，A.(2001). Ordinary magic：Resilience process in development. *American Psycholo-*

gist, *56* (3), 227-238. doi: 10.1037/0003-066X.56.3.227

Norris, F. H., Stevens, S. P., Pfefferbaum, B., Wyche, K. F., & Pfefferbaum, R. L. (2008). Community resilience as a metaphor, theory, set of capacities, and strategy for disaster readiness. *American Journal of Community Psychology*, *41*, 127-150. doi: 10.1007/s10464-007-9156-6

Pan, Z., Zhang, Y., Zhou, C., & Zhou, Z. (2021). Effects of individual and community-level environment components on the subjective well-being of poverty alleviation migrants: The case in Guizhou, China. *International Journal of Sustainable Development & World Ecology*, *28* (7), 622-631. doi: 10.1080/13504509.2021.1952659

Puddifoot, J. E. (1994). Community identity and sense of belonging in a northeastern English town. *The Journal of Social Psychology*, *134* (5), 601-608. doi: 10.1080/00224545.1994.9922990

Rohde, A. R. (1946). Explorations in personality by the sentence completion method. *Journal of Applied Psychology*, *30* (2), 169. doi: 10.1037/h0063621

Rutter, M. (1987). Psychosocial resilience and protective mechanisms. *American Journal of Orthopsychiatry*, *57* (3), 316-331.

Sharifi, A., & Yamagata, Y. (2016). On the suitability of assessment tools for guiding communities towards disaster resilience. *International Journal of Disaster Risk Reduction*, *18*, 115-124. doi: 10.1016/j.ijdrr.2016.06.006

Small, M. L., Harding, D. J., & Lamont, M. (2010). Reconsidering culture and poverty. *Annals of the American Academy of Political and Social Science*, *629* (1), 6-27. doi: 10.1177/0002716210362077

Tusaie, K., & Dyer, J. (2004). Resilience: A historical review of the construct. *Holistic Nursing Practice*, *18* (1), 3-10. doi: 10.1097/00004650-200401000-00002

Ungar, M., & Hadfield, K. (2019). The differential impact of environment and resilience on youth outcomes. *Canadian Journal of Behavioural Science*, *51* (2), 135. doi: 10.1037/cbs0000128

Wang, Z., Shen, J., & Luo, X. (2023). Can residents regain their community relations after resettlement? Insights from Shanghai. *Urban Studies*, *60* (5), 962-980. doi: 10.1177/004209-80221129937

Xu, S., Jia, Z., Lv, Y., Feng, J., & Zhou, Z. (2023). Subjective well-being and influencing factors of Ex Situ poverty alleviation migrants: The Case of Guizhou, China. *Journal of Urban Planning and Development*, *149* (3), 1-13. doi: 10.1061/JUPDDM.UPENG-4012

Zhang, Z., Jia, Z., & Zhou, Z. (2022). Can urban green space cure homesickness? Case study on China poverty alleviation migrants in Anshun, Guizhou. *Urban Forestry & Urban Greening*, *68*, 127478. doi: 10.1016/j.ufug.2022.127478

Zhu, D., Jia, Z., & Zhou, Z. (2021). Place attachment in the Ex-situ poverty alleviation relocation: Evidence from different poverty alleviation migrant communities in Guizhou Province, China. *Sustainable Cities and Society*, *75*, 103355. doi: 10.1016/j.scs.2021.103355

The Public Psychological Service Path of the Relocated Communities in the Ethnic Areas Towards the Adaptive Construction

Li Jing

(Research Base for Consolidating the Sense of Community for the Chinese Nation, Lanzhou University, Lanzhou, 730000, China; University of Sanya, Sanya, 572022, China)

Ye Jiacan

(Research Base for Consolidating the Sense of Community for the Chinese Nation, Center for Studies of Ethnic Groups in Northwest China, Lanzhou University, Lanzhou, 730000, China)

Abstract: Due to its special geographical location, diverse ethnic composition and complex historical culture, the follow-up support for relocation in ethnic areas has the triple attributes of poverty alleviation, national unity and progress, and grassroots governance innovation. As a community space and living pattern arrangement within the established planning scope of the country, the main initiative of resettlement itself is not to restore the past mode of production and social structure, but to rebuild the community life field in the community. From the perspective of public psychological service, this paper holds that the mechanism of public psychological service in promoting adaptive construction of relocated communities is to break the "shackles of poverty concept" of immigrants, overcome the "survival of negative mentality" and resolve the psychological dilemma of "guest consciousness obstruction". Based on this breakthrough, this paper puts forward the flexible humanistic strategy of improving the relocation community, constructs the psychological environment of mutual integration and stimulates the public psychological service practice path of the endogenous motivation of immigrants, in order to explore the governance path that can be promoted for the relocated community in ethnic areas.

Keywords: the Ethnic Areas; Relocated Community; Public Psychological Service; Adaptive Construction

域外研究

西方青少年赋权的理论与行动研究

贾林祥*

（江苏师范大学教育科学学院）

摘　要　青少年是国家的希望、民族的未来，为青少年赋权就是对未来赋权。青少年赋权可从青少年个体和社会文化环境两个方面推进。为青少年赋权可有效提升其能力，预防和干预其肥胖、负性情绪等身心问题以及成瘾、辍学和攻击等行为问题，同时还可使其在参与解决社区公共问题的过程中发出自己的声音，提升其社会责任感、增强其学校联结感。影响青少年赋权的因素主要有认知塑造与技能培训、赋权方式、参与程度以及环境支持等。目前西方青少年赋权的行动研究已形成许多有效的方案，主要包括以解决青少年问题为导向的赋权方案和以促进青少年社会参与为导向的赋权方案。未来，应进一步厘清我国社会背景下青少年赋权的内涵，开发符合我国国情的青少年赋权方案和测量工具。

关键词　青少年赋权　社会参与　赋权方案

青少年是国家的希望、民族的未来。为青少年赋权就是对未来赋权，就是要赋予青少年更大的参与权和影响力，发挥其生力军作用，为其有效参与社会公共生活并形成可持续发展的能力提供更加适宜的条件和环境。但是，如何为青少年赋权？在为青少年赋权的过程中应该注意什么？这些都是我们需要思考的问题。本文拟从青少年赋权的含义、价值和影响因素等方面梳理西方青少年赋权的理论研究，并简要分析西方青少年赋权行动研究的几个方案，以期对我国青少年赋权的理论与行动研究有所启示。

*　通讯作者：贾林祥，江苏师范大学教授，E-mail：2370034610@ qq. com。

一 青少年赋权的含义

赋权（empowerment）有着丰富的内涵。首先，赋权是一种独特的干预手段，它主张赋予个体知识、技能以及自主或参与解决问题的机会，以促进自我干预或社区变革（Augsberger et al.，2018）；赋权是一种具有生态学意蕴的研究方法，它主张在现实情境中对个体进行研究（Rappaport，1987）；赋权是以行动为导向的，它是了解目标对象在自我干预或社区变革过程中行动的一个重要视角（Gutierrez，1995）；赋权也是一种实践的价值取向，旨在打破社会群体之间的不平等，建立新的关系，从而促进社会公正（Rappaport & Seidman，2000）。其实，赋权就是通过发展人的能力而使其获得自信、包容性、组织性、合作精神及影响力的过程，其目的在于增能。

Rappaport（1987）认为赋权是一个过程或一种机制，是一个适用于个人、组织或社区的多层面结构，个人、组织或社区都可通过它来获得对生活的掌控。但在不同层面上，赋权表现为不同的形式。在个人层面上，Zimmerman 和 Rappaport（1988）将赋权界定为心理赋权，也即个人层面的赋权。尽管心理赋权在不同群体、环境和时间中表现为不同的形式，但它是由个人内心成分、相互作用成分以及行为成分三个相互联系的部分构成的。个人内心成分是对自己是否有能力对社区公共事务施加影响的认知，包括对特定公共事务可觉察的控制以及社区参与的动机、能力和自我效能感等；相互作用成分是对社区参与程序的理解，包括对解决问题所需资源以及如何使用资源的理解、问题解决和决策制定等方面的能力以及对社区生活环境的批判意识；而行为成分是指通过社区参与来控制行为。有学者认为关系成分亦是心理赋权的组成部分，是个体在社区参与过程中有效行使变革力量的人际互动的心理成分，包括寻求社会支持和促进他人社区参与的人际互动倾向和能力（Christens，2012）。个体可通过参与问题解决、决策制定或与他人合作等途径实现心理赋权。

组织层面的赋权有两层含义：一是组织对成员的赋权，即组织为其成员提供参与组织日常事务管理或决策制定的机会，这种组织被称为赋权型组织；二是社区对其下辖的组织赋权，即允许其下辖的组织作为一个整体推动并参与解决社区问题，这种组织被称为被赋权组织。这些组织一般由社区居民及其他利益相关者组成，它们可根据某一社区问题发起改善社区环境的倡议、收集相关社区问题的证据、制订问题解决方案并调查民意，最终将所收集的信息呈现给社区管理机构，以此影响社区相关政策的制定（Ohmer，2007）。而社区层面的赋权是指为社区成员提供媒体、安全保护、医疗保健等可获得性资源，以及愿意采纳成员建议、容纳不同声音的开放式政府系统，从而推动社区变革。

不同层面的赋权并不是相互独立的，任一层面的赋权都会影响其他层面的赋权，也会受到其他层面赋权的影响，这是因为赋权归根结底是对个体的赋权。虽然不同层面的赋权关注的目标不同，但每一层面的赋权都是指向个体的，这是所有层面赋权的相同和关键之处。组织可为其成员提供参与决策的机会乃至共享的领导权，社区可为其成员提供开放的环境，使其在组织或社区活动中发出自己的声音，并最终在实现个体赋权的同时达成组织或社区的目标。这也意味着，个体的赋权即心理赋权是一个存在于组织、社区和社会文化等层面多重交互关系中的生态变量，受组织和社区等环境因素的影响。因此，在理解心理赋权时，一定要考虑到生态和社会文化因素的影响，而不能仅仅将它看作一种内在的人格特质（Lardier et al.，2018；Zimmerman，1990）。

为青少年赋权是一个多层面相互依存的过程，既要关注青少年个体，也要关注社会文化环境。在青少年个体方面，首先应为青少年提供参与社区公共问题解决的相关知识以增强其参与社区公共问题解决的动机，激发其责任意识；也可通过提升青少年对社区环境的批判意识以增强其自主发现社区公共问题的能力以及持续改善社区环境的倾向。其次应强化对青少年参与解决社区公共问题所需能力和技能的培养与训练，比如如何制定决策、问题解决过程中的协作能力和领导能力等，这样就可增强青少年参与社区公共问题解决的信心，提升其掌控参与解决社区公共问题的能力。在社会文化环境方面，应该为青少年提供一个有足够可用资源的开放环境，以使青少年利用这些资源有效解决某一社区公共问题；同时管理者也应切实考虑青少年的想法并真正为其提供参与决策制定的机会与条件，以使青少年在参与决策制定的过程中真正体验到自己被赋权。

二 青少年赋权的多元价值

（一）赋权可以提升青少年的能力

不同层面的赋权都注重培养青少年的能力，这既是赋权有效性的前提，也是贯穿赋权过程始终的核心手段，同时还是赋权最终要达成的目标。赋权的第一步通常是赋予青少年相应的知识和技能，而后续的自主行动或社会参与则强化了青少年对这些知识和技能的理解和运用，因此青少年赋权通常伴随着能力的提升。

（二）赋权可有效预防和解决青少年不同的身心与行为问题

1. 赋权是预防和解决青少年身心问题的有效方式

赋权可使青少年在获得知识和技能的基础上主动采取行动，干预其某些身心问题，如肥胖问题。肥胖是当代青少年面临的严峻身心问题之一，大多数研究者试图通过赋权促使青少年形成健康的生活方式，从而干预其肥胖问题。Lewis 等（2018）发现基于社区参与性研究的赋权能够减少青少年参与者垃圾食品的摄入、增加水果和蔬菜的摄入；Wang 等（2019）发现基于社会认知理论和社会生态模型的赋权能够减少青少年糖类饮料的摄入；也有研究者发现赋权能使青少年形成更健康的饮食习惯，激发其更强的体育运动动机（Muturi et al.，2018），对干预肥胖等身心问题有一定效果。此外，青少年时期是性发育的关键阶段，基于赋权的性教育，即通过开设公开的、科学的性教育课程，可使青少年掌握科学的性知识，形成正确的性认知，从而降低意外怀孕、性传染病等问题的风险（Grose et al.，2014；Melnyk et al.，2009）。因此，赋权是预防和解决青少年身心问题的有效方式。

由于青少年的心理尚未完全成熟，因而其在社会互动中容易产生各种心理问题，对其身心健康、学业、人际关系等造成负面影响。赋权可有效干预青少年的心理问题，特别是情绪问题。有研究发现，赋权是缓解青少年抑郁、焦虑等负性情绪的有效手段（Abney et al.，2019；Lusk & Melnyk，2011；Melnyk et al.，2009），青少年在赋权的过程中获得了情绪管理的知识和技能、增强了情绪管理的信念，并可采取相应行动，对负性情绪进行积极干预。不仅如此，赋权还能促进青少年形成积极的心理，提升其自尊水平和自我效能感，也能够提升城市青少年的幸福感，而保持积极的心理状态则有利于预防心理问题的产生。

2. 赋权在干预青少年问题行为方面具有较大潜力

赋权可以干预青少年的成瘾行为。由于青少年生理和心理都尚未成熟，因而相对容易产生各种不符合社会期待的成瘾行为。成瘾是对某种物质的病态依赖，会对青少年的身心健康造成严重损害，甚至在一定程度上影响其社会功能。青少年典型的成瘾行为有抽烟成瘾、酗酒、吸毒以及网络成瘾等。赋权能够在短期内降低青少年对烟草的敏感性以及高危青少年吸毒的动机（Brown et al.，2019；Moody et al.，2003），抑制中学生的网游成瘾（Aeran & Inhyae，2010），而缺乏赋权的男性青少年吸烟和酗酒的可能性会更大（Reininger et al.，2012）。因此，赋权对于干预青少年成瘾行为具有较大潜力。

赋权可以有效干预青少年的辍学行为。辍学行为是由学校不能在学业和人际关系等方面为青少年提供足够的意义导致的。赋权能够提升青少年的学习技能，增强其学习动机和合作意识。有研究者发现赋权能够通过提升学习技能来减少青少年的学业恐惧，增强其对未来的期望和信念，密切其与学校的联系，从而降低其辍学的风险（Stoddard et al.，2020）。此外，赋权也能通过改善校内人际关系而增强学校对于青少年的意义，降低其辍学的风险。有研究者发现，在接受赋权方案的干预以后，青少年报告了更多来自教师的支持感、更积极的同伴关系以及更多的学校依恋等（Moody et al.，2003）。

赋权可有效降低青少年的冲动行为。冲动是青春期的一种表现，它是青少年诸多负性行为的催化剂，能够增加诸如攻击、自伤等负性行为发生的风险。这些行为会对个体和他人造成一定程度的伤害，甚至带来难以挽回的灾难性后果。赋权有利于提升青少年的压力管理、情绪控制、冲突解决等技能，对冲动起到一定的抑制作用，进而增强其对负性生活事件的控制感，降低冲动行为发生的概率。

（三）赋权可使青少年发出自己的声音

除了干预身心及行为问题以强化青少年的健康状态，赋权还有另一个重要的价值，即让青少年发出自己的声音。这种价值表现在两个方面。首先，青少年在赋权过程中发出自己的声音。赋权理论承认青少年的价值，因此不同层面的赋权都主张赋予青少年参与问题解决或决策制定的权力，也就是说，赋权对青少年而言是一个主动参与而非被动接受的过程，青少年在其中发挥着重要作用。其次，赋权的结果是让青少年发出自己的声音。这种赋权旨在促进青少年的社会参与，发挥其作用、增强其影响力。Brickle 和 Evans-Agnew（2017）设计的关于环境公正的赋权方案为青少年提供了向社区决策者展示自己关于环境污染的发现和看法的机会，在增强自己环保意识的同时，也向社区决策者展示了自己的智慧和观点。在赋权过程中，青少年不仅被赋予了权力、知识和技能，其控制感和自我效能感也得到明显增强。这为青少年发出自己的声音提供了足够资源，但要使青少年真正发出声音还需要决策者的支持。

（四）赋权有助于提升青少年的责任感，增强其学校联结感

赋权还可提升青少年的责任感，增强其学校联结感。为青少年赋权可进一步增强其自主性，激发其潜能，提高其学校认同感，使其产生从事学校公共事务管理的责任心和使命感。Nowell 和 Boyd（2014）发现，青少年学校认同感越高，其对参与学校社区事务的认知也越符合自身的信念体系，其社区参与行为以及对学校社区的责任感也越高。

学校联结反映的是青少年对学校的归属感、认同感及其在学校中感到被关怀、被认可和得到支持的情况（Wilson，2004）。为青少年赋权可进一步增强其学校联结感。Krauss 等（2014）的研究发现，为青少年赋权，有助于提升青少年学校参与的积极性，促进师生之间和同学之间的互动与理解，密切师生关系和同学关系。师生关系、同学关系越密切，青少年对学校的归属感、认同感就越强，就越能感受到学校和教师的关怀、认可，其对学校的依恋程度就越高，学校联结感也就越强。有研究者发现，教师的关心对青少年来说非常重要，当青少年感受到教师愿意关心其学习和生活时，他们就会感到被关怀与理解，就更愿意投入学校生活中，其学校联结感就越强（Mantak et al.，2012）。

三 影响青少年赋权的因素

在支持性的环境中，青少年可通过知识和技能培训等获得社区参与的动力和手段，并借助某些赋权工具改善参与效果。而且在参与的过程中，青少年不断巩固知识、强化技能，以使赋权获得预期的甚至超越预期的效果。

（一）认知塑造与技能培训

认知塑造和技能培训是青少年赋权的准备阶段。有研究者在对有关青少年赋权研究的文献进行元分析后发现，赋权是与知识和技能的获得相联系的（Bernet et al.，2017）。认知塑造是指塑造青少年形成对所要解决问题的正确认知，通过向青少年传授相关的知识，使他们全面认识这些问题带来的消极后果以及问题解决可能产生的积极结果，从而激发他们参与改变的动机。技能培训是指培训青少年掌握解决问题所需的技能和手段，使其有效掌控并合理使用各种资源，实现心理赋权。相反，当给缺乏动力、方向不明确或技能不熟练的青少年赋权时，可能会引发两种消极后果：一方面是青少年忽视被赋予的权力，不愿意参与实现赋权目标；另一方面是青少年错误地使用被赋予的权力，使得结果偏离赋权目标。

（二）赋权方式

我们可以通过某些方式为青少年赋权。影像发声法就是一种独特的赋权方式，它包含三个步骤：通过拍摄影像记录社区存在的问题，对这些影像包含的信息进行批判性讨论和分析，最后将影像和分析结果呈送给决策者。影像发声法能使青少年积极参与到社会环境中去，批判性地分析影响他们健康和安全的问题，并采取行动解决这些问题，因而是一种有前途的赋权方式。此外，网络也是促进青少年赋权的有效方式，Valaitis（2005）在对 19 名学业成绩优秀的女性青少年进行定性研究时发现，当与成年人在线交流时，她们感受到更少的焦虑、更高的控制感以及平等的地位，因此可将互联网视为克服赋权威胁的辅助方式；同时她们也可以通过在线交流获得更高水平的社会支持网络，从而促进赋权。

（三）参与程度

从某种意义上讲，赋权为青少年提供了对问题的正确认知、解决问题或参与决策所需的技能和机会以及开放的背景环境等特定资源，而参与是应用这些资源以达成目标的过程，因此参与是心理赋权的重要机制。通过参与能够获得有效组织人员、识别资源和制定实现目标策略的经验等，从而强化对类似问题的掌控。青少年心理赋权在很大程度上是由青少年参与问题解决或决策活动的程度决定的，参与程度越高，其心理赋权水平越高，也越有利于实现赋权目标。Zimmerman 等（2018）发现，参与多种赋权方案的青少年心理赋权水平更高，他们的亲社会行为、学业努力程度以及负责任的决策行为也更容易得到激发。有研究者发现，当青少年更多地参与赋权项目时，他们能够感知到更高水平的同伴认同、促进社会公正的自我效能感以及希望，并有效缓解抑郁和焦虑症状（Poteat et al.，2019）。因此，参与程度是青少年心理赋权的有效保障。

（四）环境支持

青少年赋权通常发生在特定的社会文化与政治环境中，它是一个依赖于环境的过程（Kohfeldt et al.，2011）。首先，对青少年赋权起支持作用的是赋权所处环境的特征，一个注重青少年参与、愿意向他们分配权力和责任的组织，一个愿意向青少年提供资源，并考虑他们观点的开放社区，都能够有效促进青少年赋权。其次，家庭成员、同伴、社区成员等人际关系的支持与认同可以使青少年得到积极的反馈，在处理自身问题或参与决策时表现得更好。有研究者发现，当青少年在成年人的支持下参与组织或社区决策时，他们的心理赋权水平更高，更有可能在学校与教师和管理者建立密切的关系，并获得更多的同伴社会支持（Ozer & Schotland，2011）。因此，环境支持是青少年心理赋权的催化剂。支持性的家庭、同伴、学校和社区有利于增强青少年的社会控制感，强化其自尊并抑制其成瘾和暴力等不良行为，促进其身心健康发展。但是，环境也有可能阻碍青少年心理赋权。青少年心理赋权通常发生在学校、青少年组织或社区中，而这些环境中已有的权力结构、规章制度和价值观可能与青少年的理念不一致，从而阻碍其参与相关问题的决策（Kohfeldt et al.，2011），影响其心理赋权。

四 青少年赋权的行动研究

西方青少年赋权的行动研究已有一定的积累，根据赋权的目标可将其划分为以解决青少年问题为导向的赋权行动研究和以促进青少年社会参与为导向的赋权行动研究。前者注重赋权的个人结果，后者注重赋权的社会影响。赋权行动研究主要体现在赋权行动方案的制订与实施上。

（一）以解决青少年问题为导向的赋权行动研究

青少年是自身问题最直接的“接触者”，对自身问题有着最直观、最细致的了解，因此在同样的条件下，青少年是解决其自身问题最合适的人选。以解决青少年问题为导向的赋权行动研究主张，应在让青少年明白“为什么要干预”和“如何干预”的基础上促使其主动行动以达到解决自身问题的目的。青少年赋权解决方案（Youth Empowerment Solutions，YES）和“为个人赋权创造机会”的赋权行动方案（Creating Opportunities for Personal Empowerment，COPE）是依据特定理论设计、经过反复验证的较成熟的赋权行动研究方案，可以有效干预青少年的心理与行为问题。

1. 青少年赋权解决方案

Zimmerman 等（2011）基于赋权理论和生态学理论，开发了青少年赋权解决方案，试图通过社区变革来预防青少年暴力行为。该方案包含领导力的培养、了解社区、思考如何改善社区、建立代际伙伴关系、提出变革的设想、行动和反思六个相互关联的方面。其具体步骤为：（1）增强青少年的社区荣誉感，提升其进行社区变革的使命感，促使其通过学习提升领导力；（2）通过走访，使青少年了解社区变革的必要性以及社区在哪些方面需要进行变革；（3）借鉴其他社区变革的成功经验，结合本社区的实际情况思考如何进行社区变革；（4）让青少年与期望进行社区变革的成年人合作，并与之建立平等的工作关系；（5）参与这一方案的青少年自己提出社区变革的设想并制订社区变革计划；（6）让青少年具体实施社区变革计划并反思社区变革对社区发展的影响。简言之，就是通过该方案使青少年获得参与社区变革的动力、能力和权力，以促进其健康成长。随后，Zimmerman 等（2018）对这一方案的有效性进行了验证。他们发现，接受赋权方案的中学生表现出更多的亲社会行为、更高程度的学业努力和更负责任的决策以及更少的违法行为和攻击行为。后来，Stoddard 等（2020）在青少年赋权解决方案的基础上，制定了聚焦积极未来取向的青少年赋权方案（Youth Empowerment Solutions for Positive Futures，YES-PF）。该方案是一项针对有辍学倾向的青少年的暑期强化课程，旨在通过提升青少年的自信、技能并优化其行为策略以促进其形成积极的未来取向，预防其产生辍学和成瘾行为。参与此方案的青少年表现出领导效能感和生活控制感的提升，提高了出勤率，并降低了接触酒精或毒品的可能性。

2. “为个人赋权创造机会”的赋权行动方案

该赋权行动方案的核心是培养青少年的认知行为技能，使其在接受干预后获得足够的动力和手段来应对生活事件，保持和促进身心健康发展。Melnyk 等（2007）基于认知行为理论，制定了为个人赋权创造机会的蕴含着思维、情感、锻炼和营养四个要素的健康生活方式方案［COPE TEEN：the COPE（Creating Opportunities for Personal Empowerment）Healthy Lifestyles TEEN（Thinking，Emotions，Exercise，and Nutrition） program］。该方案以课程形式展开，主要包括提供引导健康生活方式的信息以及认知行为技能塑造两个方面。具体可分为：如何养成健康生活方式、如何提升自尊、如何进行压力管理、如何设定合理目标、如何进行有效沟通、如何做到营养均衡以及如何进行有效的运动锻炼等内容。对纽约北部 23 名超重青少年的研究显示，COPE TEEN 方案能够有效干预其肥胖问题（Melnyk et al.，2007）。随后，Melnyk 等（2009）以西班牙裔青少年为研究对象再次评估了该方案的效果，结果显示，这些青少年更倾向于选择健康的生活方式，其抑郁和焦虑症状也有所缓解。Lusk 和 Melnyk（2011）将 COPE 方案应用到心理咨询与治疗领域，发现在接受该方案中认知行为技能塑造的短期干预后，青少年抑郁、焦虑、愤怒和破坏性行为显著减少，自我概念和个人情绪管理的信念显著增强；Abney 等（2019）以 COPE 的认知行为技能塑造为赋权方案进行研究，也得到了类似结果。

（二）以促进青少年社会参与为导向的赋权行动研究

该赋权行动研究重视青少年的价值，关注青少年的社会参与，强调要让青少年在参与的过程中发出自己的声音。Brickle 和 Evans-Agnew（2017）

通过公民科学和影像发声两种参与型方法赋予青少年权力，以增强其防治森林烟雾污染的意识，并促使其参与到具体的行动中去。Augsberger 等（2018）设计了以青少年为主导的参与预算方案，以使其获得参与政府决策制定的能力和权力。

1. 一项有关环境公正的青少年赋权行动研究

这项研究是在美国环保局设立的“烟雾防治区”中进行的，研究者试图让青少年调查和分析所在社区的污染情况，从而唤醒其环保意识，使其成为环境公正的倡导者。在这项研究中，研究者使用了两种参与型方法：一是公民科学，二是影像发声。公民科学是指在研究过程中研究者和参与研究的非专业人员共同参与的一系列合作活动，这是一种生态学价值取向，旨在让这些非专业人员参与诸如被试招募、数据收集分析等部分或全部研究过程，这样不仅可节省研究者的时间和精力，也可使研究结果更加契合现实（Resnik et al.，2015）。此项研究中的影像发声包含三个环节：首先，让青少年在社区中拍摄与烟雾污染相关的影像；其次，使用结构化问题向青少年提问并给予其相互讨论的机会，以激发其批判意识，形成批判性认知；最后，将影像资料配以书面文字材料呈送给社区成员和决策者以促进社区变革。

整个方案包含三次会议和一次论坛，三次会议的重心在于让参与研究的青少年自己收集所在社区烟雾污染的影像和空气样本，使用结构化问答和讨论的形式分析防治烟雾污染的重要性及可行的措施，并形成书面材料；论坛的目的是让青少年向社区成员、政府官员等利益相关者展示他们拍摄的影像、收集的空气质量信息以及制订的变革计划。通过这一赋权方案的干预，青少年的自身能力和社会参与程度得到显著提升，最重要的是他们在决策制定中发出了自己的声音。

2. 参与预算方案

参与预算方案是一个由社区成员自行决定如何使用政府资金的民主型公民参与方案。以青少年为主导的参与预算方案的具体流程为：（1）组建项目团队，确定可使用的资金标准；（2）根据社区存在的问题，制订初步的资金使用方案以确定应该在哪些问题上使用资金；（3）收集社区成员解决问题的想法，并据此设计可行的资金使用方案；（4）社区成员对这些方案进行票选，确定应优先解决的问题。参与此项研究的青少年表现出了胜任感和目标感，展现出良好的合作精神，并且积极使用所掌握的技能促使同伴加入参与预算方案的实施中。显然，参与预算方案是将青少年的声音纳入政府决策的一个可行选择，但由于该方案是由政府主导的公民参与方案，因而政府的重视程度也会影响赋权的结果。

无论哪种类型的青少年赋权行动方案都包含三个基本环节：首先，塑造和强化青少年对某一问题的正确认知以激发其解决问题的动机；其次，培养青少年解决某一问题所需的技能以使其掌握解决问题的手段；最后，给予青少年适当的参与或决定权。在实施赋权方案时，应使青少年处于主体地位，方案实施者的任务是给青少年提供足够的资源，使其能够自主地尝试解决问题或参与决策，从而提升心理赋权水平，达成赋权目标。相对而言，以解决青少年问题为导向的赋权行动方案更为重视青少年的身心健康，且赋权仅发生在个体内部；而以促进青少年社会参与为导向的赋权行动方案更加重视促使青少年参与到社会问题的解决过程中去，主张通过青少年之间或青少年与成年人之间的相互协作，共同促进组织或社区的发展。此外，以解决青少年问题为导向的赋权行动方案更多针对的是问题青少年，主要解决影响他们身心健康发展的问题；而以促进青少年社会参与为导向的赋权行动方案更多针对的是青少年群体，主要是让青少年在社会参与中发出自己的声音，因此从某种意义上讲后者具有更高的价值。

传统的观念认为，青少年处于权力的边缘，因而对青少年进行赋权意味着对既有价值观念和权力结构的挑战，也会遇到更大的阻力。原因在于以下两个方面。首先，青少年心智尚未发展成熟、经验不足，可能存在运用技能不熟练、思考问题不全面、制定策略不实际等问题，因而极易引发其他社会成员的质疑，这成为阻碍青少年赋权的一大因素。其次，原有权力结构的限制。由于权力总量是有限的，为青少年赋权意味着将原本属于其他群体的权力部分或全部转移给青少年，这可能会损害其他群体的利益，引起利益相关者的抗拒。因此，得到决策者和利益相关者的认可与支持是青少年赋权顺利进行的前提。同时，在为青少年赋权时，也应考虑到他们心智不成熟以及经验不足等特点，赋予其有限的权力或让其在成年人的指导和监管下行使权力。

与其他促使青少年发展的手段相比，青少年赋权的独特之处在于承认青少年的价值并强调青少年的参与。一方面，赋权是试图从根源上对青少年进行干预，以预防青少年问题的产生，而非在问题出现以后再去寻找解决方案，即赋权并不直接替青少年解决自身或所处环境中的问题，而是通过诱发青少年解决问题的动机、培养其解决问题的技能，并为其提供支持性的环境，使其自主或参与解决问题，以预防问题的再次发生。另一方面，赋权主张让青少年参与决策性活动并贡献其智慧与力量，而非被动地接受社区的决策，这样可使青少年获得对社区或社区事务的掌控感，增强青少年与其所处社区的联结并使其产生参与社区管理的动机和实际的参与行为。因此，青少年赋权不仅是解决青少年问题和促进青少年社会参与的有效手段，还是实现青少年发展的一种可行途径。

五　总结与展望

赋权的本质是对被赋权者主体性的尊重，意在使被赋权者获得参与或主导与其相关事务的机会，以满足其自主需要。在此过程中，被赋权者将体验到来自他人或环境的尊重，其主人翁意识和自主性也将得到激发，这对其心理健康与能力发展均有重要意义。青少年的特殊之处在于其对实现自我价值有着极大热情，但缺乏解决相关问题的经验和心智，因此如何把握青少年赋权的尺度、在什么样的情境下为青少年赋权值得我们深思。西方青少年赋权的理论与行动研究为我国青少年赋权的理论与行动研究提供了一定的思路，但因国情不同、文化有差异，因此一些议题还需进一步探索。

（一）厘清青少年赋权的内涵，探究青少年赋权的可行性和必要性

为青少年赋权不仅仅是给予其参与或主导与其相关事务的机会这么简单，调动青少年的参与主动性和积极性，向青少年传递与问题相关的知识和信息，提升青少年解决问题的能力等都是我们需要关注的面向。在我国社会文化背景下，探讨青少年赋权的内涵以及何时何地为何为青少年赋权，青少年赋权对社区和社会有什么意义，对其自身又有什么价值，等等，这是当前我国开展青少年赋权研究和实践的基本前提。未来可在借鉴西方赋权理论研究我国青少年赋权的基础上，通过质性研究厘清我国青少年赋权

的内涵，以为后续研究奠定基础。

（二）探索并开发符合我国国情的青少年赋权方案

由于国情不同、社会文化背景不同，西方青少年赋权方案的目标、内容、形式和权力类型等要素并不一定符合我国青少年的现实需要，运用西方青少年赋权方案对我国青少年进行行动研究也难以达到预期效果。因此，基于我国青少年的学习和生活环境，探索并开发符合我国国情的、适用于我国学校和社区等不同情境的青少年赋权方案将是我们需要努力的方向。

（三）分析青少年赋权结果，开发青少年赋权测量工具

分析青少年赋权结果时不仅要关注赋权对青少年及其所属组织、社区的积极影响，还应关注可能存在的不足并及时采取相应的干预措施以避免消极影响，并在此基础上进一步改良赋权方案。同时，需对已赋权青少年进行访谈，掌握赋权在各个层面的可能结果，在此基础上通过问卷调查对赋权及相关结果变量进行横向研究，以探索赋权影响青少年发展的内在机制。因此，修订或开发不同层面的青少年赋权测量工具是我国青少年赋权研究应该着重关注的。

参考文献

Abney, B. G., Lusk, P., Hovermale, R., & Melnyk, B. M. (2019). Decreasing depression and anxiety in college youth using the Creating Opportunities for Personal Empowerment Program (COPE). *Journal of the American Psychiatric Nurses Association*, *25* (2), 89-98. doi: 10.1177/1078390318779205

Aeran, J., & Inhyae, P. (2010). Effects of an empowerment education program in the prevention of internet games addiction in middle school students. *Journal of Korean Academy of Nursing*, *40* (2), 445-455. doi: 10.4040/jkan.2017.47.4.445

Augsberger, A., Gecker, W., & Collins, M. E. (2018). "We make a direct impact on people's lives": Youth empowerment in the context of a youth-led participatory budgeting project. *Journal of Community Psychology*, *47* (3), 462-476. doi: 10.1002/jcop.22131

Bernet, J. T., Ucar, X., Jimenezmorales, M., & Maso, P. S. (2017). Exploring the conceptualization and research of empowerment in the field of youth. *International Journal of Adolescence and Youth*, *22* (4), 405-418. doi: 10. 1080/02673843. 2016. 1209120

Brickle, M. B., & Evans-Agnew, R. (2017). Photovoice and youth empowerment in environmental justice research: A pilot study examining woodsmoke pollution in a pacific northwest community. *Journal of Community Health Nursing*, *34* (2), 89-101. doi: 10. 1080/07370016. 2017. 1304148

Brown, L. D., Bandiera, F. C., & Harrell, M. B. (2019). Cluster randomized trial of teens against tobacco use: Youth empowerment for tobacco control in EI Paso, Texas. *American Journal of Preventive Medicine*, *57* (5), 592-600. doi: 10. 1016/j. amepre. 2019. 06. 013

Christens, B. D. (2012). Toward relational empowerment. *American Journal of Community Psychology*, *50* (1-2), 114-128. doi: 10. 1007/s10464-011-9483-5

Grose, R. G., Grabe, S., & Kohfeldt, D. (2014). Sexual education, gender ideology, and youth sexual empowerment. *Journal of Sex Research*, *51* (7), 742-753. doi: 10. 1080/00224499. 2013. 809511

Gutierrez, L. M. (1995). Understanding the empowerment process: Does consciousness make a difference? *Social Work Research*, *19* (4), 229-237. doi: 10. 1093/swr/19. 4. 229

Kohfeldt, D., Chhun, L., Grace, S., & Langhout, R. D. (2011). Youth empowerment in context: Exploring tensions in school-based yPAR. *American Journal of Community Psychology*, *47* (1), 28-45. doi: 10. 1007/s10464-010-9376-z

Krauss, S. E., Collura, J., Zeldin, S., Ortega, A., Abdullah, H., & Sulaiman, A. H. (2014). Youth-adult partnership: Exploring contributions to empowerment, agency and community connections in Malaysian youth programs. *Journal of Youth & Adolescence*, *43* (9), 1550-1562. doi: 10. 1007/s10964-013-0027-1

Lardier, D. T., Garciareid, P., & Reid, R. J. (2018). The interacting effects of psychological empowerment and ethnic identity on indicators of well-being among youth of color. *Journal of Community Psychology*, *46* (4), 489-501. doi: 10. 1002/jcop. 21953

Lewis, R. K., Lee, F. A., Brown, K. K., Locurto, J., Stowell, D., Maryman, J., Lovelady, T., Williams, G., Morris. D. M., & Mcnair, T. (2018). Youth empowerment implementation project evaluation results: A program designed to improve the health and well-being of low-income African-American adolescents. *Journal of Prevention & Intervention in the Community*, *46* (1), 28-42. doi: 10. 1080/10852352. 2018. 1385954

Lusk, P., & Melnyk, B. M. (2011). The brief cognitive-behavioral cope intervention for depressed adolescents: Outcomes and feasibility of delivery in 30-minute outpatient visits.

Journal of the American Psychiatric Nurses Association, *17* (3), 226-236. doi: 10.1177/1078390311404067

Mantak, Y., Patrick S. Y. Lau, Queenie A. Y. Lee, Norman C. Gysbers, Raymond M. C. Chan, Ricci W. Fong, Y. B. Chung, & Peter M. K. Shea. (2012). Factors influencing school connectedness: Chinese adolescents' perspectives. *Asia Pacific Education Review*, *13* (1), 55-63. doi: 10.1007/s12564-011-9176-7

Melnyk, B. M., Small, L., Morrison-Beedy, D., Strasser, A., Spath, L., Crean, H., Jacobson, D., Kelly, S., & O'Haver, J. (2007). The COPE Healthy Lifestyles TEEN program: Feasibility, preliminary efficacy, & lessons learned from an after school group intervention with overweight adolescents. *Journal of Pediatric Health Care*, *21* (5), 315-322. doi: 10.1016/j.pedhc.2007.02.009

Melnyk, B. M., Jacobson, D., Kelly, S., Ohaver, J., Small, L., & Mays, M. Z. (2009). Improving the mental health, healthy lifestyle choices, and physical health of Hispanic adolescents: A randomized controlled pilot study. *Journal of School Health*, *79* (12), 575-584. doi: 10.1111/j.1746-1561.2009.00451.x

Moody, K. A., Childs, J. C., & Sepples, S. B. (2003). Intervening with at-risk youth: Evaluation of the youth empowerment and support program. *Pediatric Nursing*, *29* (4), 263-270.

Muturi, N., Kidd, T., Daniels, A. M., Kattelmann, K., Khan, T., Lindshield, E., Ziese, S., & Adhikari, K. (2018). Examining the role of youth empowerment in preventing adolescence obesity in low-income communities. *Journal of Adolescence*, *68* (1), 242-251. doi: 10.1016/j.adolescence.2018.08.001

Nowell, B., & Boyd, N. M. (2014). Sense of community responsibility in community collaboratives: Advancing a theory of community as resource and responsibility. *American Journal of Community Psychology*, *54* (3-4), 229-242. doi: 10.1007/s10464-014 9667-x

Ohmer, M. L. (2007). Citizen participation in neighborhood organizations and its relationship to volunteers' self-and collective efficacy and sense of community. *Social Work Research*, *31* (2), 109-120. doi: 10.1093/swr/31.2.109

Ozer, E. J., & Schotland, M. (2011). Psychological empowerment among urban youth. *Health Education & Behavior*, *38* (4), 348-356. doi: 10.1177/1090198110373734

Poteat, V. P., Calz, J. P., Hirokazu Yoshikawa, Arthur Lipkin, Ceccolini, C. J., Rosenbach, S. B., O'Brien, Marx, R. A., Murchison, G. R., & Esther Burson. (2019). Greater Engagement in Gender-sexuality Alliances (GSAs) and GSA characteristics predict youth empowerment and reduced mental health concerns. *Child Development*, *91* (5),

1509-1528. doi: 10.1111/cdev.13345

Rappaport, J. (1987). Terms of empowerment/exemplars of prevention: Toward a theory for community psychology. *American Journal of Community Psychology*, *15* (2), 121-148. doi: 10.1007/BF00919275

Rappaport, J., & Seidman, E. (eds.). (2000). *Handbook of community psychology* (pp. 44-45). New York: Kluwer Academic/Plenum Publishers.

Reininger, B. M., Perez, A., Flores, M. I., Chen, Z., & Rahbar, M. H. (2012). Perceptions of social support, empowerment and youth risk behaviors. *The Journal of Primary Prevention*, *33* (1), 33-46. doi: 10.1007/s10935-012-0260-5

Resnik, D. B., Elliott, K. C., & Miller, A. K. (2015). A framework for addressing ethical issues in citizen science. *Environmental Science & Policy*, 54, 475-481. doi: 10.1016/j.envsci.2015.05.008

Stoddard, S. A., Hughesdon, K., Khan, A., & Zimmerman, M. A. (2020). Feasibility and acceptability of a future-oriented empowerment program to prevent substance use and school dropout among school-disengaged youth. *Public Health Nursing*, *37* (2), 251-261. doi: 10.1111/phn.12706

Valaitis, R. (2005). Computers and the Internet: Tools for youth empowerment. *Journal of Medical Internet Research*, *7* (5), e51. doi: 10.2196/jmir.7.5.e51

Wang, M. L., Otis, M., Rosal, M. C., Griecci, C., & Lemon, S. C. (2019). Reducing sugary drink intake through youth empowerment: Results from a pilot-site randomized study. *The International Journal of Behavioral Nutrition and Physical Activity*, *16* (1), 58. doi: 10.1186/s12966-019-0819-0

Wilson, D. (2004). The interface of school climate and school connectedness and relationships with aggression and victimization. *The Journal of School Health*, *74*, 293-299. doi: 10.1111/j.1746-1561.2004.tb08286.x

Zimmerman, M. A. (1990). Taking aim on empowerment research: On the distinction between individual and psychological conceptions. *American Journal of Community Psychology*, *18* (1), 169-177. doi: 10.1007/BF00922695

Zimmerman, M. A., Eisman, A. B., Reischl, T. M., Morrel-Samuels, S., Stoddard, S., Miller, A. L., Hutchison, P., Franzen, S., & Rupp, L. (2018). Youth empowerment solutions: Evaluation of an after-school program to engage middle school students in community change. *Health Education & Behavior*, *45* (4), 20-31. doi: 10.1177/1090198117710491

Zimmerman, M. A., & Rappaport, J. (1988). Citizen participation, perceived control, and psychological empowerment. *American Journal of Community Psychology*, *16* (5), 725-750. doi: 10.1007/BF00930023

Zimmerman, M. A., Stewart, S. E., Morrelsamuels, S., Franzen, S. P., & Reischl, T. M. (2011). Youth empowerment solutions for peaceful communities: Combining theory and practice in a community-level violence prevention curriculum. *Health Promotion Practice*, *12* (3), 425. doi: 10.1177/1524839909357316

Review of the Studies on Theory and Action of Youth Empowerment in the West

Jia Linxiang

(School of Education Science, Jiangsu Normal University, Xuzhou, 221116, China)

Abstract: The youth are the hope of the country and the future of the nation, Empowering the youth is empowering the future. Youth empowerment can be promoted from two aspects: One is the youth themselves; another is the social and cultural environment. Youth empowerment has many values: Empowerment can effectively improve the ability of the youth, prevent and intervene physical and mental problems such as obesity or negative emotions, as well as behavioral problems such as addiction, dropping out of school or aggression. Meanwhile, it can also entitle them to voice in the process of participating in the solution of community public problems, enhancing their social responsibility and strengthening their sense of school connection. The main factors affecting youth empowerment are cognitive shaping and skill training, empowerment methods, the degree of community participation and the support of community environment. The effective use of empowerment tools such as photovoice is also conducive to enhance the effect of youth empowerment. At present, the action research on youth empowerment in the West has formed many effective programs, mainly including the empowerment program oriented to solving youth problems and the empowerment program oriented to promoting youth social participation. In the future, researchers should further clarify the connotation of youth empowerment under the circumstances of Chinese society, and develop corresponding projects and measurements in line with China's national condition.

Keywords: Youth Empowerment; Social Participation; Empowerment Program

图书在版编目(CIP)数据

社区心理学研究. 第十八卷 / 毕重增主编. --北京:
社会科学文献出版社, 2024. 12. --ISBN 978-7-5228
-4673-6

Ⅰ. C916-05

中国国家版本馆 CIP 数据核字第 202473A349 号

社区心理学研究(第十八卷)

主　　编 / 毕重增

出 版 人 / 冀祥德
责任编辑 / 黄金平
文稿编辑 / 张真真
责任印制 / 王京美

出　　版 / 社会科学文献出版社 · 文化传媒分社 (010) 59367004
　　　　　地址: 北京市北三环中路甲 29 号院华龙大厦　邮编: 100029
　　　　　网址: www.ssap.com.cn
发　　行 / 社会科学文献出版社 (010) 59367028
印　　装 / 三河市尚艺印装有限公司

规　　格 / 开 本: 787mm×1092mm　1/16
　　　　　印 张: 19.25　字 数: 307 千字
版　　次 / 2024 年 12 月第 1 版　2024 年 12 月第 1 次印刷
书　　号 / ISBN 978-7-5228-4673-6
定　　价 / 118.00 元

读者服务电话: 4008918866